农村产业融合发展水平评价及路径选择

柴青宇 孙正林 著

Evaluation of the Development Level of Rural Industrial Integration and Path Selection

东北财经大学出版社
Dongbei University of Finance & Economics Press
大连

图书在版编目（CIP）数据

农村产业融合发展水平评价及路径选择 / 柴青宇,孙正林著．—大连：东北财经大学出版社，2022.10
ISBN 978-7-5654-4640-5

Ⅰ.农…　Ⅱ.①柴…②孙…　Ⅲ.农业产业-产业发展-经济发展水平-研究-黑龙江省
Ⅳ.F327.35

中国版本图书馆CIP数据核字（2022）第185601号

东北财经大学出版社出版发行
大连市黑石礁尖山街217号　邮政编码　116025
网　　址：http：//www.dufep.cn
读者信箱：dufep @ dufe.edu.cn
大连永盛印业有限公司印刷

幅面尺寸：170mm×240mm　　字数：246千字　　印张：17
2022年10月第1版　　2022年10月第1次印刷
责任编辑：李　季　吉　扬　　责任校对：刘东威
封面设计：原　皓　　版式设计：原　皓
定价：56.00元

教学支持　售后服务　联系电话：（0411）84710309

如有印装质量问题，请联系营销部：（0411）84710711

序言

本书立足于柴青宇攻读博士期间的研究内容，着重探索农村产业融合持续稳定发展的理论支撑、融合模式、融合水平、发展路径、制度供给等一系列命题，通过现实背景与文献梳理分析构建出理论框架。在理论分析与实证分析结论的基础上，构建实现黑龙江农村产业融合发展的路径系统，并有针对性地进行农村产业融合发展的制度供给研究。黑龙江省是中国农业第一大省，2021年粮食总产量787亿公斤，占全国粮食产量的11.5%，连续11年粮食产量位居全国第一，将其作为研究对象十分具有代表意义，农村产业融合在黑龙江省的发展模式或将为我国农村经济发展提供新的路径，对于促进农民增收、农业增效和乡村振兴意义重大。

本书内容充实，理论方面研究认为，农业现代化、农业产业化、农业产业融合与农村产业融合之间既有联系，又有区别，前三者的蓬勃发展为农村产业融合的产生与发展奠定了基础；通过对农村产业融合发展模式的归纳总结，构建了农村产业融合水平测度体系；结合农村产业融合发展现状与水平，明确了农村产业融合发展的思路、原则与目标；基于农林牧渔业产业布局优化调整、农产品精深加工产业结构调整、农林牧渔服务业产业体系建设、休闲农业产业结构布局调整、信息技术渗透农村产业融合、自由贸易区和农业开放合作试验区驱动等六大具体路径，从宏观层面提出了农村产业融合发展路径。

本书的突出特点是探讨了农村产业融合的理论问题，最终落地于经济社会发展实践，从全局视角阐述黑龙江省农村产业融合发展现状与整体水平，从理论层面确定黑龙江农村产业融合发展方向，从实际层面进行具体路径的现实选择，使路径的可操作性更强，并提出引领提升全省农村产业融合发展水平的政策建议。

目录

1 绪论

1.1 研究背景、目的和意义

1.1.1 研究背景

自2014年中央农村工作会议首次提出要将产业链、价值链等现代化产业组织方式引入农业生产以来，促进农村一二三产业融合互动这一概念开始在国家政策和方针中频频出现。此后连续五年的中央一号文件均着重强调关于落实我国农村一二三产业融合发展的问题，彰显了新常态下国家促进农村一二三产业融合发展的决心。为贯彻落实中央一号文件精神，国家层面先后推出18项农村产业融合配套政策，其中涉及了农产品加工、融合发展规划、融合发展人才支持、融合发展金融支持、融合发展用地保障和休闲农业发展等可有效促进农村一二三产业融合发展的内容。自国家推行农村产业融合发展政策以来，我国农村一二三产业融合发展的势头强劲：农业产业链不断延长，农业功能持续向深度和广度拓展，农村经济中各种新产业、新业态、新模式不断涌现。农村一二三产业融合的进步开始逐步带动农业产业结构向高质量、高水平发展。

黑龙江省作为我国十三个粮食主产区之一，发展势头一直较为迅猛。从新中国成立初期粮食年产50亿公斤到2010年粮食年产超过500亿公斤，实现了历史性的突破。2021年，黑龙江省粮食总产量达到787亿公斤，占全国产量的11.5%，实现“十八连丰”，连续11年居全国首位。但是，制约黑龙江省农业生产发展的问题也越来越突出，主要表现在：

第一，农业产业结构不合理。粮食作物种植面积占比较大，没有充分发挥经济作物、畜牧产品和水产品等的比较优势。粮食作物中又以玉米规模最大：2016年全省粮食作物种植面积达到2.1亿亩，其中玉米达到9 666.3万亩，占比46%。而畜牧、水产、特色种植业（蔬菜、鲜食玉米、食用菌、杂粮杂豆等）基地比较分散，没有形成具有本地优势的特色产业区域。

第二，农业基础设施建设仍需加强。与传统农业相比，现代农业对基础设施的要求更高。然而目前黑龙江农村仍普遍存在基础设施数量不足、分布不均衡、建设滞后等一系列问题，农业生产“靠天吃饭”的现象没有彻底改变。如：畜禽污染防治设施建设不足，致使畜禽粪污资源化利用出口不畅；渔业基础设施差，池塘老化淤积面积已占池塘总面积的46.2%；水产品冷冻、冷藏、冷链运输、加工等能力不足；水稻、蔬菜等育苗生产设施数量仍有缺口，生产设施建设标准化、集约化程度较低。总之，黑龙江省的农业基础设施，尤其是农副产品生产加工设施正面临着数量短缺、综合开发利用不到位等问题。农业基础设施对作物产量和品质的提升，以及对生产方式和技术模式创新的支撑、促进作用发挥得不够充分，减缓了黑龙江农业生产由粗放式生产模式向现代化生产模式转变的进程。

第三，农村产业融合程度低。黑龙江省农村一二三产业融合发展尚处于初级阶段，仍面临着农产品加工带动产业融合不足、农村产业融合发展水平较低和现代农村产业融合体系不健全等问题。例如，目前农业新型经营组织生产规模较小，龙头企业与种植户和养殖户间仍没有建立起稳定有效的利益联结机制，利益均沾、风险共担的合作机制也尚未建设完成，土地流转成本较高，全产业链项目较少，农户生产组织化程度低以致缺乏抵御市场风险的能力等。黑龙江省的农业社会化服务体系建设仍较为滞后，与现代化农业生产的需要依然存在着很大差距，黑龙江省农村一二三产业融合发展仍任重道远。

因此，如何在我国经济发展新常态的背景下，促进黑龙江省农业与二三产业融合发展，延长农业产业链，提高农产品附加值，增加农民收入，对于实现黑龙江由农业大省到农业强省的转变，是十分有必要的。由于黑龙江省农村三产融合模式普遍存在于中国农村，相关结论对于我国其余农村地区发展一二三产业融合也同样具有借鉴意义。

1.1.2 研究目的

本研究通过理论参照系的构建，结合黑龙江省农村三产融合发展的实际，评价黑龙江省农村一二三产业融合的发展水平、目前所处阶段以及主要障碍因子，剖析黑龙江省农村一二三产业融合发展过程中存在的主要矛盾及内在原因，并确定和提出促进黑龙江省农村一二三产业融合发展的路径及具体政策；期望通过对黑龙江省农村三产融合发展路径的研究，使黑龙江在农村三产融合的过程中少走弯路，突破瓶颈障碍，逐步步入科学、可持续与高效发展的健康轨道，拓宽黑龙江内涵式现代农业发展道路，为乡村振兴和全面实现小康提供保障，使黑龙江农村经济社会发展状况大为改观，并期望为中国相似地区的农村一二三产业融合发展提供可资借鉴的理论依据，丰富和发展农村产业融合方面的理论研究。

1.1.3 研究意义

（1）理论意义

目前，关于农村一二三产业融合的研究仍处于起步阶段，相关资料较少。现有的关于产业融合的研究具有很强的偏信息化痕迹，然而我国高速发展的信息化产业与低速发展的农业之间本身便存在着较大的时间差，正是由于该时间差的存在，将产业融合这一概念引入农村经济发展领域是非常有必要的。另外，目前关于农村产业融合的研究主要定位于全国范围，无法针对区域特点做出深入分析。而研究范畴则定位于黑龙江省，在理论参照系的构建、测算方法的选择上会更加具体化，对未来区域范围内产业融合发展的研究有一定借鉴意义。关于农村三产融合水平的测量，专家学者们在已有的研究中各抒己见，采用的测量方法不尽相同。在优化三产融合水平测量方法的同时将其深化，测算出影响融合水平的主要障碍因素，为实际改善农村一二三产业融合水平提供理论支持和指导，其意义不言自明。

（2）现实意义

农村的经济发展主要包括两个方面：一是为社会提供物质支撑和基础保障的同时满足可持续发展的需求；二是让农民留在土地上的同时保障农民收入稳步增长，并促进当地经济社会繁荣发展。然而，黑龙江农村地区的经济发展与我国大部分农业主产区一样，逐步陷入增产与增收速度不一致、宏观战略与微观目标不统一的矛盾境地。农业生产结构不合理、缺乏竞争力；农业生产模式依赖高投入、高损耗、高污染的外延粗放型生产方式，在农业资源环境方面代价巨大；农村经营主体单一；农民谈判能力弱；劳动力大量流失等问题依然没得到解决。而推进农村一二三产业融合发展，在解决“三农”问题、催生多类型生产方式、优化农业产业结构、壮大农业经营主体、拓展农民增收渠道等方面具有积极的实践意义。本书将以我国粮食主产区黑龙江省为例，分析促进农村一二三产业融合发展的具体路径，从而为其余地区在新形势下制定农村发展规划提供借鉴思路和参考依据。

1.2 国内外研究综述

1.2.1 产业融合的起源与发展

（1）产业融合的起源与发展

远在工场手工业时期和机器大工业时期，就有了产业融合的概念。

马克思对产业融合的发掘远远早于20世纪60年代罗森伯格（Rosenberg）等学者所提出的技术融合的概念。然而由于时代的局限性，马克思的相关论述未能引起人们足够的重视。马克思在《资本论》中提出：一方面，随着工场手工业的发展和分工的不断细化，会持续产生新的独立的行业；另一方面，分工在一定的条件下也将趋于收敛，出现分工基础上的结合生产，这事实上就是产业融合思想的起源。

学术领域最早提出产业融合思想的是国外学者罗森伯格（Rosenberg，1963）。18世纪60年代英国发起了第一次工业革命，资本主义社会出现了“产业”的概念，从而开启了机器生产替代手工劳动的新时代。19世纪70年代西方开始进入电气时代，开始了第二次工业革命，自此机械设备制造行业开始独立于其他产业，罗森伯格把利用通用技术标准进行规模化生产的过程概括为“技术融合”，产业融合思想由此正式出现。

产业融合的概念发展之初，仅局限于信息技术基础上的原本分立的产业之间的整合，如通信、广播电视、计算机等信息传输产业的融合（郭晓杰，2013）。欧盟委员会于1997年发布的《关于电信、媒体和信息技术部门融合的绿皮书及其对监管的影响》一文中，认为产业融合是网络技术、市场、产业联合这三个方面的融合。美国学者尤非娅（Yoffie，1997）认为产业融合是数字融合竞争时代各门类产品的联盟和合并。Ono等（1998）认为产业融合是指广播和电信等媒体信息服务的融合。Lind J（2004）认为产业融合是消除电信、媒体、计算机、电子产品各产业间隔阂和市场分割的融合过程。由此可见，早先学者的研究大部分认为产业融合的产生主要基于行业进步和创新所带来的产业之间的技术关联，且主要应用于信息产业领域，对产业融合的定义并不完整。

产业融合概念的扩展开始于21世纪初期，澳大利亚国家信息经济办公室在其发布的产业融合报告中提出：产业融合是受经济利益驱动，基于技术基础上的信息产业、零售行业、卫生保健和教育行业等知识密集型的服务性产业的融合结构变化。此项报告的提出使得关于产业融合的研究不再局限于信息产业范围内，产业融合的广义概念也被越来越多的学者所关注。这一时期大多数学者认为虽然出现技术融合是产业融合发展的动因，但产业融合绝不仅局限于信息产业领域，技术融合可以通过创造更高附加值的替代产品或者补充产品来改变产业结构，促使一个行业的产品或服务越来越多地与另一个行业的产品或服务相互关联、吸纳、混合，从而改变传统产业和市场的边界，形成新的领域，最终完成产业融合的过程（Lei，2000；Bally，2005；岭言，2001；卢东斌，2001）。

格林斯坦与卡纳（Greenstein & Khanna，1997）于1997年开创了关于产业融合的边界变化理论。二人提出产业融合是由于技术的进步和管制的放松，改变了原有在产业边界或交叉处的产品的特征和市场需求，致使企业之间的竞争合作关系发生改变，通过替代或者互补导致产业边界模糊甚至消失的现象。此观点也得到了马建（2002）、林德（Lind，2005）等学者的认同。

随着产业融合内涵与特征的丰富和发展，学者在研究产业融合时纳入了更多因素。部分学者认为产业融合是从技术融合阶段率先开始，再到企业融合，最终完成产品融合的一系列过程。马尔霍特拉（Malhotra，2001）提出了机构、产品整合理论。他把产业融合定义为两个或者两个以上的企业发生的功能和机构融合，功能融合是指产品之间具有替代性或者互补性，机构融合则是指一个产业的产品在生产和销售方面与其他产业开始存在密切联系。无独有偶，Stiglitz（2002）同样提出产业融合是指相似技术提供不同产品和服务的技术融合以及不同技术提供相似产品的产品融合，产业融合下的产品和服务具备替代性或者互补性的特征。

随着经济发展与形势变化，产业融合的内涵与外延也在不断深化与扩展，产业融合的概念也开始逐渐趋向于“融合”。目前产业融合的概念普遍被认为是指不同产业之间或同一产业不同行业之间相互渗透、相互交叉，最终融合为一体，逐步形成新产业的动态发展过程（王昕坤，2007；苏毅清，2016；史丹，2019）。

（2）农村一二三产业融合的起源与发展

农村一二三产业融合的概念最早是1996年由日本东京大学教授今

村奈良臣所提出的，他认为在农产品的整个生命周期内，农业只承担了农产品的生产过程，而产品加工、食品加工、肥料生产等附加产值较高的环节均归属于加工和制造业，且农产品流通以及相关的服务业也被批发零售企业和服务业企业所占据，因此他认为应该把这些第二、第三产业的功能归还给第一产业——农业，使农民参与到整个生产、加工、流通甚至服务环节内，以期将更多的附加收益保留在农村，促进农民收入的提高，达到“1+2+3=6”或者“1×2×3=6”的加法甚至乘法效果，因此该项理论被称作“六次产业化”理论。日本在农村六次产业化方面的尝试给世界其他地区带来了丰富的经验，从整体来看六次产业化在促进农民增收方面的确初见成效，但在日本六次产业化实施和推进的过程中，却依然面临着诸如农业用地空间被压缩，参与企业数量过多，农业生产者与农业协会、工商资本间存在利益冲突等一系列亟待解决的矛盾与问题。

随着产业融合理念的广泛传播以及日韩等发达国家在实践中的成功推进，农村产业融合开始逐渐受到国内学者的关注。国内较早提出农村一二三产业融合发展概念的是韩顺法（2009），他认为农业产业化促使农业生产、农产品加工、农产品销售和其他涉农服务实现了第一产业、第二产业和第三产业融合发展，传统的三次产业分类已经难以准确揭示现代产业结构的特征。2015年2月1日中央一号文件正式提出要提高农民收入，必须推进农村一二三产业融合的发展，这标志着我国也正式开始了关于农村三产融合发展路径的探索。2015年12月30日，国务院下发了《国务院办公厅关于推进农村一二三产业融合发展的指导意见》（国办发〔2015〕93号），文件提出“农村一二三产业融合发展”也称作“农村产业融合发展”，并针对农村产业融合方式、农村产业融合主体培育、农村产业融合利益联结机制、完善农村产业融合服务、健全农村产业融合推进机制等方面提出了发展意见。此后，相关文献从融合本质、融合目标和融合概念等方面对农村产业融合的内涵进行了研究和界定。

从农村一二三产业融合的本质来看，肖卫东（2019）等认为农村一二三产业融合是农村新产业、新模式、新业态、新组织方式的形成过程，其本质是一二三产业以及农业内部各部门的交叉重组和渗透融合。宗锦耀（2017）认为农村产业融合发展的本质首先是在产业分工基础上的交叉融合，是对传统产业分工的延伸和提升，融合过程中诞生的新业态是产业社会化分工的进一步深化；其次，农村产业融合是农业产业区域的集群式发展；最后，农村产业融合是基于一定技术和经济联系的，在农业产业链上下游一体化基础上的产业整合。

从农村一二三产业融合的目标来看，何立胜等（2004）认为农村产业融合是通过农业与工业、信息业的融合与渗透，最终实现农业生产的信息化、标准化和工艺化的过程。从长远来看，农村产业融合需要在农村地区内实现农业及其关联产业的有机整合，充分挖掘农业与农村资源的价值，借此推进各产业协调发展和农业竞争力的提升，最终实现农业现代化、农村繁荣、乡村振兴和农民增收的目标。

此外，关于农村一二三产业融合概念的界定，大部分学者对此意见较为统一。梁伟军（2011）、马晓河（2015）、苏毅清（2016）、宗锦耀（2017）等学者对农村一二三产业融合概念的理解可分类为狭义概念与广义概念。狭义的概念是“同一农业经营主体在从事农业生产的同时，在同一区域从事同一农产品加工流通和休闲旅游，进而分享农业增值增效收益的经营方式”。广义的概念则是“各类经营主体以农业为基本依托，以农产品加工业为引领，以资产为纽带，以创新为动力，通过产业间相互渗透、交叉重组、前后联动、要素集聚、机制完善和跨界配置，将农村一二三产业有机整合、紧密相连、一体推进，形成新技术、新业态、新商业模式，带动资源、要素、技术、市场需求在农村的整合集成和优化重组，最终实现产业链条和价值链条延伸、产业范围扩大、产业功能拓展和农民就业增收渠道增加的经营方式”。

产业融合起源于技术融合，随着物联网、云计算、大数据和区块链技术的日渐成熟，农村产业融合的发展也不会囿于现状，必将向着农业生产资料管理、农业生产智能化、农业生态监管、农产品溯源、农产品市场监管、农产品电商、农业灾害管理和农业公共服务等涉农领域全方位融合发展。

1.2.2 产业融合的驱动机制研究

（1）产业融合发展的驱动机制

关于产业融合发展的驱动机制，学者们主要持有以下两类观点：一是技术的演进和创新，二是政策的管制和放宽。

自从Brand（1987）提出产业融合的主要动力是技术创新和扩散导致产业边界模糊，进而出现产业融合后，该理论得到众多学者的认同。Cantwell（1999）认为某一产业发展壮大得益于其他产业的技术补充和融合，使该产业具备更加雄厚的技术基础，不断增强产业融合市场竞争力。日本学者植草益（2001）认为正是不同领域产业技术的交叉互补和同质性，才诱使产业之间边界模糊进而不断融合。Fair（2001）、Malhotra（2001）认为不同的产业首先要有相同或者相似的技术前提，然后才能发生产业的交叉融合。于刃刚（2003）、周振华（2003）、胡汉辉（2003）等分析认为技术创新导致拥有共同技术基础，是产业融合发展的根本动力，尤其是互联网和信息技术的发展将传统产业进一步融合，使得市场规模进一步扩大、产品类型不断丰富、产业演化不断上升。

21世纪初，随着经济发展与政策形势变化，政策管制在产业融合发展中的作用开始逐步体现，部分学者开始关注政策与产业融合之间的关系。Blackman（1998）与Tadayoni（1999）提出在传统传媒产业与电信产业日渐融合的时代，原有单独的产业管理政策已经无法满足产业融合发展的需要，面临政策管制问题，政府应当依据产业融合的趋势重新设计促进产业融合的法律体系和政策框架。Martha（2001）等人分析认为，美国联邦通信委员会基于传统产业边界所制定的规则已经不能有效发挥作用，应根据产业融合需求对其组织机构和功能进行调整。Geradin（2004）则将研究范围扩展到所有涉及网络的产业之间的融合，发现尽管不同产业发生了深度跨产业融合、松散融合和特殊融合，政府部门仍需针对不同需求制定相应规则，以促进网络产业融合发展。学者们普遍认为政策体系与法律框架对产业融合的发展来说是一把双刃剑：制定和实施多元化的政策可以促进产业交叉融合发展（Lemola，2002；

Theilen，2004)，同时政府的管制也是形成产业之间壁垒的主因，放松管制才可以促进相关产业在不断的竞争中走向融合（陈柳钦，2007；孟添，2007）。

（2）农村一二三产业融合发展的驱动机制

王昕坤（2007）、席晓丽（2007）、梁伟军（2010）、梁立华（2016)、谭明交（2016)、郑晓媚（2019)、黄花（2019）等学者从交易成本、创新驱动、社会需求等方面对农村一二三产业融合的驱动机制进行了详细阐述。

在交易成本驱动机制方面，郑晓媚（2019）认为，产业融合是由经济学上追逐获取利润最大化和经营成本最小化的动力机制造成的。梁伟军（2010）论证了交易成本理论是促使纵向农业产业链条形成的关键。他将农业生产者与企业之间的合作看成一种“交易”，该种“交易”满足不确定性、资产专用性、交易频率较高等符合关系式契约的特征，在二者之间形成纵向一体化，即完成农村一二产业间的融合，这是实现交易成本最小化的有效途径。谭明交（2016）基于农村产业融合条件、融合驱动，采用趋同理论，通过收益函数推理证明贸易成本不断降低和产业利润不断提升是农村一二三产业融合发展的内在动力。梁立华（2016）则从三个方面研究了农村产业融合发展的驱动机制问题，其中第一方面便是通过第一与第二产业融合、第一与第三产业融合，促使第一产业吸纳其他产业的创新理念、技术革新和市场信息，实现资源合理配置，通过三次产业密切协作形成新业态，从而有效降低交易成本——这便是驱动融合发展的核心动力。

在创新驱动机制方面，包括技术创新、制度创新与组织创新驱动。王昕坤（2007）认为高新技术革命促进了农业与其他相关产业的渗透融合。戴春（2016）认为组织、体制、技术的创新是推动农村一二三产业融合发展的关键动力。梁立华（2016）认为经济学的正向外部性为产业融合发展提供了创新驱动，包括技术创新、制度创新和组织创新，一旦某项创新为某一产业带来利润提升，则很快会交叉渗透到其他产业，成为产业融合的驱动力之一。黄花（2019）认为创新驱动的技术动力是农村产业融合存在的四种动力之一，共同的技术基础使得各个产业之间形成了产业公地，这是产业融合发生的前提条件。另外，黄花认为现阶段我国经济发展的重心是调整产业结构，转变生产方式，推进供给侧结构性改革，促进传统产业的转型升级，而发展农村一二三产业融合则是其中一项重要任务，这种政策方面的转型升级成为推进农村一二三产业融合发展的制度动力。

从社会需求驱动机制方面，席晓丽（2007）认为对多功能农业的需求是导致农业与相关产业融合发展的重要因素。黄花（2019）则提出目前人们对于农产品的消费观念已经向更高层次转变，这种消费结构的变化必然对产业结构产生影响。促进农村一二三产业融合发展则成为应对这种变化的最佳“武器”，必将带动农业产业结构向更高层次转变，因此消费结构的变化是农村一二三产业融合发展的需求动力。

1.2.3 产业融合的类型模式研究

（1）产业融合发展的类型模式

关于产业融合发展模式问题，国内外学者主要是围绕技术、产品、市场、制度和产业五个角度展开的。

从技术角度看，Greenstein（1997）把产业融合划分为技术替代性融合和技术互补性融合。技术替代性融合指一种新兴技术完全替代了另一种传统的技术，技术互补性融合则是指两种技术和谐共存，可以达到互为补充、取长补短的效果。很多学者对这一划分方式予以了肯定，Pennings（2000）在技术融合分类基础上把产业融合划分为需求替代性技术融合、需求互补性技术融合、供给替代性技术融合以及供给互补性技术融合，进一步深化了Greenstein的观点。

Greenstein（1997），Stiglitz（2002）和周振华（2004）等学者从产品融合角度把产业融合划分为三类，即替代性产品融合、互补性产品融合和结合性产品融合。其中，替代性产品融合是指两种产品可以实现互换使用，且其使用价值不发生改变；互补性产品融合是指不同产业中的产品在产业融合的作用下，产生了一种依存关系，即可通过相互捆绑、相互补充共同满足一种愿望或需求；结合性产品融合则是在产业融合的作用下，某些具有相似功能的产品之间相互渗透甚至完全消失，与不同产业间的产品发生融合，形成一种更为优异的产品。

从市场供需视角来看，Malhotra（2001），Stiglitz（2002）和Pennings（2001）等国外学者认为既然产业可以根据供给因素与需求因素来界定，那么由产业间相互交错而衍生出的产业融合也可分为以需求为导向的功能性融合和以供给为导向的机构性融合。前者从需求角度出发，认为两个产业的产品在使用价值上因具有替代性或互补性而发生融合，这与产品融合中的描述角度非常相似。后者则认为企业间的产品存在相关性，那么在生产、销售等环节会发生融合。

从制度视角来看，胡金星（2007）把产业融合划分为微观层面上的标准融合和宏观层面上的制度融合。前者是指不同产业在技术规范和产品设计方面因遵从或共享相同的行业标准而发生的产业融合，而后者则是指不同产业中的管制机构、监管部门和政策措施等的融合。

从产业层面上看，很多学者根据产业边界演进的情况将产业融合类型划分为高新技术渗透型融合、延伸型融合以及重组型融合（厉无畏，2002；郑明亮，2007）。高新技术渗透型融合是指由高新技术引领的相关产业作为一种应用手段向其他产业内逐步渗透；延伸型融合则是产业在融合过程中逐步向上下游递进，以完成功能互补，增强竞争力；重组型融合主要发生在产业内部各个相关联的行业中，是一种产业内部的融合形式。这三种产业融合以不同的方式演进，最终构建出全新的产业融合体系。

（2）农村一二三产业融合发展的类型模式

随着农村一二三产业融合的发展，多种融合模式也逐渐涌现，学者们对农村一二三产业融合模式展开了广泛研究，但尚未形成统一观点。具有代表性的主要有以下三种分类方式：

第一种是按照不同类型的产业业态，划分为延伸型产业融合模式、交叉型产业融合模式、渗透型融合模式、衍生型融合模式等，这种划分方式被大多数学者所认同，且各位学者的分类方法并没有太大差异。郭晓杰（2013）在研究环首都贫困带治理方案中，将农村产业融合模式划分为延伸型产业融合模式、交叉型产业融合模式以及衍生型产业融合模式。谭明交（2016）则将其划分为农业产业链延伸型融合模式、农业产业与其他产业交叉型融合模式及先进技术要素对农业产业渗透型融合模式。郭军、张效榕、孔祥智（2018）认为应划分为产业整合型、产业延伸型、产业交叉型以及技术渗透型四种模式。姜长云（2016）的分类方式则进一步细化，按融合方向分为按顺向融合方式延伸农业产业链、按逆向融合方式延伸农业产业链、农业产业化集群型融合、农业功能拓展型融合以及服务业引领型融合五大类型。王烨冰（2019）的分类方法——种养结合型、链条延伸型、功能拓展型、技术渗透型、多元复合型，虽在命名上有些许不同，但本质上还是依据不同类型的产业业态而划分的。

第二种则是按照2003年国家统计局的产业划分标准将农村一二三产业融合的发展模式划分为产业内融合与产业间融合（王昕坤，2007；席晓丽，2007）。产业内融合模式与农业产业化大致相似，即大力促进第一产业农业内部的各个子行业之间进行融合，以农牧结合、农林结合、农渔结合、循环发展为导向，调整优化农业种植养殖结构，加快发展循环农业、生态农业等新型业态，实现产业发展和农民增收相统一的模式。而产业间融合模式则是农业与第二、第三产业之间的融合，此种模式中，农业生产往往与农产品加工、农产品销售及其他相关服务形成了“一条龙”的生产过程。段海波、曾福生（2014）将农村产业融合模式划分为农业产业内部的整合型融合、农业与第三产业（服务业）之间的交互型融合以及高新技术对农业的渗透型融合。黄花（2019）按产业链将农村产业融合模式分为“企业+农户”模式、“企业+合作社+农户”模式以及“企业+合作社+农业协会”模式，这种分类方法较为侧重农业产业间的融合，一定程度上忽略了农村的第二、第三产业。盛瑛莺（2018）将融合模式划分为农村第一、第三产业融合；第二、第三产业融合以及第一、第二、第三产业之间的融合，这便是典型的一种产业间融合模式划分。

第三种是根据农村产业融合的驱动机制划分为龙头企业带动型、技术渗透型、多功能拓展型（史佳林，张磊，2017）。王劲屹，梁诗婷，吴文意（2018）等学者在研究中也将龙头企业带动模式列为农村产业融合中的一种发展模式。黄花（2019）按融合主体将农村产业融合模式分为农业生产者顺向延伸型、龙头企业逆向融合型、农业产业化集群型、农业产业化联合体型。但由于该种分类方法并没有完整地反映出农村一二三产业融合的整体情况，因此应用范围并不十分广泛。

1.2.4 产业融合的测度方法研究

（1）产业融合的测度方法

自20世纪90年代末开始，国外学者开始尝试采用专利系数、生产力增长趋势、赫芬达尔指数法、两维度分类法、熵指数法、生命周期法等测量方式来对产业融合程度进行评估。Curran（2010）和Fai（2001）通过计算不同产业之间的专利系数来测度产业之间的距离和判断产业之间的技术融合趋势。Cameron（2005）从生产力增长趋势研究了产业技术融合测度。Gambardella（1998）运用赫芬达尔指数法对IT行业、通信产业和电子元器件行业的产业融合进行了测度。Duysters和Hagedoorn（1998）在线性回归基础上计算了产业之间的融合水平。Wan（2001）等利用两维度分类法测度了中国新一代信息通信技术产业（ICT）的融合度。Bryce（2009）等人研究运用熵指数法和集中剩余法测度不同产业之间的融合程度。Lind（2005）采用技术生命周期法研究了产业融合测度。可见，不同学者对于产业融合测量方法的选择不尽相同，学术界关于产业融合程度的测量方法尚未形成统一的认识。

（2）农村一二三产业融合的测度方法

如何精准、有效地测量一二三产业融合发展的程度，学术上至今仍没有定论。国内外学者对三产融合程度的测算方法不尽相同，对于这个问题的研究仍处于探索阶段。迄今为止，测算方法主要包括如下几种：赫芬达尔指数法、灰色关联分析法、投入产出分析法、熵指数法以及层次分析法。

李爱军、王成文（2018）在测算安徽省农村一二三产业融合度时，采用了赫芬达尔指数法以及灰色关联分析法分别分析了安徽省农村第一产业内部各行业的融合度、农业与相关第二产业间的融合度以及农业与相关第三产业间的融合度，得出结果显示安徽省农业内部行业融合度较高，但农业与第二、第三产业间的融合度较低，整体农村一二三产业处于中度融合状态。韩晓玲、李宏（2019）采用灰色关联分析法测算出2008—2017年云南省农业产业的融合度，发现云南省农业产业融合度水平较高，第二产业、第三产业对农业的带动作用显著。丁玉龙（2019）运用投入产出法对湖北省农业的比较优势进行分析，结果显示与农业关联程度较高的产业为加工制造业，而农业与金融、租赁、商务服务、科学研究、技术服务等第三产业关联度较低。王玲（2017）运用熵指数法实证测算了江苏省13个地区农村产业融合发展水平，结果显示江苏省农村三产融合水平差异较大，整体呈现出由苏南向苏中、苏北递减的格局。层次分析法中，评价指标的设置是测量的重中之重，各位学者对此的看法也不尽相同，表1-1中详细阐述了学者们关于各级指标的设定方法。

表1-1　　**层次分析法中各级指标设置厘清**

学者	一级指标	二级指标	三级指标
关浩杰（2016）	一二三产业融合发展总体评价	创新指标、协调指标、绿色指标、开放指标、共享指标	融合模式种类及其可行性、经营主题类型、农产品相关行业研发投入收益率、农村一二三产业协调系数、城乡协调系数、参与主体利益协调机制、地下水质量、绿地覆盖率、单位耕地农药和化肥使用量、食品（农产品及其加工产品）安全检测体系完备性、农产品及其加工产品进出口贸易依存度、相关经营主题官网国外点击量、相关产业外商投资额、跨区域合作频度、农户收入水平、融合发展对周边辐射力

续表

学者	一级指标	二级指标	三级指标
冯伟等（2016）	农业与关联产业融合互动、融合发展的经济社会效应	农业产业链延伸、农业多功能性发挥、农业服务业融合发展、农民增收与就业促进、城乡一体化发展	农产品加工业年主营收入、主要农产品加工转化率、农业与农产品加工业产值比、农业产业化经营带动农户数、农产品原料基地规模、人均主要农产品产量、休闲农业年接待旅游人次、休闲农业年营业收入、农业文化遗产、化肥和农药施用强度、农林牧渔服务业产值、农产品电子商务交易额、农村居民宽带普及率、涉农贷款年增加额、农民人均纯收入增速、农民非农收入占比、乡村非农就业比例、城乡居民人均收入比、农业支出占财政支出比例、农户固定资产投资增速
王玲（2017）	农业与关联产业融合互动、经济社会效应	产业链延伸、多功能性发挥、农业服务业融合、农民增收就业和城乡一体化	农产品加工业年产值、农产品出口额、第一产业与农产品加工业产值比、省级农民合作社示范社数量、人均粮食产量、乡村旅游收入较上年增长、设施农业占耕地面积比重、正向指标化肥施用强度、农林牧渔服务业总产值、农民宽带普及率、电子商务交易额、农村网店户数、农民人均可支配收入、农民非农收入占比、乡村非农就业比例、城乡居民人均收入比、城乡居民人均消费比、农村固定资产投资占比

续表

学者	一级指标	二级指标	三级指标
蒋一卉（2017）	农业与关联产业融合互动、经济社会效应	产业链延伸、多功能性发挥、农业服务业融合发展、农民增收就业、城乡一体化	农产品加工业年主营收入、种业收入、农业与农产品加工业产值比、合作社带动非成员农户数、人均粮食产量、休闲农业年接待旅游人次、休闲农业年营业收入、设施农业收入、化肥施用强度、农林牧渔服务业产值、农民宽带普及率、电子商务交易额、涉农贷款年增加额、农民人均纯收入增速、农民非农收入占比、乡村非农就业比例、城乡居民人均收入比、农村支出占财政支出比例、农村固定资产投资增速
李芸等（2017）	农业与二三产业融合的行为、融合发展的经济社会效应	农业产业链延伸、农业多功能性发挥、农业服务业融合发展、农民增收及就业促进、农业增效、城乡一体化发展	农产品加工业产值与第一产业增加值之比、农业产业化经营带动农户程度、第一产业增加值占地区生产总值比重、休闲农业会展农业设施农业收入与农业产值之比、种业收入与农业产值之比、农业生态服务价值年增速、农林牧渔服务业增加值与农林牧渔业增加值之比、农业信息化、单位农林牧渔增加值的信贷投入、农业保险深度、农业R&D经费投入强度、农民人均纯收入、乡村非农就业比例、劳动第一产业增加值、单位耕地第一产业增加值、万元农业地区生产总值耗水、城乡居民收入比、城乡人均固定资产投资比

续表

学者	一级指标	二级指标	三级指标
王晓健（2018）	一二三产业融合发展总体评价	农业产业链延伸、农业多功能性发挥、农民增收与缩小城乡收入差距	农副产品加工业营业收入、农副产品加工业企业单位数、农副产品加工业企业从业人员、旅游景区接待人次、旅游景区接待营业收入、农村居民可支配收入、农村/城镇居民可支配收入比率、农村居民家庭工资性收入、农林水事务财政支出、农林水事务财政支出/公共财政预算
姜峥和郭翔宇（2018）	三产融合的深度和广度、三产融合的效果	农业产业化经营、农业多种功能拓展、农业服务业融合发展、农业产业金融支持、经济效益指标、社会效益指标	农产品加工业主营收入与农业总产值之比、农产品加工与农业投资额之比、农业产业化带动农户数占总农户数比重、休闲农业营业收入与农业总产值之比、农村二三产业从业人员占就业人口比重、农民工本地就业人数与农村总从业人数之比、农业服务业产值与农业总产值之比、农村互联网接入户数占总农户数比重、每平方公里农村公路密度、农村信贷增长速度、农户非农固定资产投资额占农户固定资产投资额比重、中央专项扶贫资金增速、农业总产值增速、农村居民人均可支配收入增速、农村居民工资性和财产性收入占比、农村居民与城镇居民可支配收入之比、农村贫困发生率

续表

学者	一级指标	二级指标	三级指标
居来提·色一提（2020）	新疆农村产业融合总体评价	农业产业链延伸、农业多功能性发挥、农业服务业融合发展、农民增收就业、城乡一体化发展	第一产业增加值占地区生产总值的比重、人均第一产业增加值、单位耕地第一产业增加值、人均粮食产量、第三产业增加值占地区生产总值比重、农林牧渔服务业产值占农林牧渔业总产值的比重、农民人均可支配收入、从农人数占劳动力总数比重、农村非农就业比例、城乡居民可支配收入比

资料来源：作者根据相关文献资料整理而得。

1.2.5 农村一二三产业融合的发展路径研究

农村一二三产业融合发展的路径是多元化的，国内外学者、专家对各国农村一二三产业融合发展的路径及模式做出了相应研究。

（1）国内理论研究

国内学者在探索中国农村一二三产业融合发展的方向上，主要从培育现代经营体系新主体、打造交叉渗透的融合产业体系、构建多生产要素融合生产体系、发展多类型利益联结机制、创建多角化融合发展模式等具体视角着手，有针对性地提出农村一二三产业融合的发展路径。陈俊红等（2017）认为农村产业融合路径可以从七个方面实现，即一产与二产融合、一产与三产融合、二产与三产融合、一二三产业融合、一产内部融合、二产内部融合和三产内部融合。李治（2018）等从农业产业链延伸、农业多功能拓展、农村产业范围开发、一二三产业融合主体等方面研究了农村产业融合发展路径问题。郑晓媚（2019）认为农村产业融合路径实现是基于产业集群和产业互动产生的集聚效应。梁树广等（2017）从农业信息化、农产品加工、农业综合发展、农业装备制造、循环农业等五个方面研究了农村产业融合路径问题。杨云霞（2018）认为可以通过农业产业科技园区示范、多功能型农业、延伸农业产业链等路径发展农村产业融合。吕岩威（2017）认为融合发展路径主要体现在农业产业纵向融合、跨行业产业资本介入、龙头企业一条龙服务、借助电商平台营销等方面。

（2）国外实践探索

国外关于农村一二三产业融合发展的路径注重实践中的探索。对比于我国刚刚起步的农村产业融合发展理论和实践，欧美日韩等一些农业发达国家和地区对此已经具有丰富的经验，并形成了较为成熟的发展模式。农业发达国家根据各自农业产业化和产业融合的需求，适时出台有针对性的配套扶持政策，通过不同产业或同一产业不同行业之间的相互交叉、相互渗透和相互融合，实现了农村一二三产业融合发展。具体实施路径可归纳为四种：以农村基础设施带动产业融合发展、完善产业融合发展法规和政策支持、强化政策补贴和金融支持力度以及支持行业协会产业融合发展。

具体路径1：以农村基础设施带动产业融合发展

日本从20世纪60年代开始就努力缩小城乡差距，并取得了较大成效。2005年日本农村道路硬化比1970年提高了63%（覆盖率达到68%），污水处理率提高了46%（覆盖率达到47%）。农村基础设施建设改善后，城市农村混合居住水平得到提高，农村属地的农产品消费迅速增长，从而延伸了产业链，拓展了农业多功能性，为农村一二三产业融合发展奠定了基础。

美国是最早实现农业现代化的国家，历来重视农业基础设施建设，对于农业基础设施建设的投资不低于农业总投资额的1/2。20世纪70年代后，美国农村基础设施建设投资年均增长率达到9%。2014年美国修订的《农业法》规定，2014—2023财政年度联邦政府对农业的直接投入为9 560亿美元。基础性投资增长保障了第一产业向第二、第三产业延伸，农业开始与服务业、高新技术产业交叉渗透，实现深度融合。

具体路径2：完善产业融合发展法规和政策支持

日本颁布了多项完善的农村产业融合法律法规，主要有《农工商合作促进法》《农山渔村第六产业发展目标》《六次产业化·地产地消法》

《食品、农业和农村基本计划》《日本振兴战略》。《农工商合作促进法》规定工商企业股份不得超过49%，以确保农民作为农业工商经营主体，分享农业全产业链增值收益。《农山渔村第六产业发展目标》是政府的农业政策大纲，在此政府正式提出日本农村的六次产业化战略。《六次产业化·地产地消法》规定农业原材料要进行初步加工才能输出属地，农产品加工活动主要围绕属地需求展开，提高了本地产品加工的自给率。《日本振兴战略》提出要广泛推进农村一二三产业融合发展，使农业与农产品加工、流通、销售深度融合。

韩国颁布的《农林食品科学技术育成中长期计划（2013—2022）》中，确定农产品加工附加值年均增长率为3%，并部署了农业重大核心技术投资项目。为鼓励农民返乡创业，解决离农失业人口就业问题，1971年韩国政府发起了新乡村运动，投资改善农村生产设施、生活设施，兴办农产品加工企业，完善教育卫生和社会保障，缩小了城乡差距，促进了农村产业融合发展。

美国保护农业的法律法规也较为完善。1862年美国就颁布了保护农民土地的《宅地法》，1929年颁布了规范农产品销售的《农产品销售法》。为保障农村产业融合和可持续发展，第二次世界大战后颁布了《食物保障法》《土壤和水资源保护法》等一系列法律。2014年颁布的《新农业法案》从多方面保障了农业可持续发展。美国完善的农业立法体系保护和促进了农业全产业链融合发展。

法国政府2007年颁布的《农村发展计划》主要在两方面支持农村产业融合发展：一是发挥农业资源优势，把农业生产功能和非生产功能紧密结合；二是降低土地租金，促进资本集中，扩大农业生产规模。

具体路径3：强化政策补贴和金融支持力度

日本农业政策补贴有两个方面，一是产品研发和市场宣传推介的费用，补贴比例从50%增加到67%；二是农林牧渔业发展第二产业所需资金，政府补贴比例可达1/2。此外，日本2008年成立了政策性金融机构——政策金融公库，作为商业性、合作性金融的补充，主要以扶持中小企业发展为目的。2010年，日本颁布了《农林渔业成长产业化支援机构》法案，规定政府和企业共同出资设立促进农村一二三产业融合发展基金。政府可发放无担保条件的信用贷款，中小型农林企业无息贷款期限可以延长到12年。

韩国2013年设立了100亿韩元的“第六产业相生资金”，以支持农村产业融合发展。韩国以1 500户农家体验村庄为基础，大力发展传统食品产业，将非农业性收入提高到7.5%，每年给不便从事农业生产的农民提供5 000个工作岗位。

荷兰1896年成立了世界上首家农民合作银行，至今为涉农生产活动提供超过90%的贷款，从事第二产业的农民也可以享受4%~6%的低息贷款政策。1962年，荷兰开始执行欧共体农业补贴政策，此外政府也额外增加农业补贴。2011年荷兰获得欧盟农业补贴资金9.8亿欧元，政府安排资金5亿欧元用于支持农村产业融合发展。

美国政府一直采取多元化的农业经营主体支持政策，主要包括政府信贷担保、政府贴息贷款、金融低息贷款、无追索权贷款。其主要特点是金融支持形式多样，政策优惠力度大和贷款周期长。

意大利长期执行对农民专业合作社优惠的信贷政策，优惠利率为4%~5%，而其他工商企业利息则高达15%~22%。

具体路径4：支持行业协会产业融合发展

日本农协负责全国农业产业化的全产业链业务和所有涉农业务，对推进日本六次产业化进程至关重要。日本政府全力支持农协的六次产业化活动：农协实施的农产品加工等第二产业项目，政府对基本建设和机器设备的补贴高达1/2；农协兴建的物流仓储设施，政府补贴可达80%；农协的生产经营活动可免于缴纳所得税、营业税和收益税，其他税种均按降低10%税率缴纳；农协开展的农业产业化经营项目还可以获得贴息贷款。

荷兰早在19世纪就颁布了《合作社法》。经过多年发展，合作社不断推陈出新，涌现出许多大型合作社。农业生产资料、农产品的加工销售等产业融合行为在合作社的带领下，平均市场占有率已达到70%，远超其余欧盟国家。合作社在食糖和土豆加工方面市场占有率约为100%，水果、蔬菜和花卉市场占有率为95%，畜牧业和奶制品占有率均超过85%。荷兰农民合作社不断发展壮大，得益于政府创造了激励创新、公平竞争的良好政策环境。

国内的理论研究与国外的实践经验为探索我国农村一二三产业融合发展路径提供了有益借鉴，对促进我国农村一二三产业融合发展水平的提升具有重要意义。

1.2.6 研究述评

通过对文献的梳理发现，虽然产业融合相关概念兴起较晚，但越来越受到国内外学者们的重视，尤其近年来日益成为研究的焦点。国外学者最早对农村一二三产业融合发展理论的内涵进行了系统研究。在促进农村产业融合发展实践方面，国外也已形成了较为完整的政策支持体系和配套法律法规，主要措施为政府支持农业基础设施建设、鼓励行业协会牵头促进农村产业融合发展、制定农业定向补贴政策、加大金融支持力度等。国内农村产业融合发展研究领域起步较晚，相关学者从农村一二三产业融合发展概念和内涵外延、融合经济社会效应、融合动力机制、融合发展路径、融合发展水平测度和产业结构调整等方面进行了广泛研究。理论研究和实践活动证明，农村产业融合发展在配置农业资源、促进农业可持续发展、优化农业产业结构、促进农业增收、引领农民致富方面具有极其重要的意义。上述成果为进一步开展研究奠定了基础。

但由于国外经济发展水平、社会经济结构、农业资源条件等因素与我国差异较大，国内相关研究和实践活动尚且刚刚起步，既往研究不可避免地存在尚不完善之处。一是已有的研究经常将农村一二三产业融合等同于农业产业化或农业产业融合，对三者的实质、区别和内在联系甄别不够。二是片面、孤立地研究农村一二三产业融合发展问题，无形中分割了农村产业融合发展与农业产业化、农业信息化、农业产业结构调整、农业现代化的有机联系，未能认识到农村产业融合是对传统产业结构调整的继承和创新、超越和发展。三是国内关于农村一二三产业融合发展的研究更多聚焦于理论评述、宏观抽象研究，较少选择地域辽阔、农业自然资源差异巨大、区域优势千差万别的地区开展区域性农村产业融合发展研究，因此现有研究成果在我国农村产业融合发展和产业结构调整的实践中指导意义受限，可操作性较差。四是学者目前对于农村一二三产业融合发展路径的选择相对单一，缺乏多维度的路径选择，而且关于如何使农村产业融合与农业产业结构调整相互依存、相互促进，从而完成农业现代化进程的研究甚少，无法指导区域农业产业结构调整优化，促使农村产业融合发展迈向更高阶段。五是对利用大数据技术、区块链技术和智慧农业理念促进农村一二三产业融合向更高层次发展的研究仍为空白。为此，基于目前研究现状，本研究结合农村产业融合发展实践，对农村一二三产业融合发展及其相关问题进行了研究，为加快农业供给侧结构性改革步伐，优化农业产业结构，提升农业产业整体竞争力，拓宽农民增收致富渠道，建立现代农业生产和经营体系提供了理论借鉴和事实依据。

1.3 研究内容与方法

1.3.1 研究内容

本研究以国家宏观农业经济政策为导向，结合黑龙江省农业经济发展瓶颈和现实主要矛盾，聚焦于黑龙江省农村一二三产业融合发展的路径选择问题研究，主要研究思路按照理论支持——实证分析——目标确定——路径选择这样的顺序展开。本研究在产业融合相关理论分析和文献综析基础上，结合黑龙江省农村一二三产业融合发展实证，对黑龙江农村产业融合系统进行测算，并探究影响黑龙江农村产业融合程度的症结所在，进而提出促进农村产业融合发展的有效路径及政策建议，最后辅以案例分析，以增强说服力。首先，在辨析农村产业融合的相关概念之后，进行了相关理论分析，从理论层面奠定了黑龙江农村产业融合路径选择的基础。在理论明晰的基础上，通过对目前黑龙江农村产业融合发展模式的分析，以及利用定量分析方法对融合发展现状和水平进行评价，从而找到制约黑龙江农村产业融合发展的不利因素，为下一步路径选择确定方向。随后，基于黑龙江农村产业融合目前面临的矛盾与困境，从现实角度出发，在理论上完成了发展路径的选择，并提出推动产业融合发展的政策建议。最后，为证明研究的实际可操作性，选择了一个具体案例——黑龙江兴凯湖地区进行分析，为以上研究提供实证支撑。

本研究共分为九个部分：

第1章：绪论。本章主要阐述了研究背景、目的和意义，在综合分析国内外理论研究和实践发展的基础上，对已有成果进行辨析，提出本研究的研究思路、研究方法和技术路线，以及可能的创新点。

第2章：相关概念及理论基础。对相关概念进行研究和界定，同时阐述了分工理论、产业集聚理论、农业多功能性理论、创新理论等，为本研究奠定了理论基础。

第3章：农村一二三产业融合发展政策演进分析。通过研究2015—2021年中央一号文件和国家层面关于农村产业融合支持政策演进，总结农村一二三产业融合发展逻辑、国家农村产业融合配套政策，对政策进行效果分析，找出面临的问题，最后对政策进行展望。

第4章：黑龙江省农村一二三产业融合模式分析。研究了全省典型的农村一二三产业融合发展模式，并归纳总结了各项融合模式的发展特点，对现存融合发展模式进行综合评价，为进一步研究农村产业融合路径选择奠定基础。

第5章：黑龙江省农村一二三产业融合水平测度。首先根据国家农村产业融合、农业现代化、农业信息化等规划指标，结合黑龙江省农业经济发展实际状况构建了农村产业融合评价指标体系，运用层次分析法对2013—2017年黑龙江省农村一二三产业融合发展水平进行测度，并分析研究了目标层、准则层、指标层融合发展阶段，剖析了产业结构影响因素。然后利用综合分析法分析了黑龙江省农村产业融合发展中的障碍因素，探究了影响农村三产融合的主要障碍因子，为进一步完成农村产业结构调整，加速一二三产业融合发展确定了发展方向。

第6章：黑龙江省农村产业融合的困境、矛盾与路径分析。根据黑龙江省农业资源环境条件和目前农村一二三产业融合发展水平，剖析了黑龙江省农村产业融合面临的四种困境，并分析了农村产业融合发展困境源自四大矛盾，结合目前黑龙江农村产业融合发展的困境与矛盾，锁定黑龙江省农村产业融合的宏观发展路径。

第7章：黑龙江省农村一二三产业融合发展路径现实选择。本章针对黑龙江省农村一二三产业融合发展的五大宏观路径进行具体路径的现实选择分析，从农林牧渔业产业布局优化调整、农产品精深加工产业结构调整、农林牧渔服务业产业体系建设、休闲农业产业结构布局调整、信息技术渗透、国家自由贸易区和农业开放合作试验区建设等若干方面进行黑龙江农村三产融合的现实路径选择。

第8章：黑龙江省农村产业融合案例分析。本章从影响黑龙江省农村一二三产业融合发展的障碍因素出发，结合前述的农村三产融合发展路径，开展实证分析，探索共性路径下的个体差异化发展，并提出一条通过建立中国（黑龙江）自由贸易区绥芬河片区、冷水鱼提升产业及中国（兴凯湖）农产品加工自由贸易试验区来引领提升黑龙江农村一二三产业融合发展水平的有效路径。

第9章：黑龙江省农村产业融合发展路径的政策建议。结合黑龙江省农村一二三产业融合发展的具体路径及实现主体格局，从宏观层面提出了实现黑龙江省一二三产业融合发展路径的政策建议。

1.3.2 研究方法

根据研究结构框架，立足于理论分析与实证分析相结合的方式，以理论分析为支撑，以实证分析为佐证，以农业经济学、产业经济学、区域经济学、计量经济学等科学理论为指导，并结合农业自然科学知识，采用了文献研究法、案例分析法、定性和定量分析等多种研究方法，具体研究方法如下：

（1）文献研究法

所涉及的文献研究主要分为三大类别：一是通过阅读中外大量涉及产业融合与农村产业融合的相关文献，了解现有研究的进展与空白，找到切入点。厘清农村产业融合已有的研究内容、采用的研究方法、目前取得的成果、研究过程中的先进经验、存在的问题以及尚未解决的问题等。二是通过搜集大量国家统计年鉴、黑龙江统计年鉴、中国农产品加工业年鉴、中国休闲农业年鉴以及大量国内外权威数据库网站，为实证分析夯实数据基础。三是通过对各项关于农村三产融合政策的解读，分析未来黑龙江省农村产业融合的发展方向，为研究提供政策导向。

（2）理论分析法

第2章的研究采用了理论分析方法，涉及的理论包括分工理论、产业集聚理论、创新理论、交易成本理论、农业多功能性理论，其中分工理论与产业集聚理论是产业融合出现的条件，创新理论与交易成本理论是产业融合的驱动机制，而农业多功能性理论则是在农村产业融合发展实践中归纳总结出的理论，具有很强的现实指导意义。

（3）计量分析法

第4章中运用层次分析法测度了农村一二三产业融合的发展水平，并利用耦合增量模型测算了农村一二三产业融合发展各个子系统间的耦合度及其耦合协调度，然后运用综合分析法定量研究了农村产业融合发展障碍因子。第5章中运用位移法分析研究了农业产业结构变动趋势，并采用库兹涅茨环境曲线法分析了现有产业结构下农业可持续发展状况，为有针对性地进行农村一二三产业融合路径选择提供决策依据。

（4）专家调研法

第4章在指标筛选过程中，通过咨询农业院校、科研院所和政府机构等部门内从事农业经济研究、农业经济管理、农业技术推广和农业发展规划制定等方面的权威专家，对预选指标进行评价，并对未来黑龙江省产业融合发展路径提出建议。集成拥有丰富专业知识及实际经验专家的意见是十分必要的，可以很大程度上化主观为客观，较为真实地测量出黑龙江省农村产业融合发展水平。

（5）案例剖析法

第3章中通过选择黑龙江省农村一二三产业融合发展实践性较强的典型案例进行具体分析，归纳总结了当地融合发展的模式和特征，把握了目前黑龙江省农村产业融合发展的现实状态和进展，为路径选择、决策建议提供现实性依据。第8章中利用案例剖析方法为黑龙江省农村三产融合发展提供了一条具体实现路径——通过建设中国（兴凯湖）农产品加工自由贸易试验区起到引领带动作用，提高黑龙江省农村产业融合发展水平，以此为以上研究提供支撑。

1.3.3 技术路线

主要研究思路按照理论支持—实证分析—目标确定—路径选择这样的顺序展开，结合框架与内在逻辑关系，形成的研究技术路线如图 1-1 所示。

1.4 研究创新与不足

1.4.1 研究创新

本研究可能的创新点如下：

（1）聚焦于黑龙江省农村一二三产业发展路径选择的研究，这个切入点在以往的文献中并不多见，具有一定的创新性。以往的研究着重于分析地域或者全国范围内农村一二三产业融合发展的现状以及存在的问题，并未从现实层面为当地农村三产融合发展提出现实的路径选择，较多地囿于理论层面，对现实指导意义不强。而本研究力求通过对黑龙江省各个产业带的规划，为黑龙江省农村三产融合提供具有现实意义的路径选择。

（2）本研究结合国家农业现代化规划、农业信息化规划、农村一二三产业融合发展规划等目标，创建了农村一二三产业融合发展评价指标体系。该体系体现了农村产业融合发展与农业现代化、农业产业优化调整的高度有机统一。相反，既往关于农村一二三产业融合发展的评价指标体系，均是基于农村产业融合发展的概念、内涵进行设置的，孤立地观察、研究农村产业融合发展问题，割裂了农村产业融合发展与农业现代化、农业信息化和农业可持续发展的关系。

（3）本研究运用障碍度模型定量分析了黑龙江省农村一二三产业融合发展不同层次目标的产业融合障碍度，同时测量了产业融合评价指标体系中不同障碍因子的贡献度，挖掘出了影响农村产业融合发展的主要障碍因子，为精准调整农业产业结构、消除产业融合障碍、持续提升农村产业融合水平提供了有效路径。

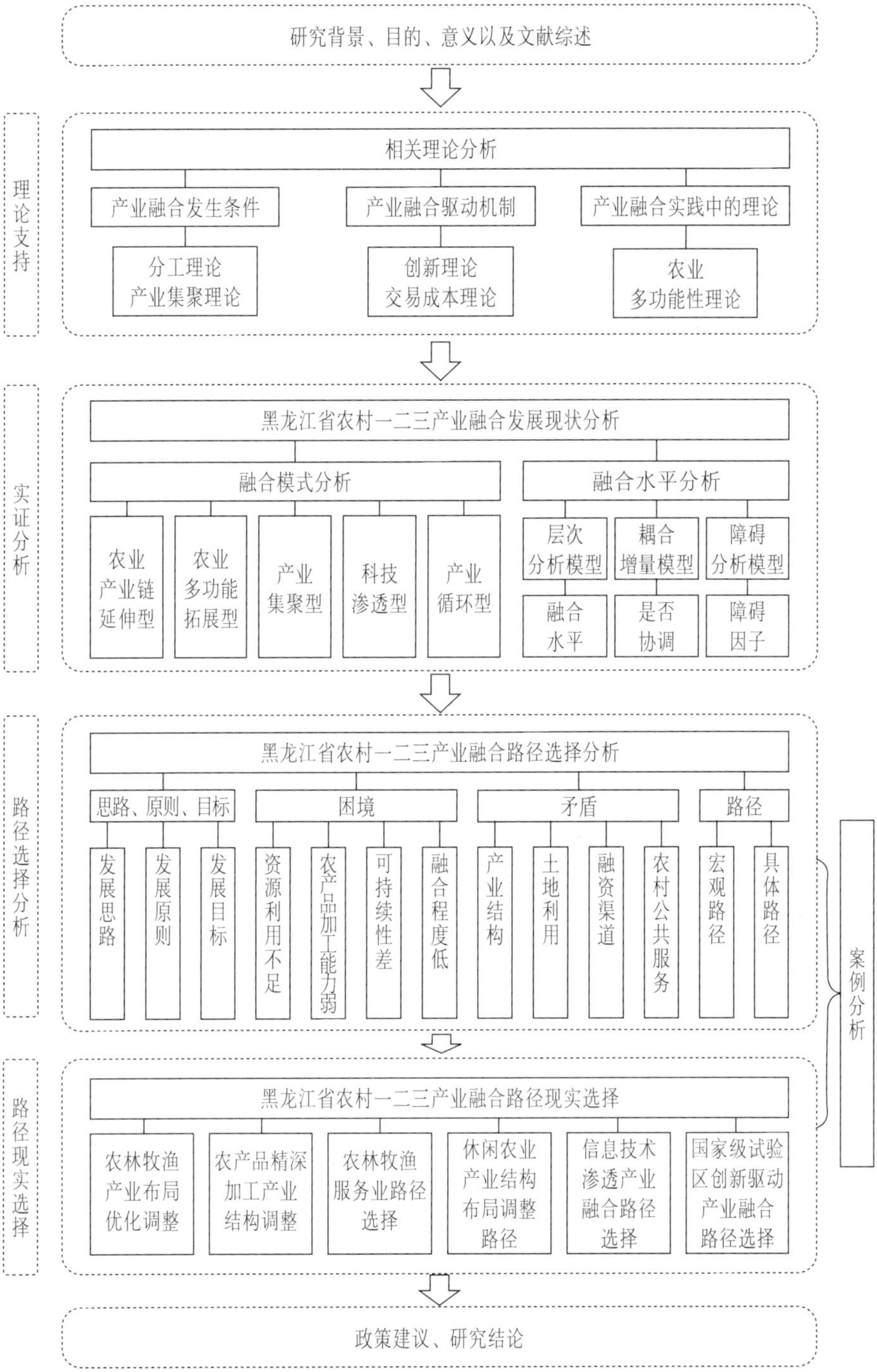
研究背景、目的、意义以及文献综述
理论支持
相关理论分析
产业融合发生条件
产业融合驱动机制
产业融合实践中的理论
分工理论
产业集聚理论
创新理论
交易成本理论
农业
多功能性理论
实证分析
黑龙江省农村一二三产业融合发展现状分析
融合模式分析
融合水平分析
农业产业链延伸型
农业多功能拓展型
产业集聚型
科技渗透型
产业循环型
层次分析模型
耦合增量模型
障碍分析模型
融合水平
是否协调
障碍因子
路径选择分析
黑龙江省农村一二三产业融合路径选择分析
思路、原则、目标
困境
矛盾
路径
发展思路
发展原则
发展目标
资源利用不足
农产品加工能力弱
可持续性差
融合程度低
产业结构
土地利用
融资渠道
农村公共服务
宏观路径
具体路径
案例分析
路径现实选择
黑龙江省农村一二三产业融合路径现实选择
农林牧渔产业布局优化调整
农产品精深加工产业结构调整
农林牧渔服务业路径选择
休闲农业产业结构布局调整路径
信息技术渗透产业融合路径选择
国家级试验区创新驱动产业融合路径选择
政策建议、研究结论

图 1-1　技术路线图

（4）本研究首次提出农村产业融合发展新模式，即基于区块链技术，结合3S、物联网、大数据等手段的农村一二三产业深度智慧融合发展模式。

（5）本研究构建了农产品加工自由贸易试验区带动全省农村一二三产业融合发展的模式，通过自贸区先进的技术、设备和政策体系优势驱动全省农村产业融合实现跨越式发展。

1.4.2 研究不足

农村一二三产业融合发展这一研究内容所涉及的行业融合交叉，部门繁多，数据量庞杂，而且我国从2015年起才开始倡导农村产业融合发展，很多关于农村产业融合的统计数据也是从2015年开始统计的，导致较早年份的数据获取困难，无法完全依赖国民经济和各类农业统计年鉴，需要笔者从各相关部门调研获取。加之笔者知识和经验的局限性，研究成果尚存在需改进和深入之处，如笔者没有深入一个县级区域考察了解当地农业产业结构和农村一二三产业融合发展演进历史，探究融合动力机制，分析融合模式，研究社会经济效应。另外，对基于现代信息技术的农村智慧产业融合模式尚没有进行定量和数理实证研究。这些问题都需要各位学者将来进行深入研究。

2 相关概念及理论基础

本章着重于构建关于农村一二三产业融合的理论支撑，主要涉及相关概念辨析以及相关理论基础综合分析，旨在为后文的研究提供清晰的理论框架以及演绎基础。

2.1 相关概念辨析

农村一二三产业融合、农业现代化、农业产业化、农业产业融合这四个概念无论在以往学者的研究中抑或是在当前农业发展的形势下均非常容易混淆，实质上这四个概念各自具有不同的内涵，四者间既有区别又有联系。辨明以上四个概念的异同及其内在关系，对于明确现代农业发展的产业政策导向，探索中国特色农业现代化道路具有重要的理论意义和现实指导意义。

2.1.1 农业现代化与农村一二三产业融合概念辨析

农业现代化这一概念提出时间最早，早在改革开放初期，我国便提出了农业现代化的发展目标，这可以说是引领未来几十年我国农业发展的总体方针。众多学者针对农业现代化的概念、内涵、标准等方面提出了多种表述与设想。关于农业现代化所涉及的概念，经过多年的研究与探讨，已逐步被明确。根据《财经大字典》中的表述，农业现代化是指“通过科学技术、工业部门、现代要素、市场机制等要素的渗透和介入以及服务体系的建立，用现代的工业、现代的科技、现代的管理方法、健全的社会化服务体系来装备、改造、管理和服务农业，使农业在形态上成为具有当今世界先进水平的可持续发展产业，其基本目标是提高农业综合生产力，增加农民收入，缩小工农差别和城乡差别，营造一个良好的生态环境”。

关于我国农业现代化的发展方向，根据我国学者的观点可以归纳为以下十一个方面，如表2-1所示。由于很多学者均对该问题有过详细研究，此处不再赘述。

表2-1 **农业现代化发展方向**

农业现代化发展方向	解释
农业生产手段的现代化	采用先进生产手段，转人力、畜力生产为机器化大规模生产
农业基础设施的现代化	积极建设农业生产配套基础设施，如灌溉设施、农田水利设施等
农业经济结构现代化	充分发挥各地区区位优势，形成特色产业、支柱产业
农业经营产业化	使农业产业链向后延伸，形成产、经、销一体化的发展模式
农业管理现代化	用现代、科学的管理方法来管理农业生产中的各个环节
农业科学技术现代化	使先进科学技术成为推动农业发展的主导动力
农业服务社会化	建立服务于农业生产每一环节的相关经济组织，与农业生产组织分工协作
农业宏观调控信息化	政府通过信息技术获取农业生产各环节信息，从而进行宏观调控
农民生活消费现代化	构建农民文明、健康、科学、合理的生活方式
农民素质现代化	提升农民素质，培养有文化、懂技术、善经营、会管理的新时代农民
农业资源环境现代化	保护农业资源环境，实现农业可持续发展

我国农业现代化的发展可大致分为四个阶段（如图2-1所示）：第一阶段为准备阶段，从新中国成立初期到现代化建设初期，这个阶段的目标主要是实现农业生产手段的现代化，即农业机械化、农业化学化、农业水利化和农业电气化。第二阶段横跨改革开放初期，当时农业现代化的准备阶段已经初步完成，开始迈向正式起步阶段。这一阶段的目标是实现农业基础设施的现代化、农业科学技术的现代化和农业管理的现代化。第三阶段为基本实现阶段，即在改革开放取得了显著成果、国民经济飞速发展的背景下，我国的农业生产吸收了大量来自国外的成熟经验，对农业现代化提出了更高的要求，期望完成农业经营产业化、农业经济结构现代化、农业服务社会化以及农民生活消费现代化。第四阶段则是完全实现阶段，未来我国农业现代化的发展方向是实现农业宏观调控信息化、农民素质现代化。值得一提的是，农业科学技术的现代化与农业资源环境的现代化始终贯穿于每一个发展阶段，科学技术是推进农业现代化不断发展的驱动因素，而农业资源环境的可持续性则是农业现代化的基本前提。

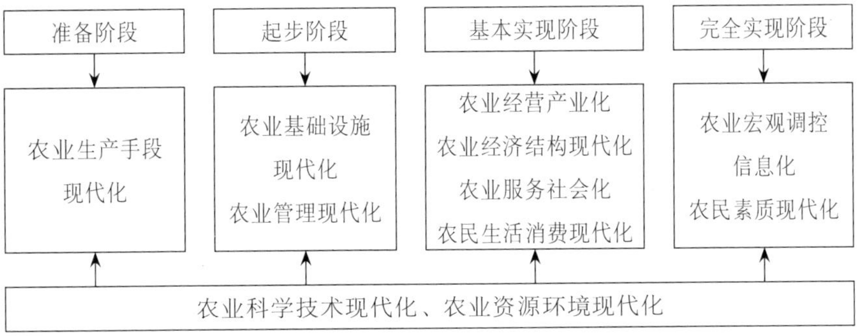

图2-1　我国农业现代化发展阶段

所以，从农村一二三产业融合的本质——加强农业领域的商业模式创新、技术创新和制度创新来看，这与农业现代化基本实现阶段所强调的发展目标如出一辙，可以说实现农村一二三产业融合是完成农业现代化中的重要一环，二者关系如下：

第一，农业现代化是农村产业融合的发展方向。当前我国农村产业融合的发展还处于初级阶段，农村产业融合发展的方向首先就是继续强化农业基础，增强农业市场竞争力，突破瓶颈要素的制约和体制机制的障碍。其次要不断开发新型商业模式，增强新型农业经营主体的带动能力，完善产业链利益联结机制，推进农业供给侧结构性改革。最后则是要促进农业与相关服务业有机融合。这些与农业现代化在基本实现阶段的发展方向是一脉相承的。

第二，农村产业融合是建设农业现代化的有效途径。农村产业融合的发展推动各种要素、资源更多地向农业农村配置，随着农村产业融合的持续推进，农业农村不断发展，农民生产生活条件持续改善。实施农村产业融合战略，使得农业强、农民富，农村在经济社会等多方面充分发展，城乡差别逐步缩小，城乡融合发展体制逐渐健全，进而不断地推进农业现代化的进程。

第三，促进农村产业融合发展是实现农业现代化的关键。我国农业现代化发展已经到了关键阶段，其内涵进一步扩大，面临的挑战也日益增加。面对着耕地资源减少、农产品价格波动、农民增收受限、消费者对农产品质量要求不断提高等问题，发展农村一二三产业融合似乎成了瓶颈的突破口。农村产业融合致力于培育打造新型经营主体，吸引广大农民积极参与，以新产业、新业态、新模式为引领，以农业信息技术、农业电子商务、农业物联网等的应用为重点，促进农业产业链完成“接二连三”或“隔二连三”的相加融合，逐步实现由传统农业向现代农业的转变，完成农业现代化进程。所以，促进农村产业融合发展是实现农业现代化的关键所在。

综上所述，农业现代化是一个较为广泛的概念，它旨在建立现代农业生产体系、经营体系、产业体系，实现传统农业向现代农业的转化。而农村产业融合则是农业现代化进程中的关键一环（如图2-2所示），是实现农业现代化的过程和手段，是探索中国特色农业现代化道路的必然要求。

2.1.2 农业产业化与农村一二三产业融合概念辨析

20世纪90年代初，我国逐渐开始步入农业现代化发展的基本实现阶段。为稳步提高农业综合效益，完成这一进程中农业经营产业化的发展目标，我国提出了农业产业化的发展战略。农业产业化在国际上通常被称为农业一体化，是由美国学者戴维斯（John H. Davis）和高德伯格

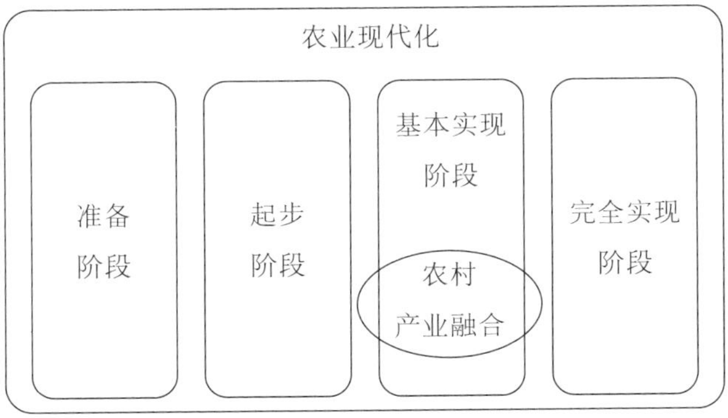

图 2-2　农村产业融合与农业现代化关系示意

（Roy A. Goldberg）在 20 世纪 50 年代率先提出的。最初，这个概念被称为农业综合经营，指从供应投入到食品加工和零售这样一个有序统一的链条。随着时代的发展，农业产业化的内涵也越来越丰富，现在主要是指以市场为导向确定主导产业，实行区域优化布局，依靠先进技术和龙头企业的带动，实行专业化生产、一体化经营、社会化服务和企业化管理。

在农业产业化发展战略提出近 20 年后，2014 年中央农村工作会议首次提出了农村一二三产业融合发展的战略，对产业发展提出了更高要求。关于二者的区别和联系，主要研究集中于以下几个方面：

首先，农村产业融合是在农业产业化基础上的延续。农村产业融合是在农业产业化的基础上发展而来的，农业产业化的实施使得资本开始逐步渗透农业产业，实现了农民与市场的有效对接，农业生产社会化程度和农业生产力达到了一定水平，为农村产业融合发展奠定了基础。在农业产业化取得了一定成果之时，农村产业融合的提出进一步丰富了农业产业化的内涵，实现了农业产业化外延拓展，提升了农业产业化的发展水平。

其次，农村产业融合发展是在农业产业化基础上的升级。农村产业融合发展是农业产业化的更高级形态，这主要表现在：农村产业融合的产业边界更加模糊、业态创新更加多样、功能拓展更加丰富等，改变了以往产业化中单纯地以农业产业链延伸为主的局面，重点强调协同发展第二、第三产业，提高附加值，让农民分享更多收益。另外，农业产业化创造经济效益的方式主要是通过专业化、大规模的生产，增加农产品产量，以达到降低成本、提高生产力、实现规模化效益的目的。而农村产业融合的利益增长点则较为广泛：在第二产业内不再追求产量高、成本低的规模化生产模式，而是发展精深加工型的农业单品，利用深加工提高产品附加值，依靠单位产品的高毛利率来实现盈利。在第三产业内则充分利用农业的多功能性，使农业发挥出休闲、科普、生态、文化等深层次的价值，从而寻找到新的利益增长点，实现利益分享，提高农民收入。

最后，农村产业融合帮助农业产业化纠正了实践过程中的偏差。农业产业化战略在初始阶段，曾提出要大力培育和扶植农民合作社、家庭农场、龙头企业等新型农业产业化联合体的发展，未曾将经营主体仅仅局限于龙头企业。然而，从农业产业化近20年的发展实践来看，其政策措施在落实过程中往往会演变为对当地龙头企业的支持，而忽略了其余新兴产业化联合体，这与农业产业化的初衷是不相符的。而农村一二三产业融合战略的出现就是要打破目前这一僵局，它的经营主体更加多元化，除了龙头企业之外，还积极鼓励普通农户、专业大户、家庭农场、农民合作社、工商资本等主体成为农村一二三产业融合的参与者，实现利益共享。农村产业融合与农业现代化、农业产业化的关系如图2-3所示。

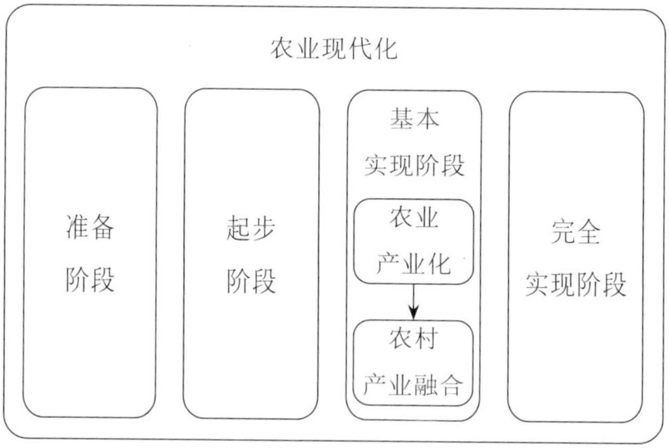

图2-3　农村产业融合与农业现代化、农业产业化关系示意图

2.1.3　农业产业融合与农村一二三产业融合概念辨析

目前，在农业生产实践和学术探讨中，农村产业融合和农业产业融合两个概念经常被混为一谈。有些学者认为农业产业融合范围较广，其

中包含了农村产业融合；有些学者认为农业产业融合与农村产业融合或农村一二三产业融合从产业融合的本质、过程、目的和结果四个维度来说是相同的，就是农业与加工业、旅游业、服务业、高新技术产业等关联产业的融合，从纵向、横向拓展农业发展空间，实现产业创新，构建现代农业产业体系。

实际上，农业产业融合只是农村产业融合的发展模式之一（如图2-4所示），精确来说应被称作农业内部有机融合模式，或者产业循环型融合模式。从国民经济行业分类标准来看，农业产业中包括农业、林业、畜牧业、渔业和农林牧渔专业及辅助性活动（即农林牧渔服务业）。从农业产业融合的名称可以看出，这个表述的主体为农业，则已经将其融合的范围局限于第一产业——农业之内，并没有涉及第二、第三产业的融合现象。因此，本书作者认为农业产业融合应是指第一产业内部不同行业之间的融合，专指农业内部的农、林、牧、渔及其服务业的交叉融合，并不涉及加工业、旅游业、高新技术产业等关联性产业。其产业链模式为资源—产品—废弃物—资源再利用，力求可以在农业产业内部形成完整的生物有机产业链。而农村产业融合则是一二三产业的有机整合，不仅仅局限于第一产业内部，其发展目标是将农村一二三产业紧密相连、一体推进，形成新技术、新业态、新模式，最终实现产业链延伸、价值链增值、多功能扩展、农民增收。因此，农村一二三产业融合的概念比农业产业融合范围更广，精确地应用和理解相关概念及理论对于我们研究农村三产融合理论以及今后指导三产融合实践有着重要帮助。

图2-4　农业产业融合与农村一二三产业融合关系示意图

2.2 相关理论分析

农村产业融合这一概念兴起的时间较晚，相关理论发展尚未成熟。但农村产业融合与产业融合的发展可谓是一脉相承，因此用产业融合的相关理论来解释农村产业融合是可行的。产业融合的理论基础则主要可以分为以下几方面：一是分工理论与产业集聚理论，它可以解释关于产业融合的起源问题。分工与融合乍看是两个相互矛盾的概念，但二者的关系根本上是对立统一的，融合是在产业高度分工的情况下发展而来的，产业融合是产业间分工内部化的过程，是产业间分工向产业内分工转变的必由之路。产业集聚的出现则为产业融合的产生提供了条件，产业集聚相关理论是产业融合理论产生和发展的基础。二是产业融合的驱动因素，即交易成本理论与创新理论。三是在实践过程中归纳总结出的理论，即农业多功能性理论，该理论从实践中来，也必将更好地应用到实践中去。以上几方面理论促进了产业从分立逐步走向融合，为产业融合提供了理论基础。

2.2.1 分工理论

分工理论是产业融合发展理论的基础，它的发展历程可谓是源远流长。

早在《理想国》中，柏拉图就曾论述过分工产生的原因是人类的先天禀赋不同。他认为公民应分为普通人、士兵、卫国者三个阶级，而只有最后一类公民才能享有政治权利。他坚信对不同等级公民进行分工是国家构成的基础，每个人各司其职就是国家所需的“正义”。柏拉图的社会分工理论着重于研究国家的构成，与当时的社会等级制度紧密联系在一起，一定程度上束缚了人的天性，具有较强的阶级局限性。西尔弗敏兹（Silvermintz）曾指出，柏拉图在《理想国》中所提出的观念证明他是劳动分工的早期支持者，开创了分工理论的先河。但他的观点是建立在中央集权主义之上的，带有明显的时代烙印。1776年，亚当·斯密（Adam Smith）在《国民财富的性质和原因的研究》一书中，进一步以扣钉制造厂为例，详细阐述了细致化的分工合作是如何促进劳动生产，进而提高生产效率的。与柏拉图侧重于政治领域的分工理论不同，亚当·斯密的分工理论是直接的经济分工，研究重点为分工在提高劳动生产效率以及增进国民财富中的作用。亚当·斯密认为分工理论不仅适用于同一国家内部的不同职业、不同工种之间，也适用于各个国家之间，这便是其国际分工理论的雏形。他指出“一个国家的产业和劳动力水准如果是极高的，那么其各种行业的分工一般也达到了极为细致的程度”。可见，亚当·斯密认为分工与经济增长呈现出正相关的态势，虽然初期生产力水平的提高很大程度是由于国家政策的支持，但如果要使经济增长保持长期持续稳定的状态，则需要依赖于不断深化的大规模分工。另外，在农业分工方面，亚当·斯密还提出农业由于其生产时效性较长等特殊性，使得其不能完全采用细致化、多样化的分工制度，因而农业的生产力增进会低于制造业的生产力增进，富国与穷国在农业生产上的差距也并不悬殊。

马克思在亚当·斯密研究的基础上，进一步扩展了分工理论。与亚当·斯密认为分工是源于功利基础上的交换不同，他认为分工是基于人类生理特点而“自发形成”的自然行为，这种自然的差别随之引起产品的相互交换。因此，马克思认为产品交换是分工的媒介，而分工的发展又进一步扩大了产品交换的规模，二者相互依存，相互促进，同时也相互制约。马克思肯定了分工对促进劳动生产力的作用，他认为分工协作可以根据需求扩展劳动的空间范围，或缩小生产领域，从而节约非生产费用，总之“生产力是由协作本身而产生的，劳动者在有计划地同别人共同工作中，摆脱了个人局限，并发挥出他的能力”。但马克思同时也提出增加专业化程度可能导致工人的整体技能较差并且对工作缺乏热情，最终从生产过程中彻底地疏离。然后，工人“在精神上和身体上会被压低到机器的状态”。这与马克思所倡导的共产主义社会的人需要全面发展的理论是相悖的，但解决这个问题则需要生产力发达到一定程度才可能实现。另外，马克思阐述了分工与所有制的关系，他认为分工是生产力和社会生产关系连接的纽带，兼有生产力和生产关系的双重属性。分工是生产活动的表现形式，既代表了生产力发展水平，又表现了生产关系的所有制形式，这体现了分工在自然过程和社会过程中的统一。将分工理论置于社会关系的视域中加以研究，是马克思分工理论的独到之处，也给后人研究分工理论带来了启发。

分工发展到一定程度则必然带来融合，分工与融合二者密不可分，“合中有分，分中有合”是社会发展的必然趋势。分工的发展推动了生产的专业化，随着专业化程度的不断升级，产业间的界限将更加清晰。为了寻求更高的效率、更低的成本，一种新的模式便逐步形成，它在分工的基础上把整个相关的产业链集聚在一起，使得产品、要素、产业之间不断渗透、结合，这便形成了产业融合的趋势。精细化的分工与业态间的深入融合必将不断结合，任何商业形态的推陈出新都逃脱不了这个规律。所以说，产业融合是产业分工的新的路径和起点，是产业分工的新的发展阶段，产业融合与产业分工作为产业发展的两种趋势，相互交叉，相互补充，共同推动了经济发展，也为农村一二三产业融合奠定了基础。

2.2.2 产业集群理论

产业集群是推动区域经济发展的一种模式，指某一产业在某个特定区域内整合集中，资本等要素在该区域内不断集聚发展的态势。产业集群理念最早见于亚当·斯密的《国民财富的性质和原因的研究》，他认为产业集群就是“若干具有分工特性的企业为了完成产品制造而联合的生产群体”，并主张在产业分工的基础上研究产业集聚问题。19世纪末期，产业集群理论开始发展，马歇尔（Alfred Marshall）最早关注了产业集群的发展模式，发现了“产业区”现象，即生产性质类似的一些企业集中进行区域性的生产活动。马歇尔进一步研究了集聚企业的客观协作行为、集聚经济活动的表现形式并提出了集聚最根本的原因在于获取外部规模经济效应，以此奠定了产业集群理论发展的基础。德国经济学家韦伯（Alfred Weber）在研究了工业企业地方集中布局的现象后，提出了产业区位集聚理论，他认为企业集聚的最终目标是获取成本最小的区位，是企业内部规模经济的一种外部化表现，因此他较多关注为何会产生集聚的现象，而不特别关注集聚现象本身。他认为产业集聚是通过两种方式实现的，一是企业自身规模不断扩张，二是同类型企业在地域空间上的不断集中。

关于产业集群的动力研究方面，马歇尔从企业内部角度出发，认为产业集群的动力来源于特定产业对特定区域资源禀赋的需求，从而引起产业地方化的过程。企业于一个特定的空间内发生集聚，能够有效促进专业化生产要素、技术人员、高质量服务的定向投入，从而产生较高的溢出效应，使集聚企业从中获益。韦伯从成本角度出发，认为产业集聚产生的动力在于企业从集聚中获取的收益是否大于其耗费的成本，他认为产业集聚发展过程中形成的成本优势可以促使工业企业产业地方化，因此发生集聚可能性大的多是工厂邻近区域。迈克尔·波特则认为需求状况、要素条件、竞争策略、相关及支持性产业是影响产业集群竞争力的主要因素，而创新则在竞争中发挥出愈发重要的作用。另外，开放、灵活的社会文化网络也是促进产业集群产生的有利因素之一。产业集群往往需要企业、政府、各类机构之间展开信息的自由流动与共享，而这需要建立在相应的社会文化基础之上，如开放、共享的社会风气；鼓励创新、提倡合作的社会环境；参与产业集群的成员相互信任、相互依赖的归属感等。

产业集群所产生的效应主要包括资源优势、成本优势、市场优势、创新优势四大方面。资源优势体现在，产业集群一旦形成，就会吸引大量资金、资源、技术、服务等相关产业要素。而由于路径依赖的作用，这种吸引会一直持续甚至加速，有助于企业快速获取资源优势。产业集群的成本优势主要体现在生产成本优势和交易成本优势。产业集群促使各种资源要素向同一方向流动，集群内的企业利用其空间接近性，共享资源，弥补不足，通过获得外部规模经济效益降低生产成本。另外，产业集群内的主体通过长期稳定的合作，可逐步磨合出一套互信、互利的相处机制，有助于合作过程中各个环节的顺利开展，降低交易成本。市场优势方面，产业集群通过内部合作与竞争，在产品的成本、质量、价格、营销等方面取得了一定优势，而且相似产品的产业集群有利于打造具有区域特点的特色产业带，占领细分市场，扩大企业竞争力。最后，产业集群有助于培养集群内主体的创新意识。集群内企业间的激烈竞争促使企业不断进行产品创新、技术创新、管理创新等，且集群企业间联系频繁，有助于创新成果的快速扩散。另外，创新需要大量人员、资金、技术的支撑，单一企业往往难以完成，集群内企业可以通过合作创新的方式，分担风险，加快创新速度，实现成果共享。

产业集群的出现实现了资源要素的优化配置，节约了生产成本，打造了区位优势，为产业融合的发展提供了强有力的支撑。产业集群可以看作单一产业的内部融合，而多个产业集群间融合的总和则构成了真正意义上的产业融合。产业集群是产业融合的基础，产业融合是产业集群发展的高级阶段，也是产业集群发展的必然结果。在自然经济以及计划经济的条件下，农业的产业边界较为清晰，与加工、销售、服务等产业基本处于分离的状态。近年来，随着农业产业化进程的不断加快，广大农村地区已经初步建立起数个农业产业集群，农业与加工业、旅游业、服务业间也逐步显露出融合的趋势，产业边界范围逐渐模糊化，为下一步农村一二三产业融合发展奠定了基础。

2.2.3 交易成本理论

交易成本理论是促进产业融合产生的主要驱动因素之一。交易成本理论的源头是经济学家科斯于1973年发表的《企业的性质》一文，他认为在市场经济条件下，由于人的有限理性、不确定性、机会主义行为特征等因素的约束，在获取资源和技术的过程中一定会产生交易费用，因此交易成本是“使用价格机制的成本”。同时他也认为通过建立起一种“无限期的、一定程度具有持久性的组织关系”是可以降低交易成本的，企业将市场中成本较高的交易转换为企业内部交易，削减了市场不确定性所带来的交易费用，这便是企业存在的根本原因。随后，达尔曼、威廉姆森等经济学家对科斯的交易成本理论进行了进一步的诠释和补充。达尔曼认为交易过程包含了前、中、后三个阶段，与此相应，交易成本也可分为寻求和获取信息费用、讨价还价和决策费用以及监督和执行费用三种类型，这三类交易成本的产生均与信息的不对称性相关。威廉姆森从契约角度出发，将交易成本分为两类：一是获取信息，规定权利、义务、责任过程中所产生的事前交易成本；二是交易完成后所发生的因偏离准则而引起的不适应成本、解决争议成本、执行成本、运营管理成本等事后交易成本。

对于交易成本所产生的原因，威廉姆森有着极为深刻的论述。他认为交易成本的存在取决于六种元素：受限制的理性思考、机会主义行为、不确定性与复杂性、少数交易、信息不对称性以及气氛。由于交易参与者受到情绪、环境、气氛、不确定性等因素的制约，在讨价还价过程中容易出现寻求自我利益、追求利润最大化的机会主义倾向，再加之双方获取信息能力、议价能力的不对称，导致交易参与双方难以准确评估对方的行为，降低了交易双方对交易的掌控能力，使得双方均将未来的不确定性纳入交易费用之中，进而增加了交易成本。产业集聚可以在一定程度上降低交易成本，在产业集聚的过程中形成了一系列产业集群，它们的地理区域及交易对象相对固定，极大地减少了市场环境下交易的不确定性。同时由于产业集群内企业的联系较为密切，信息对称性大大提高，不仅节省了信息获取这项事前交易成本，同时也有助于增强企业间的合作与信任，减少事后交易成本。

降低交易成本既是农村一二三产业融合产生的驱动因素，也是农村一二三产业融合发展所需要完成的目标。产业融合作为产业集聚发展的高级阶段，其本质就是交易成本内部化的过程。农村产业融合的发展帮助农业的原材料生产、加工业、服务业向同一区位流动，缩短了产业链条，减少了农产品生产与销售间的距离，从而降低了交易成本。随着农村产业融合的发展，可利用区块链、大数据分析等先进技术，集中市场信息，分析市场需求，减少信息的不对称性，力求对消费者需求做到精准回应，降低交易时产生的信息成本。另外，农村产业融合将农业链条上的企业集聚在一起，通过磨合逐渐建立起相互信任和解决争端的良好机制，有助于合作中谈判、签约、执行、仲裁等环节的开展，降低了整个交易的事前和事后成本。农村一二三产业融合内化了农业与加工业、服务业间的交易成本，从而降低了农业生产成本，吸引资源向农村地区流动，提高了农业生产力及农产品经济附加值，使农村地区获得的经济效益实现最大化。

2.2.4 创新理论

创新是推动经济发展、促进产业融合的动力源泉。创新理论的提出可追溯至1912年，奥地利经济学家约瑟夫·熊彼特在《经济发展理论》一书中，首次将创新视为现代经济增长的核心，并将创新定义为一种生产要素的重新组合。他认为所谓“经济发展”就是指整个社会不断地实现这种“重新组合”，或者说经济发展就是持续创新产生的结果。熊彼特的创新理论着重强调技术手段的更新和生产方式的变革对促进经济发展起着至关重要的作用，创新是经济发展的原动力，没有创新，社会的发展将成为空谈。熊彼特还提出创新的形式主要有五种，即产品创新、技术创新、市场创新、资源配置创新和组织制度创新。

关于创新的特点，熊彼特作了如下论述：首先，创新是一种内生性的经济变化，“它是不能用加之于外部的数据影响来说明的，它是从体系内部发生的，这种变化是众多重要经济现象发生的原因”。而且，创新具有突发性和间断性的特点，“是一种自发的、不连续的变化”。其次，创新意味着“打破再重塑”的过程，在激烈的市场竞争中，新事物的发展壮大意味着对旧事物的打破甚至消灭，通过新旧技术的更迭交替，才能实现经济的发展和社会的进步。再次，创新的主要推动者是企业家，为了获取潜在的经济效益，企业家们通过知识创造、管理变革、制度更新等手段为实现创新奠定了基础。最后，创新作为一种资源的投入活动，其目的是实现经济效益的最大化，获取竞争优势。而要达到这一目标，创新必须能够创造新的价值。不能带来价值的创新只能被称为发明，“而这在经济上是不起任何作用的”。

创新是推动农村一二三产业融合发展的强大动能之一。技术创新方面，将种植科技、品种科技、生物科技、加工科技、生产科技、信息科技等现代化的先进技术持续地渗透到农业生产的种植、加工、服务等各个环节，使得第二、第三产业与农业之间的边界逐渐模糊，使农村一二三产业的进一步融合成为可能。对农业生产而言，技术创新不仅提高了农产品的科技含量，使得农产品在外观、功能、品质上不断改进，而且可以提高农业的标准化生产水平，进而提高劳动生产率，打破技术壁垒，使农业与其他产业间的界限逐步模糊，为发展农村一二三产业融合奠定基础。在组织与制度创新方面，多种新兴的农业经营主体，如行业协会、产业联盟、农业社会化服务组织等，一定程度上可以扮演创新中"企业家"的角色，在推动农业创新，引导第二、第三产业与农业主动融合方面贡献积极力量。

2.2.5 农业多功能性理论

农业多功能性理论源于日本的"稻米文化"，最早由日本政府于20世纪80年代提出，并在1999年制定的《食品、农业和农村基本法》中纳入，使其成为指导农业发展的政策性纲领之一。1992年联合国环境发展大会上颁布的《21世纪日程》正式采纳了农业多功能性的理念。1996年联合国颁布了《世界粮食会议首脑行动计划》和《世界粮食安全罗马宣言》，其中明确提出不能忽略农业多功能性的特点。欧盟也在2000年达成了《2000年议程》协议，突出强调了农业的多种功能对整个欧洲地区的社会经济发展，包括支持就业、环境保护、可持续发展等方面的积极作用。1999年世界粮农组织、2000年联合国可持续发展大会中相继对农业多功能性问题给予高度重视，并把农业多功能性理论作为发展农业的政策性指南。我国2007年中央一号文件首次提出开发农业多功能的问题，强调"农业不仅具有食品保障功能，而且具有原料供给、就业增收、生态保护、观光休闲、文化传承等功能。建设现代农业，必须注重开发农业的多种功能"；2017年中央一号文件则继续重申要开发农业的多功能性问题。

农业多功能性理论概括来说，是指农业除了包含最为基本的食品保障功能和经济功能外，还具有调节生态、保护自然、观光休闲、传承文化、促进就业增收、保持政治稳定、实现国民经济协调稳定发展等多项非物质生产性功能。农业的各项功能之间相互联系、相互依存、相互制约、相互促进，构成了一个和谐统一的系统。农业多功能性主要体现在以下几个方面：其一为产品保障功能，体现在农业为社会成员提供农副产品，满足了人类在生存与发展中对食品的需求，在保障粮食安全、维持社会稳定方面起到了重要作用。其二是经济社会功能，农产品通过价值形式所表现出来的功能即为经济功能，经济功能也是农业生产最基本的功能。农业的社会功能体现在保障农民收入、提高农民就业和社会保障方面。农林牧渔业产品为农民提供了基本的收入和社会保障，除此之外，涉及农业的各项服务，如农业机械服务、灌溉服务、农产品初加工服务、病虫害防治服务等服务业在提供就业、增加收入和社会保障方面也发挥了重要作用。其三为生态环境功能，农业作为构成生态环境的主要因子，在保护调节生态环境方面发挥着举足轻重的作用。农业生产通过建立科学、绿色、合理的农田生态系统及生产方式，可以达到修复土壤、涵养水分、保持水土、调节气候、维护生物多样性、净化农业资源环境等目的，对农业的可持续发展、人类生存环境的改善均具有重大作用。其四为文化功能，农业生产的地域特点决定了其拥有丰富的自然资源以及田园景观，农业生产经营活动是古老的农耕文明发展至今的载体，因此，农业在传承传统农耕文化、提供休闲场所、保护文化多样性等方面也起到了积极作用。

农业多功能性理论不同于一般意义上的理论，它是在农业生产实践过程中，根据农业生产活动自身的特点进行深化、归纳、总结而成的。农业多功能性理论突破了农业传统的思维框架，着重注意农业生产活动对经济、社会、环境等方面的综合影响。农业多功能性理论为农村一二三产业融合发展提供了具体路径，可以说农业的功能开发得越全面，一二三产业融合得就越紧密。例如在乡村发展农产品加工、休闲旅游、养老产业、科普教育等均是在一二三产业融合过程中实现的对农业多种功能的延伸与拓展。

2.3 本章小结

本章对研究过程中运用到的相关概念及理论基础进行了详尽的阐述与总结。首先阐述了农业现代化、农业产业化、农业产业融合与农村一二三产业融合这几个相关概念的产生背景和发展脉络，并重点分析了它们之间的异同。随后的理论分析部分归纳总结了分工理论、产业集群理论、交易成本理论、创新理论和农业多功能性理论的特点，这几个理论分别从产业融合的基础、动因、实践三方面解释了产业融合的起源与发展，指明了农村一二三产业融合的发展方向与规律，为后文的研究提供了清晰的理论框架以及演绎基础。

3　农村一二三产业融合发展政策演进分析

农村一二三产业融合发展，也称农村产业融合发展，是促进农民收入持续增长的重要保证，也是推动乡村产业振兴、人才振兴、文化振兴、生态振兴的焦点、重点以及难点所在。2014年中央农村工作会议中首次提出要积极促进一二三产业融合互动，让现代农业“接二连三”，既能连接“二产”的加工业，也能接续“三产”的休闲农业，让“第六产业”（1+2+3=6）成为拉动我国农业农村经济发展的新的增长极。此后，连续五年的中央一号文件均强调了大力促进我国农村一二三产业融合发展问题。国家推动农村一二三产业融合发展历经了6年时间，目前农村产业融合发展的效果如何？当下农村产业融合发展需要面对的问题是什么？下一步政策应该将哪一方面作为着力点？这些问题不仅反映了我国关于农村产业融合发展政策的演进历程，而且决定了目前乡村振兴战略的现实任务和发展趋势。本章以2015年以来的中央一号文件和国家农村一二三产业融合发展政策为考察对象，通过国家政策演进，透视2015—2019年5年间农村一二三产业融合发展逻辑、政策实施效果以及当前农村产业融合发展存在的问题，并在此基础上进一步探究今后农村产业融合发展的政策重点和未来展望。

3.1 农村一二三产业融合发展逻辑

农村一二三产业融合发展是指促使农村第一产业与第二产业、第三产业通过联动、产业集聚、技术渗透、体制创新等方式实现农业产业链延伸、价值链提升、功能拓展产生的新产业、新业态和新模式，主要目标是带动农民分享二三产业增值收益。推进农村一二三产业融合发展有利于构建现代农业产业体系、拓宽农民增收渠道，是转变农业发展方式、调整农业产业结构、探索中国特色农业现代化道路的必然需求。国务院办公厅提出农村一二三产业融合发展的主要目标为：到2020年，农村产业融合发展总体水平出现明显提升，产业链条完整、功能多样、业态丰富、利益联结紧密、产城融合更加协调的新格局基本形成，农业竞争力明显提高，农民收入持续增加，农村活力显著增强。针对农村一二三产业融合发展中的问题，2015—2021年，中央连续发布了7个中央一号文件，从不同方面对农村一二三产业融合发展任务进行规划及部署。

3.1.1 延长农业产业链、发展休闲农业，增加农民收入

2015年中央一号文件：2014年我国经济发展开始进入新常态，经济增长从高速向中高速转变，粮食产量实现连续11年大丰收，农民收入持续增长。但是，如何在经济增速减缓、农业生产成本居高不下、农业资源环境约束、城镇化建设步伐加速的背景下提高农业产业竞争力，保持农民收入持续增长，是必须应对的重大挑战和需要破解的重大课题。在党的十八大和十八届三中、四中全会以及习近平总书记系列重要讲话精神指导下，2015年中央一号文件首次提出了推进农村一二三产业融合发展。首先提出必须通过延长农业产业链，提高农业附加值，达到农民收入增长的目标；其次提出拓展农业多功能性，以休闲农业、乡

村旅游、特色文化带动农民致富；最后，加大乡村休闲旅游基础设施投入，从休闲旅游用地、财政投入、税收减免、金融扶持方面配套各项优惠政策。可以看出，2015年中央一号文件侧重点在于延伸农业产业链以及发展休闲农业。

3.1.2 推进农村一二三产业融合，促进农民收入稳定快速增长

2016年中央一号文件："十二五"期间，农业生产能力全面提高、农民人均收入大幅增长、城乡居民收入差距逐步缩小。进入"十三五"后，如何在经济发展进入新常态的趋势下保证农民收入持续稳定增长、进一步缩小城乡差距，以及如何转变农业发展方式、突破农业资源环境困境、实现农业资源可持续利用，是迫切需要解决的问题。为此，2016年中央一号文件提出要在四个方面推进农村一二三产业融合发展，以期推进农业供给侧结构性改革，加快转变农业发展方式，保持农业稳定发展和农民持续增收，走产出高效、产品安全、资源节约、环境友好的农业现代化道路。一是农产品加工转型升级。以农产品综合加工和精深加工提高农产品加工转化率及增加附加值；培育一批农产品加工龙头企业和农产品知名品牌；研发具有自主知识产权的农产品加工装备和技术；制定扶持农产品加工配套政策。二是农产品市场和流通体系建设。对现有农产品贸易市场升级改造，建设农产品交易公共服务平台，发展农村电子商务体系；加强农产品仓储设施建设，完善物流网络建设，实现农产品销售和农资、农用品物流畅通。三是乡村旅游和休闲农业。推进农村产业与科技普及、特色文化、乡村生态、休闲度假、旅游观光的深度融合；配套休闲农业用地和资金支持政策。四是创新农业产业链联结农民利益机制。在法律法规、财政资金、社会资本参与等方面保障农民参与农业产业链后分享价值增值收益。

3.1.3 拓展农业产业化价值链，壮大新产业、新业态、新模式

2017年中央一号文件：经过多年持续发展，我国农业发展取得长

足进步，粮食产量连年大丰收，农业生产的主要矛盾已经由总量不足转变为结构性剩余，即供给侧不均衡的问题。农产品结构失衡导致农业生产要素配置不合理、农业生态资源环境恶化、农产品品质不高、农产品难以顺应市场需求、生产与市场脱节和农民收入增长乏力等问题。在此背景下，围绕农民增收、农业增效、强化结构调整，2017年中央一号文件从四个方面部署了农村一二三产业融合发展工作。一是发展乡村休闲旅游产业。发挥农村物质和非物质资源优势，运用“互联网+生态+特色产业”，实现科普、康养、旅游和文化的深度融合。二是发展农村电商产业。以乡村电商服务网点和电商产业示范园推动龙头企业、农民合作社和农户与电商企业对接融合；以电商平台、物流、进村入户信息工程支持农村电商产业发展壮大。三是发展现代食品产业。在农产品主产区、农作物优势产区打造农产品加工业产业集群；深度开发具备营养保健功能，适合不同社会群体的特供食品；发展方便食品、速冻食品、休闲食品，提升全社会加工食品占有率。四是培养农村特色村镇。全力打造“一村一品”、农业文化和旅游“三位一体”、生产生活生态改善“三同步”、农村产业融合深度发展的特色村镇。

3.1.4 构建农村产业融合体系，培育乡村发展新动能

2018年中央一号文件：党的十八大后的5年来，农业农村发展取得了令人瞩目的成就。以市场需求为导向的农业供给侧结构性改革取得新成效，粮食产量跨上新台阶，农民收入稳步增长，农民幸福感增强，农村民生全面提升，生态文明建设成绩斐然，脱贫攻坚进展快速，农村社会和谐稳定。但是，城乡发展不平衡问题仍然比较突出，主要问题有：农村整体发展水平亟待提高、生态环境仍需改善、基础设施建设亟待加强、农民队伍素质有待提高、市场观念仍需加强、农产品供给质量尚需改善、支农体系建设尚需完善。为解决人民日益增长的美好生活需要和不平衡不充分的发展之间的矛盾，2018年中央一号文件对如何构建农村产业融合发展体系重点从六个方面做出规划。一是拓展农业多功能。创造让农民参与农业全产业链的机制，让农民

分享农业产业全部增值收益。二是提升农产品加工业。出台政策支持农民发展产地农产品加工业。三是拓宽农产品销售渠道。发展“互联网+农业”的新型农业产业模式，搭建农产品电商销售服务平台，构建农产品包装、仓储、物流服务体系，促进农产品流通现代化。四是大力发展乡村旅游。支持农村康养基地、产业特色小镇和休闲观光园区发展。五是支持发展民宿和养老产业。对民宿和康养产业出台行业宽松准入制度。六是发展乡村特色产业。利用农村生态特色、文化特色发展乡村共享经济。

3.1.5 全面壮大农村产业融合，拓展农民收入渠道

2019年中央一号文件：到2021年，在中国共产党成立一百年时全面建成小康社会，是党的十八大提出的第一个百年奋斗目标。2019年和2020年是全面建成小康社会的决胜期。在外部环境复杂多变，内部经济下行压力增大的形势下，只有确保农业农村和农民工作持续健康稳定推进，才能主动应对各种风险挑战，为第一个百年奋斗目标如期实现奠定坚实基础。为全面促进农村一二三产业融合发展，2019年中央一号文件从六个方面对农村产业融合发展做出全面具体的部署。一是加快发展乡村特色产业。乡村特色产业体系建设包括四个方面：农产品特色优势区、多样性特色农业、民族地域特色手工业和特色农产品质量标准体系。二是大力推动现代农产品加工业发展。农村产业融合加工重点是：健全农民分享产业增值收益的利益联结机制、培育产业融合加工龙头和示范基地、形成县域主产区农产品加工业集群、建设农产品专业加工村镇、加强农产品交易市场和物流体系建设。三是发展乡村新型服务业。乡村新型服务业类型主要有：改善交通、旅游、卫生、邮政和信息等基础设施建设；依托农村生态资源和传统文化优势发展餐饮民宿、休闲旅游、健康养生、文化体验、养老服务；支持农林牧渔服务业各级各类组织开展农业生产、土地流转、病虫害防治和仓储物流等农业服务性活动。四是推进实施数字乡村战略。持续开展互联网进村入户工程、建设电子商务农业示范区、依托物联网建设农业全产业链大数据工程。五是促进农村劳动力转移就业。加快

城镇公共服务建设，吸引农业人口向城镇转移；推广农民就业服务，加强农民职业技能培训，拓展农村劳动力转移和增收渠道；以小城镇特色产业集聚壮大县域经济，增加农民就业创收岗位。六是支持乡村创新创业。建设农村创业服务平台，完善农村创业创新支持服务体系，为各类人才返乡创新创业搭建服务平台；在信贷、土地、税费减免、创业示范等方面配套相关政策。

农业农村农民问题对实现党的十八大确立的第一个百年奋斗目标至关重要，为确保2020年全面进入小康社会，2019年中央一号文件对农村一二三产业融合发展在农产品加工、产业布局、数字乡村建设、乡村新型服务业、劳动力就业转移和创新创业支撑服务体系等方面做出了全面具体的部署。

3.1.6　确保重要农产品供给，促进农民增加收入

2020年中央一号文件：2020年的目标是全面建成小康社会，要全面打赢脱贫攻坚之战。必须完成脱贫攻坚，必须补上全面小康“三农”领域的突出短板，坚决夺取第一个百年奋斗目标的全面胜利。持续保证农业稳产保供和农民增收，促进农业高质量发展和农村社会和谐稳定，使农民群众更具有获得感、幸福感、安全感，确保脱贫攻坚战圆满收官，确保农村同步全面建成小康社会。为此，2020年中央一号文件主要从五个方面促进农村一二三产业融合发展。一是稳定粮食生产。粮食安全始终是事关治国理政的大事。粮食生产需要三稳，即稳政策、稳面积、稳产量。二是加快恢复生猪生产。生猪稳产保供是当前经济工作的大事，要采取有力措施，确保2020年底前生猪产能恢复到接近正常水平。三是加强现代农业设施建设。提早谋划并实施现代农业投资重大项目，支持项目及早落地，并扩大农业投资。四是发展富民乡村产业。支持打造各具特色的农业全产业链，建立健全农民分享产业链增收机制，形成有竞争力的产业集群，推动农村一二三产业融合发展。五是稳定农民工就业。落实涉企减税降费等政策，加大援企稳岗工作力度，放宽失业保险稳岗返还申领条件，提高农民工技能提升补贴标准。同时文件还指出，要强化农村补短板保障措施，破解乡村发展用地难题。坚守耕地

和永久基本农田保护红线。完善乡村产业发展用地政策体系，明确用地类型和供地方式，实行分类管理。抓紧出台支持农村一二三产业融合发展用地的政策意见。

3.1.7 促进农业现代化，形成现代农村产业体系

2021年中央一号文件：2021年是“十四五”开局之年，也是乘势而上开启新征程、向第二个百年奋斗目标进军的开局之年。民族要复兴，乡村必振兴。全面建设社会主义现代化国家，实现中华民族伟大复兴，最艰巨最繁重的任务和最广泛最深厚的基础都是在农村。解决好发展不平衡不充分问题，重点难点在“三农”，迫切需要补齐农业农村短板弱项，推动城乡协调发展；构建新发展格局，潜力后劲均在“三农”，迫切需要扩大农村需求，畅通城乡经济循环；应对国内外各种风险挑战，基础支撑在“三农”，迫切需要稳住农业基本盘，守好“三农”基础。在这一关键之年要加快推进农业现代化，2021年中央一号文件主要从七个方面部署农村一二三产业融合发展。一是提升粮食和重要农产品供给保障能力。各级党委和政府要切实扛起粮食安全政治责任，实行粮食安全党政同责。二是加强农业种质资源保护开发利用，加快第三次农作物种质资源、畜禽种质资源调查收集，加强国家作物、畜禽和海洋渔业生物种质资源库建设。三是坚决守住18亿亩耕地红线。统筹布局生态、农业、城镇等功能空间，科学划定各类空间管控边界，严格实行土地用途管制。四是强化现代农业科技和物质装备支撑。实施大中型灌区续建配套和现代化改造。五是构建现代乡村产业体系。依托乡村特色优势资源，打造农业全产业链，把产业链主体留在县城，让农民更多分享产业增收。同时加快农村一二三产业融合发展示范园和科技示范园区建设。六是推进农业绿色发展。实施国家黑土地保护工程，推广保护性耕作模式。健全耕地休耕轮作制度。持续推进化肥农药减量增效，推广农作物病虫害绿色防控产品和技术。七是推进现代农业经营体系建设。突出抓好家庭农场和农民合作社两类经营主体，鼓励发展多种形式适度规模经营。实施家庭农场培育计划，把农业规模经营户培育成有活力的家庭农场。

3.2 农村一二三产业融合发展政策支持体系

近五年来，为贯彻落实2015至2019年中央一号文件有关农村一二三产业融合发展的精神，国家层面在推进农村一二三产业融合发展、融合发展规划、农产品加工、融合发展人才支持、融合发展金融支持、融合发展用地保障和休闲农业发展等七个方面相继推出了18项相关政策和配套措施。

3.2.1 推进农村一二三产业融合发展

在促进农村产业融合发展方面，国务院、国家发改委、农业农村部和全国供销合作总社先后下发文件，在农村产业融合方式、农村产业融合主体、利益联结机制、农村产业融合服务和融合推进机制五个方面进行了安排部署（见表3-1）。

表3-1 农村一二三产业融合发展支持政策

分类	国办发〔2015〕93号	发改农经〔2016〕833号	农办加〔2017〕20号	供销经字〔2016〕16号	农加发〔2018〕5号	国发〔2019〕12号
农村产业融合方式	着力推进新型城镇化；加快农业结构调整；延伸农业产业链；拓展农业多种功能；大力发展农业新型业态；引导产业集聚发展	农业内部融合、延伸农业产业链、拓展农业多种功能、发展农业新型业态等多种形式，努力构建农业与二三产业交叉融合的现代农业产业体系	在优化产业布局、培育主导产业、完善产业链条、优化发展方式、构建利益联结机制等方面加强顶层设计	发展品牌农业、生态农业、休闲农业、乡村旅游，促进农业“接二连三”；农业与教育、文化、旅游、健康养老等产业深度融合	统筹推动初加工、精深加工、综合利用加工协调发展；发展金融服务、物流配送、电子商务、休闲农业和乡村旅游等新产业新业态新模式	农业和现代产业要素深度交叉融合；农业与加工流通业融合；农业与文化、旅游、教育、康养等产业融合；推进农业与信息产业融合，发展数字农业、智慧农业等

续表

分类	国办发〔2015〕93号	发改农经〔2016〕833号	农办加〔2017〕20号	供销经字〔2016〕16号	农加发〔2018〕5号	国发〔2019〕12号
农村产业融合主体	强化农民合作社和家庭农场基础作用；支持龙头企业发挥引领示范作用；发挥供销合作社综合服务优势；积极发展行业协会和产业联盟；鼓励社会资本投入	农民合作社、家庭农场发展加工、销售、直销。龙头企业和领军企业直接投资、参股经营、签订长期供销合同建设标准化、规模化原料生产基地以及营销设施，带动农户和农民合作社适度规模经营。引导行业协会和产业联盟发展，加强产业链和供应链管理	积极培育新型农业经营主体；引导各类主体以价值增值和产业竞争力提升为目标，不断完善产业体系，提升农业的品牌溢价、功能溢价和生态溢价空间；鼓励各类主体加强研发能力建设，创新平台建设；支持各类主体组建产业发展联盟，积极参与社会公益活动	引导社有企业、农批市场、连锁超市与新型经营主体对接；发展订单农业、有机农业、循环农业，推进多种形式的产销对接。支持农民合作社入股和兴办龙头企业，实现龙头企业与农民合作社深度融合	以返乡下乡本乡创业创新人员为重点，培育融合利益共同体；以科技人员、企业家、经营管理和职业技能人才等为重点，实施融合发展相关项目；以创业创新项目培育一批农村创业创新标杆和代表人物	支持龙头企业向粮食主产区和特色农产品优势区集聚；启动家庭农场培育计划，开展农民合作社规范提升行动；构建产业化龙头企业带动、农民合作社和家庭农场跟进、小农户参与的农业产业化联合体；发展县域产业关联度高、辐射带动力强、多种主体参与的融合模式
利益联结机制	创新发展订单农业；鼓励发展股份合作；强化工商企业社会责任；健全风险防范机制	股份合作、订单合同、服务协作、流转聘用等利益共同体；"保底收益、按股分红"的龙头企业与农民合作社深度融合；财政资金股权量化到户，集体经济组织成员长期分享资产收益	构建大型加工流通企业领办、新型经营主体全产业链条服务、广大原料生产农户广泛参与的梯队格局	强化系统农业产业化经营主体与社会新型农业经营主体间的利益联结机制，通过相互参股、股份分红、利润返还等形式，与农户建立紧密利益共同体	保底收购、保底分红、利润返还、合作制、股份合作制、股份制；资金、设备、技术与农户的土地经营权等要素有机结合；企业、科研院所、大专院校和农户成立产业联盟	企业与小农户建立契约型、分红型、股权型等合作方式；推广"订单收购+分红""农民入股+保底收益+按股分红"等模式；开展土地经营权入股从事农业产业化经营试点

续表

分类	国办发〔2015〕93号	发改农经〔2016〕833号	农办加〔2017〕20号	供销经字〔2016〕16号	农加发〔2018〕5号	国发〔2019〕12号
农村产业融合服务	搭建公共服务平台；创新农村金融服务；强化人才和科技支撑；改善农业农村基础设施条件；支持贫困地区农村产业融合发展	加强基础设施建设，完善产业融合服务；创新产业融合投融资机制，拓宽资金渠道；优化县域空间发展布局，推进产城融合发展	加大项目资金支持力度；优化政府投资方式；支持政府与社会资本合作；完善用地保障机制；加强产业融合公共服务	开展代耕代种代收、土地托管、统防统治、烘干储藏、农技咨询、测土配方施肥、病虫害防治等市场化和专业化服务	推进农产品加工流通、休闲旅游、电子商务、投资贸易、展示展销等平台建设；加快制定修订一批行业标准；加强与金融机构、产业投资基金的合作	健全财政投入机制；创新乡村金融服务；有序引导工商资本下乡；完善用地保障政策；健全人才保障机制
融合推进机制	加大财税支持力度；开展试点示范；落实地方责任；强化部门协作	中央层面重点抓好“百县”试点示范工程；省级、县级有关部门负责乡级、村级试点示范	高度重视、协同推进；抓好典型、示范引导；加强宣传、营造氛围	切实加强组织领导；积极争取政策支持；及时总结推广经验	强化组织领导；强化典型带动；强化指导督促；强化宣传引导	加强统筹协调；强化指导服务；营造良好氛围

资料来源：《国务院办公厅关于推进农村一二三产业融合发展的指导意见》（国办发〔2015〕93号）、《关于印发农村产业融合发展试点示范方案的通知》（发改农经〔2016〕833号）、《关于推进农村一二三产业融合发展的实施意见》（供销经字〔2016〕16号）、《关于支持创建农村一二三产业融合发展先导区的意见》（农办加〔2017〕20号）、《关于实施农村一二三产业融合发展推进行动的通知》（农加发〔2018〕5号）、《国务院关于促进乡村产业振兴的指导意见》（国发〔2019〕12号）。

3.2.2 农村一二三产业融合发展规划

为快速推进农村一二三产业融合发展，国家先后公布了四部规划，分别确定了农产品加工、市场流通、园区试点等方面的发展目标（见表3-2至表3-5）。

表3-2 全国农产品加工业与农村一二三产业融合发展规划（2016—2020年）发展目标

类别	指标		2015年	2020年	年均增长
农产品加工业	规模以上农产品加工业主营业务收入（万亿元）		19.4	26	6%
	农产品加工业与农业总产值比[1]		2.2∶1	2.4∶1	[0.2]
	总体		65	68	[3]
	主要农产品加工转化率（%）	其中：粮食	85	88	[3]
		水果	20	23	[3]
		蔬菜	10	13	[3]
		肉类	16	17	[1]
		水产品	35	38	[3]
	加工企业自建基地拥有率[2]（%）		25	50	[25]
新业态	农林牧渔服务业产值（亿元）		4 300	5 500	9.5%
	加工企业电商销售普及率[3]（%）		50	80	[30]
	农产品电子商务交易额（亿元）		1 500	8 000	40%
	休闲农业年接待旅游人次（亿人次）		22	33	8.4%
	休闲农业年营业收入（亿元）		4 400	7 000	10%

资料来源：《全国农产品加工业与农村一二三产业融合发展规划（2016—2020年）》。

注：[ ]内为五年累计增加数。1.农产品加工业与农业总产值比=农产品加工业总产值/农业总产值。2.加工企业自建基地拥有率=规模以上食用农产品加工企业中拥有自建基地的企业数量/规模以上食用农产品加工企业总数量。3.加工企业电商销售普及率=规模以上食用农产品加工企业开展电子商务交易的企业数量/规模以上食用农产品加工企业总数量。

表3-3　**全国农业现代化规划（2016—2020年）农村产业融合发展规划目标**

产业融合发展项目	农村产业融合发展内容	2020年规划目标
协同推进农产品生产与加工业发展	统筹布局农产品生产基地建设与初加工、精深加工发展及副产品综合利用，扩大产地初加工补助项目实施区域和品种范围，加快完善粮食、“菜篮子”产品和特色农产品产后商品化处理设施。鼓励玉米等农产品精深加工业向优势产区和关键物流节点转移，加快消化粮棉油库存。提升主食产业化水平，推动农产品加工副产品循环、全值、梯次利用	开展“百县千乡万村”一二三产业融合发展试点示范，打造一批农村产业融合领军企业，培育一批产业融合先导区。改善农产品初加工、深加工、休闲农业和乡村旅游设施条件，建设规模化、标准化原料生产基地及农产品加工技术集成基地，打造1 500个“一村一品”示范村镇
完善农产品市场流通体系	在优势产区建设一批国家级、区域级产地批发市场和田头市场，推动公益性农产品市场建设。实施农产品产区预冷工程，建设农产品产地运输通道、冷链物流配送中心和配送站。打造农产品营销公共服务平台，推广农社、农企等形式的产销对接，支持城市社区设立鲜活农产品直销网点，推进商贸流通、供销、邮政等系统物流服务网络和设施为农服务	
发展农业新型业态	加快发展农产品电子商务，完善服务体系，引导新型经营主体对接各类电子商务平台，健全标准体系和冷链物流体系，到“十三五”末农产品网上零售额占农业总产值比重达到8%。推动科技、人文等元素融入农业，稳步发展农田艺术景观、阳台农艺等创意农业，鼓励发展工厂化、立体化等高科技农业，积极发展定制农业、会展农业等新型业态	
拓展农业多种功能	依托农村绿水青山、田园风光、乡土文化等资源，大力发展生态休闲农业。采取补助、贴息、鼓励社会资本以市场化原则设立产业投资基金等方式，支持休闲农业和乡村旅游重点村改善道路、宽带、停车场、厕所、垃圾污水处理设施等，建设魅力村庄和森林景区。加强重要农业文化遗产发掘、保护、传承和利用，强化历史文化名村（镇）、传统村落整体格局和历史风貌保护，传承乡土文化	
创新一二三产业融合机制	以产品为依托，发展订单农业和产业链金融，开展共同营销，强化对农户的技术培训、贷款担保等服务。以产业为依托，发展农业产业化，建设一批农村一二三产业融合先导区和农业产业化示范基地，推动农民合作社、家庭农场与龙头企业、配套服务组织集群集聚。以产权为依托，推进土地经营权入股发展农业产业化经营，通过“保底+分红”等形式增加农民收入。以产城融合为依托，引导二三产业向县域重点乡镇及产业园区集中，推动农村产业发展与新型城镇化相结合	

资料来源：《全国农业现代化规划（2016—2020年）》。

表3-4 “十三五”规划纲要农村产业融合发展规划目标

产业融合工程	农村一二三产业融合发展工程内容	“十三五”目标
“百县千乡万村”产业融合发展试点示范工程	推进农业产业链和价值链建设，建立多形式利益联结机制；拓展农业多种功能，推进农业与旅游休闲、教育文化、健康养生等深度融合；加快发展都市现代农业；激活农村要素资源，增加农民财产性收入	形成一批可复制推广的融合发展模式和业态；打造一批农村产业融合领军型企业；培育一批产业融合先导区

资料来源：《中华人民共和国国民经济和社会发展第十三个五年规划纲要》。

表3-5 国家质量兴农战略规划（2018—2022年）农业全产业链融合规划目标

产业融合工程	农村一二三产业融合发展工程内容	2022年规划目标
产品加工提升行动	完善农产品加工技术研发体系，依托现有农产品加工集聚区、产业园、工业园等，打造升级一批农产品精深加工示范基地	农产品加工转换率达到70%
产品冷链保鲜工程	支持新型经营主体改善冷库、保鲜库、冷藏车等基础设施	建成一批农产品保鲜冷库，标准化农产品冷链物流运输车保有量稳步提高
农产品产地市场建设工程	建设改造直接服务农户的区域性农产品产地市场和田头市场，提升农产品分等分级、预冷、初加工、冷藏保鲜、冷链物流等能力	建设和改造一批田头市场，促进乡村流通体系现代化
融合发展推进行动	开展全国农村一二三产业融合发展示范园、先导区创建，支持新型经营主体围绕挖掘优质农产品功能延长产业链、提升价值链、完善利益链	建成300个以上农村产业融合发展示范园和300个农村一二三产业融合发展先导区

续表

产业融合工程	农村一二三产业融合发展工程内容	2022年规划目标
现代产业园提质扩面行动	支持产业园促进农业生产、加工、物流、研发、示范、服务等相互融合，发挥要素集约集聚、技术贯穿渗透、市场互联互通、主体协调统筹等优势	创建认定300个左右国家现代农业产业园
产业兴村强县行动	坚持试点先行、逐步推开，培育壮大乡土经济、乡村产业，实现以产兴村、产村融合，提升农村产业融合发展质量和水平	培育一批产业强、产品优、质量好、功能全、生态美的产业强镇，培育县域经济新动能

资料来源：《国家质量兴农战略规划（2018—2022年）》。

3.2.3 农村产业融合发展与农产品加工

为落实2016年中央一号文件精神，国务院专门下发了促进农产品加工的发展意见（见表3-6）。

表3-6 2020—2025年农产品加工业发展目标

时间点	加工转化率（%）	加工业/总产值	发展水平
2020年	68	2.4∶1	结构布局进一步优化，关键环节核心技术和装备取得较大突破，行业整体素质显著提升，支撑农业现代化和带动农民增收作用更加突出，满足城乡居民消费需求能力进一步增强
2025年	75	加工业产值进一步提高	自主创新能力显著增强，转型升级取得突破性进展，形成一批具有较强国际竞争力的知名品牌、跨国公司和产业集群，基本接近发达国家农产品加工业发展水平

资料来源：《国务院办公厅关于进一步促进农产品加工业发展的意见》国办发〔2016〕93号。

3.2.4 农村一二三产业融合发展人才支持

为支撑农村一二三产业融合发展人才需求，2015—2016年国务院连续下发了支持鼓励各类人员回乡创业的政策（见表3-7）。

表3-7 国务院鼓励人员返乡创业支持政策

	国办发〔2015〕47号	国办发〔2016〕84号
发展领域和方向	促进产业转移带动返乡创业，引导劳动密集型产业转移；推动输出地产业升级带动返乡创业，学习借鉴发达地区的产业组织形式、经营管理方式，顺应输出地消费结构、产业结构升级的市场需求；鼓励输出地资源嫁接输入地市场带动返乡创业，实现输出地产品与输入地市场的嫁接；引导一二三产业融合发展带动返乡创业，打造具有区域特色的优势产业集群；支持新型农业经营主体发展带动返乡创业，合作打造特色品牌，合作分散市场风险	结合自身优势和特长，根据市场需求和当地资源禀赋，利用新理念、新技术和新渠道，开发农业农村资源，发展优势特色产业，繁荣农村经济；按照法律法规和政策规定，通过承包、租赁、入股、合作等多种形式，创办领办家庭农场林场、农民合作社、农业企业、农业社会化服务组织等新型农业经营主体；按照全产业链、全价值链的现代产业组织方式开展创业创新，建立合理稳定的利益联结机制，推进农村一二三产业融合发展，让农民分享二三产业增值收益
创业人员服务体系	加强基层服务平台和互联网创业线上线下基础设施建设；依托存量资源整合发展农民工返乡创业园；强化返乡农民工等人员创业培训工作；完善农民工等人员返乡创业公共服务；改善返乡创业市场中介服务；引导返乡创业与万众创新对接	简化市场准入；改善金融服务；加大财政支持力度；落实用地用电支持措施；开展创业培训；完善社会保障政策；强化信息技术支撑；创建创业园区（基地）
创业服务保障措施	加强组织协调；强化示范带动；抓好宣传引导	健全组织领导机制；提升公共服务能力；加强宣传引导

资料来源：《国务院办公厅关于支持农民工等人员返乡创业的意见》（国办发〔2015〕47号）、《关于支持返乡下乡人员创业创新促进农村一二三产业融合发展的意见》（国办发〔2016〕84号）。

3.2.5 农村一二三产业融合发展金融支持

为对农村一二三产业融合发展提供金融方面的支持与保障，中国人民银行、中国农业银行、农业农村部先后发文从基础设施建设、加工流通基地建设、新业态发展等方面支撑农村产业融合发展（见表3-8）。

表3-8 国家农村产业融合发展金融支持政策

	农办加〔2016〕15号	农银发〔2016〕31号	银发〔2019〕11号
支持农村产业融合发展范围	新型农业经营主体发展加工流通和直供直销。大型原料基地与加工流通企业协同升级。农产品加工流通企业与农户联合建设原料基地和营销设施。休闲农业经营主体与农户联合建设公共服务设施。农村产业融合发展先导区建设。农民创办领办农村一二三产业实体	支持新型农业经营主体发展；支持农业多功能开发；支持新型城镇化和要素集聚；支持农业新业态发展；支持基础设施和公共服务平台建设；支持贫困地区农村产业融合发展	不断加大金融精准扶贫力度；聚焦产业兴旺，推动农村一二三产业融合发展；重点做好新型农业经营主体和小农户的金融服务，有效满足其经营发展的资金需求；鼓励发展农业供应链金融，将小农户纳入现代农业生产体系，强化利益联结机制；做好国家粮食安全服务；做好农村产权制度改革金融服务

资料来源：《关于金融支持农村一二三产业融合发展试点示范项目的通知》（农办加〔2016〕15号）；《中国农业银行关于做好农村一二三产业融合发展金融服务的意见》（农银发〔2016〕31号）；《关于金融服务乡村振兴的指导意见》（银发〔2019〕11号）。

3.2.6 农村一二三产业融合发展用地保障

为落实2017年中央一号文件关于大力发展休闲农业和特色村镇建

设精神，国土资源部下发文件，从农村产业融合园区、农村新产业新业态、农村产业融合发展土地利用等多方面支持农村一二三产业融合发展（见表3-9）。

表3-9 **农村产业融合发展用地保障政策**

	国土资规〔2017〕12号
保障农村产业融合发展用地政策	发挥土地利用总体规划的引领作用，做好农业产业园、科技园、创业园用地安排；因地制宜编制村土地利用规划，优化耕地保护、村庄建设、产业发展、生态保护等用地布局；加强建设用地计划指标支持，专项支持农村新产业新业态和产业融合发展；规范设施农用地类型；改进设施农用地监督管理；鼓励土地复合利用；加强部门协同联动，共同开展本地区农村产业融合发展用地现状和需求的调查分析，确定各业各类用地标准和用地保障方式，健全政策体系

资料来源：《关于深入推进农业供给侧结构性改革做好农村产业融合发展用地保障的通知》（国土资规〔2017〕12号）。

3.2.7 休闲农业发展

2016年中央一号文件号召大力发展乡村旅游和休闲农业，农业部下发文件，做出了大力发展休闲农业的具体部署，确定了主要任务和发展目标（见表3-10）。

表3-10 **休闲农业发展任务和目标**

	主要任务	2020年目标
休闲农业发展任务和目标	加强规划引导；丰富产品业态；改善基础设施；推动产业扶贫；弘扬优秀农耕文化；保护传统村落；培育知名品牌	休闲农业布局优化、类型丰富、功能完善、特色明显；从事休闲农业的农民收入较快增长，社会效益明显提高；休闲农业发展质量明显提高，服务水平较大提升，可持续发展能力进一步增强，成为拓展农业、繁荣农村、富裕农民的新兴支柱产业

资料来源：《关于大力发展休闲农业的指导意见》（农加发〔2016〕3号）。

3.3 农村一二三产业融合发展政策效果分析

近五年来，我国农村一二三产业融合发展势头强劲，农业产业链不断延长，农业多功能向深度和广度拓展，农村产业融合发展中涌现出的新产业新业态新模式层出不穷，农村一二三产业融合发展带动农业产业结构不断向高质量、高水平发展。

3.3.1 农村产业融合发展趋势显著，业态类型丰富多样

2018年，农产品主食加工业营业收入达到2万亿元；70%的农产品加工企业拓展休闲旅游、消费体验、个人定制、养生养老、电子商务等业务，发展中央厨房、亲子体验、农业科普、数字农业、电子商务等新产业新业态；80%的农产品加工企业大力推广“农户+合作社+企业”等模式，与农民合作社、小农户建立利益联结机制，吸纳3 000万农民就业，打造原料生产、加工流通和休闲旅游等产业融合的利益共同体，间接带动1亿多原料生产小农户增收。加工企业跨界配置现代产业要素，带动农业纵向延伸、横向拓展，构建加工龙头企业引领、农民合作社和家庭农场跟进、广大农户积极参与的融合发展格局。

3.3.2 产业融合主体数量和效益迅速增长

2018年全国农村产业融合主体达到350万个，其中农业产业化龙头企业8.7万家，规模以上农产品加工企业7.9万家，规模以上农产品加工企业主营业务收入14.9万亿元，比上年增长4.0%；88家年营业收入超过100亿元，2 573家年营业收入超过10亿元，营业收入总额占规模以上企业营业收入的40%。乡村休闲旅游营业收入达8 000多亿元，接待游客达30亿人次，农业生产性服务业营业收入超过2 000亿元，农产品网络零售额达1.3万亿元。

全国“一村一品”示范村镇达到2 409个，“土字号”“乡字号”特色产品品牌10万个。国家农业产业园62个，农业产业强镇552个，各类乡村产业园1万多个。建成甘肃定西马铃薯、江西赣南脐橙、陕西洛

川苹果、湖北潜江小龙虾、重庆涪陵榨菜等一批特色产业集群。

3.3.3 农产品精深加工快速发展

一是加工能力增强。2018年国内10万多个农业大户、3万多个农民合作社、2 000多个家庭农场、4 000多家农业龙头企业共建设了15.6万座农产品初加工设施，新增农产品初加工能力1 000万吨，果蔬等农产品产后损失率从15%降至6%。二是农产品精深加工快速发展。加工产能向主产区和优势区布局，重心向大中城市郊区、加工园区、产业集聚区和物流节点下沉，推动加工企业由小到大，加工层次由初向深、由粗向精发展，加快改变农村卖原料、城市搞加工的局面。三是农产品综合利用水平不断提升。引导加工企业开发生产安全优质、绿色生态、营养健康的各类食品及加工品，促进资源循环高值梯次利用。

3.3.4 返乡创新创业，产业融合助力脱贫致富

截至2018年，各类返乡入乡创新创业人员累计达780万，“田秀才”“土专家”“乡创客”等本乡创新创业人员达3 100多万。目前，农村创新创业人员平均年龄45岁，高中和大中专以上学历的占到40%，创办的实体87%在乡镇以下，80%以上发展产业融合项目，返乡入乡人员50%以上利用信息技术创新创业。认定农村创新创业园区和基地1 096个。贫困地区发展初加工，累计减损增收约20亿元；农业产业化龙头企业1.4万家、农民合作社61万个。开展产销对接，带动贫困地区销售农产品超过500亿元，促成签约项目300亿元。在22个脱贫任务重的省份培训带头人和大学生村官2万余人。

3.4 农村一二三产业融合发展面临问题分析

3.4.1 农产品加工带动产业融合能力不够

国内农产品加工企业规模偏小，80%的企业水稻加工能力仅为50~

100吨/天，面粉加工能力为100~150吨/天，只有国际平均水平的1/4；精深加工比例偏低，国内初级农产品加工率只有20%，欧美等发达国家达到了90%，差距十分明显；农产品加工附加值不高，目前农产品加工总产值与农业总产值之比为2.3：1，发达国家已达到了3.5：1；加工企业布局不合理，只有28%的企业集中在各类园区。

3.4.2 产业融合程度不高

一个国家或地区第一产业增加值占该国家或者地区总产值的比重，决定了农业在该国家或地区产业结构中的地位，比值越低则农业的产业融合度越高。北京市2007年、2014年和2016年的比重分别是1.08%、0.75%和0.51%；2014年美国、英国、日本和德国的比重均小于1%，韩国为2%。2007年全国一产增加值占总产值比重达到发达国家水平的只有北京、天津和上海，农业产业融合程度为“好”；达到全国平均水平的有山西、辽宁、江苏、浙江、福建、山东、广东和青海等八省，农业产业融合程度为“一般”。2016年达到发达国家水平的还是北京、天津和上海，农业产业融合程度为“好”；达到全国平均水平的有山西、内蒙古、辽宁、江苏、浙江、福建、山东、广东、青海和宁夏等十省区，农业产业融合程度为“一般”。

我国农业产业融合发展总体上仍处于较低水平，从2007到2016年，经过10年发展，农业产业融合程度达到发达国家水平的只有北京、天津和上海，其他省、区、市农业产业融合程度仍处于一般水平。

3.4.3 现代农业产业融合体系不健全

农业产业融合需要建立完善的现代农业体系。目前农业现状还未完全脱离传统农业生产，农业与现代工业、文化旅游、仓储物流融合不紧密；处于产业链低端而且不完整，农产品科研服务、订单生产、加工、储存、销售、物流尚未形成完整的全产业链；农业产业化龙头企业品牌建设能力弱，农产品生产布局分散，与市场对接有限，农业附加值不能充分体现。

3.5 进一步推进农村一二三产业融合发展政策展望

针对目前农村一二三产业融合发展中的问题，为进一步促进农村产业融合发展、持续提高农民收入，未来政策重点应该体现在以下几个方面：

3.5.1 加强财政税收政策支持

整合财政各项涉农资金向农村三产融合发展项目倾斜，确保国家确定的农村一二三产业融合发展目标如期实现；支持各地各级政府设立农村三产融合发展专项资金，引导民间资本、金融资本投资农村产业融合发展项目，形成农村产业融合发展投资多元化的格局。在税收方面，制定农产品加工企业进项税额扣除优惠倾斜政策；对农村三产融合发展中出现的新产业新业态新模式扩大税收优惠政策；减免农民农产品初加工税收负担，制定农民初加工农产品免征税收名录。

3.5.2 完善金融保险政策支持

充分发挥企业债权融资作用，鼓励符合条件的农业产业融合企业通过债务融资工具直接融资。符合条件的农业产业化龙头企业可通过发行销售企业债券或者新三板上市融资。将政策性农业保险作为农业产业融合发展的保障，将农产品目标价格保险和重要农产品进口保险的范围扩大，列入中央财政补助目录。建立中央特色农产品保险费补贴制度，鼓励特色农产品保险试点。发展推进农民专门协会相互保险。为鼓励地方保险机构支持农业产业融合发展，尽力推广小额贷款保障保险和农业保险保单质押等保险增信模式。

3.5.3 强化科技与人才政策支持

建立农业产业融合科技发展支撑基金，引导农业产业化龙头企业、农民合作社和新型农业主体与高等院校、科研院所加强技术交流与合作，促进新品种、新技术的研发与推广，提高农产品精深加工水平和现代农业产业技术体系建设。引导外出返乡人员、退伍还乡军人、城市创业创新人员积极参与农村产业融合创业活动；整合各类教育培训机构，创新农村产业融合人才培训机制，培养农村职业经理人和高素质现代农民，从整体上提高农村人力资本水平。

3.5.4 推广区块链技术在农业领域应用

区块链的核心是采用比特币的底层技术，最突出的特点是所有历史信息不可更改，可以完好保留所有原始数据。2019 年 10 月 24 日，习近平总书记召开中央政治局常委会会议学习区块链技术，并强调把区块链作为核心技术自主创新重要突破口，加快推动区块链技术和产业创新发展。目前农业领域存在的突出问题是农产品安全和产业深度融合不够，究其原因主要是在农业生产、流通和消费环节中，生产者与消费者位于产业链的两端，无法直接对接，无法实现信息对称，更加无法决定价格。区块链的底层核心技术可以实现信息分布式记录和记录信息不可篡改、不可删除。区块链技术应用于农业领域之后可以有效解决农产品安全问题，实现农民增收，消费者可以自主选择品质优良的农产品，农民也可以实时了解农产品全产业链供求信息的市场行情，最大限度提升农产品附加值，确保粮食增产，农民增收。区块链+农业将促进农业领域前所未有的融合发展。

3.6 本章小结

农村一二三产业融合发展是通过延长农业产业链、拓展农业多功能、创新农业发展新业态、重构农业农民利益联结机制等措施，不断提高农民收入的过程。通过回顾党的十八大以来中央一号文件和国家层面关于农村产业融合支持政策演进可以看出，虽然不同时期关注的主题不同，但都是紧紧围绕农业增收和农民致富展开的。根据农村产业融合发展不同阶段，中央一号文件先后涉及了延长农业产业链，发展休闲农业，壮大新产业新业态新模式，培育乡村发展新动能，拓展农民收入渠道等方面；国家层面先后推出 18 项农村产业融合配套政策，涉及推进农村一二三产业融合发展、融合发展规划、农产品加工、融合发展人才支持、融合发展金融支持、融合发展用地保障和休闲农业发展等七个方面。国家实施农村产业融合发展政策以来，我国农村一二三产业融合发展势头强劲，农业产业链不断延长，农业多功能向深度和广度拓展，农村产业融合新产业新业态新模式类型多样，农村一二三产业融合发展带动农业产业结构不断向高质量、高水平发展。当前面临的主要问题是农产品加工带动产业融合不足、农村产业融合发展水平较低和现代农业产业融合体系不健全等问题，今后政策支持重点是加强财政、税收、金融、保险、科技和人才支撑政策倾斜，加快推进区块链技术在农业领域的应用，促进农村一二三产业全面融合发展。

4 黑龙江省农村一二三产业融合模式分析

在选择黑龙江省农村一二三产业融合的发展路径之前，有必要对目前黑龙江省农村一二三产业融合的发展现状进行全面了解，更有必要对目前黑龙江省农村一二三产业融合发展水平与所处阶段进行全方位透彻的把握。本章在调查研究全省13个地市农村产业融合发展实践的基础上，归纳出目前黑龙江省农村产业融合的发展模式主要分为五种：农业产业链延伸融合模式、农业多功能性拓展融合模式、产业集聚型融合模式、科技渗透型融合模式以及产业循环型融合模式。每种模式通过实际案例的解读，综合分析了目前黑龙江省农村一二三产业融合发展模式的特点、发展水平以及不足之处。

4.1 农业产业链延伸融合模式

4.1.1 产业融合特点

农业产业链的延伸是一二三产业融合过程中最为典型的一种融合模

式。农业产业链是指由与农业初级产品生产关系密切的产业所共同组成的网络结构，它包括为农业生产做准备的前期产业部门，农作物种植等中间产业部门，以及对农作物进行加工、运输、储藏、销售等后期产业部门。

农业产业链的延伸是指从产业链源头做起，将第一产业农业中种植业和养殖业的功能向后伸展，使其既可以“接二”，即在农业提供的原材料基础上进行农产品加工；又可以“连三”，即以农业生产地域为基础发展农产品贸易、农村生态旅游等。延伸农业产业链既要立足于农业，又要跳出农业，将传统的上游原材料供应、中游生产加工、下游市场营销全部纳入掌控之中，力求构建一条包含种植、采购、贸易与物流、农产品加工制作、仓储智能管理、市场营销体系打造、品牌建设等环节的一条龙发展的“全产业链”，如图4-1所示。

图4-1 全产业链融合发展模式

农业产业链的延伸融合模式既要包括第一产业与第二产业的融合，又要包括第一产业与第三产业的融合。第一产业与第二产业的融合即是农业与加工业的融合，从农业延伸出来的农产品加工业，联结工农、沟通城乡，是农村产业中潜力最大、效益较高的产业。农产品加工业包含初级加工与精深加工两种类型：初级加工一般为对农产品进行简单的不涉及质的改变的加工，例如将原粮加工为大米就是最初级的农产品加工方式。精深加工则需要对农产品进行二次以上的加工，从原材料中萃取营养资源、蛋白质资源、油脂资源等。黑龙江省目前的农产品加工大多属于初级加工，技术及设备并不复杂，且加工链短，产品附加值低。因此，大力发展农产品加工业，尤其是提高农产品精深加工的水平，是农业与加工业融合的重要环节。第一产业与第三产业的融合就是将农业与农产品销售、休闲农业、餐饮、旅游等多个环节逐步融合，使农业焕发新的活力，创造新的价值增长点，增加农民收入，提升农民的生活品质。

4.1.2 产业融合案例

位于黑龙江省农业大县——肇州县的大庆老街基农副产品有限公司是黑龙江省农业产业链延伸型融合模式的典型案例。该团队通过成立葵花子、家禽养殖、蔬菜、杂粮4个农民专业合作社，拥有了种植基地约5 400亩，养殖基地2处，带动农户1 266户，是集绿色农产品生产、加工及销售于一体的综合性企业。

大庆老街基农副产品有限公司的特点如下：第一，采取“龙头企业+生产基地”的运作模式。该公司在充分了解周边农业生产资源的基础上，因地制宜，依托肇州县托古乡、丰乐镇王大嘴屯、新福乡兴华村的资源优势，依次建立了小米生产基地、葵花子生产基地、黑玉米生产基地，保障了优质原材料的源头供应。第二，加强农户的积极参与。为了解决原材料供应不足、质量参差不齐、生产效率不高等问题，该公司成立了农民合作社，与农户签订合同，并大胆采用保底价收购，在此基础上要求农户依据公司所提供的种子、化肥和相关要求进行种植。合作社成立当年入社农户就达上百户，如今更是发展到千余户。第三，积极选择农产品加工项目，进行科学的产业规划，实现产品初加工与精深加工共同发展。玉米食品加工项目方面，该公司建设了鲜食玉米和糯玉米浆生产线，并研发了糯玉米饼、脆皮玉米饼、玉米营养粥等新项目。红高粱酒加工项目方面，以红高粱窖藏原浆酒为重点，扩大了白酒生产规模，推出了老街基窖藏原浆酒、春酒、私人定制酒和散酒等多款高、中、低档白酒。杂粮制品加工项目方面，以特色杂粮、杂豆为主，向真空包装、小包装、精包装、旅游产品等方向发展。禽蛋制品加工项目方面，以腌制、酱制、秘制系列为主，推出各具特色的禽蛋类产品。第四，多类型的经营方式。“老街基”不断尝试新的销售模式，除了通过自营的酒店销售农副产品外，还积极参加各地展销会进行产品推广，并开设了网络旗舰店，虽然电商销售额不及总销售额的1/10，但线上、线下的互动模式为“老街基”提供了结合第三产业进行创收的新式营销思路。第五，重视技术研发。2014年，该公司与哈工大合作研发了新品脆皮玉米饼，通过线上线下同步推出，获得了消费者的青睐，当年销售额达到近千万元。

大庆老街基农副产品有限公司是黑龙江省非常典型的产业链延伸型融合模式案例。以杂粮、蔬菜、经济作物、家禽养殖为主的第一产业，通过产品精深加工和销售推广延伸到第二产业与第三产业。在第一产业与第二产业融合的过程中，该公司将其空间布局延伸至周边村屯，最大程度上增加了农户的收益，带动了当地农业生产水平。在第一产业和第二产业发展到一定程度时，该公司开始适时向第三产业扩展，尝试线上销售，甚至希望补全产业链，开展物流业务，进一步深化了农村一二三产业的融合。通过该案例可以看出，进行产业链延伸型融合发展需要具备以下几点因素：首先，第一产业是重中之重，高产、优质、充足的农产品源头供应是开展一切业务的基础。该公司最初实行现收现产的模式，却经常因为原料短缺而取消订单，也时而因为原料质量参差不齐而被退货。其次，优质农产品与先进技术的结合也尤为重要。为了生产精深加工的农产品，该公司扩建了速冻、冷藏的生产规模，并创建了现代化的化验室及先进的化验设备。最后，产业融合的过程是循序渐进的，并不适合三个产业“齐头并进”，同时发展。只有第一产业和第二产业的各种要素发展完备时，才能逐渐向第三产业延伸。该公司也是在建立了稳定的农民专业合作社，完善了产品精加工生产线之后，才进一步考虑开展电商和物流业务。

大庆老街基农副产品有限公司致力于将第一产业做优、第二产业做精、第三产业做广，不断延伸产业链条，实现农产品的多层次增值，为黑龙江省农村一二三产业融合发展贡献了一份力量。

4.2 农业多功能性拓展融合模式

4.2.1 产业融合特点

农业除了可以实现其最基本的产品保障功能与经济功能以外，还具有社会、文化、政治、生态等方面的功能价值，这在农业多功能性理论中已有过详细表述。农业多功能性拓展就是在开发和扩大农业产品经济功能的同时，释放出农业产业链中蕴含的政治、文化、生态、社会价值，围绕农业的多种功能实现一二三产业的融合发展，具体如图4-2所示。

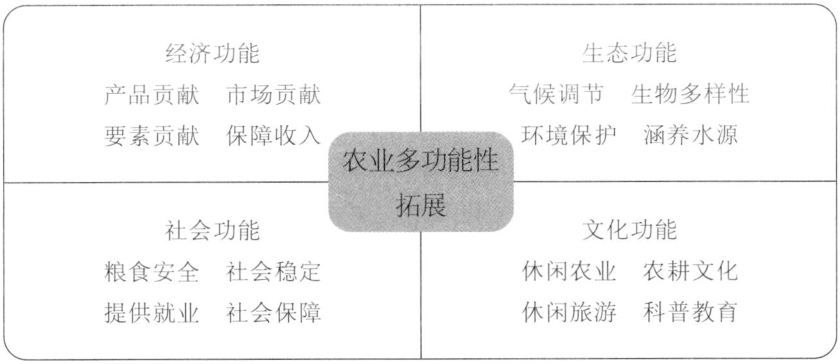

图4-2　农业多功能性拓展融合模式

农业为社会提供农副产品，体现了它的经济功能，这是农业最为基础的功能之一。

农产品流通进入市场的过程，不仅仅释放了它的经济功能，同时也履行了保证粮食安全、维护社会稳定、提供就业岗位的社会功能。农副产品作为构成生态环境的重要组成元素，在种植到采摘的过程中便实现了调节气候、保护环境、涵养水源、保护生物多样性等多项生态功能。经济功能、社会功能以及生态功能三者相互联系，密不可分，构成了有机统一的整体。农业的文化功能则体现为提供教育、审美和休闲活动，保护文化的多样性等。农业作为一个古老、传统且与自然生态环境联系紧密的产业，其内部蕴藏着深厚的文化资源。因此，农业多功能拓展融合模式，即是要将这四种功能紧密联结起来，融合到农业生产资料流通的整个过程中去，提升产品的附加值，寻找新的利益增长点，达到促进农民增收、提高农民生活水平的目的。

农业的文化功能，可以融入农产品生产流通的任何一个环节。在农产品种植环节，其独特的土地利用系统和生态景观，可以为开展休闲农业、生态旅游以及科普教育提供重要的环境。在农产品的加工环节，可充分挖掘其科普旅游示范功能，也可以通过产品深加工赋予农产品更多的文化内涵。在农产品流通和销售环节，可以通过营销、推广等手段，创建本地知名品牌，让农产品脱离单纯的物质资料范畴，成为旅游纪念品、特产商品，使其成为承载当地文化、历史的客观载体，成为联结本地与外地市场的纽带。拓展农业的文化功能，是开展农业多功能性拓展模式，促进农村一二三产业融合的重要手段。

4.2.2 产业融合案例

田源农业庄园位于黑龙江省宁安市兰岗镇永政村，以种植西瓜、香瓜、蔬菜、反季节草莓为主，辅以乡村旅游、餐饮，并开展自助采摘、亲身体验、学习交流等项目，是宁安市第一家由新型农业经营主体领办的现代化庄园。2017年已实现纯利润约700万元，辐射带动周边农户增收6 000余万元。

田源农业庄园成功的因素之一，便是从全方位拓展农业的文化功能，使其融入生产到销售的每一个环节中去。首先，该公司举办了春秋两季采摘节，以扩大农场知名度，吸引客源。城市消费者需要的是质量安全的瓜果蔬菜和更加休闲的业余生活，据此，庄园开办了采摘品尝项目。运用舞台表演结合观光采摘的模式，使消费者在观看演出的同时可以现场采摘、现场品尝，为消费者带来“看”“吃”“玩”的全方位体验。同时辅以“互联网+”等多种渠道的配合宣传，成功达到了把“城市人”请到“乡下”来的目的。这项举措在提升田源农业庄园品牌知名度的同时，丰富了群众的业余生活，更为重要的是通过此项活动，田源农业庄园获得的利润比普通销售增长了30%左右。

其次，田源农业庄园开办了“家庭入农场”模式。田源农业庄园专门划出了一片供家庭亲手种植果蔬产品的区域，从播种到采摘的整个农产品生产过程均由负责家庭独立完成。此项模式一经推出便大受欢迎，消费者们不仅在劳动中体会到收获的快乐，同时丰富了相关农业生产知识。农庄则通过推广生态体验活动，一定程度上解放了生产力，提高了初级农产品的附加值，达到了农业增效、企业增收的目的。此项活动实现了消费者与农庄的“双赢”，活动好评如潮的同时，庄园的收入同比增长幅度也达到了约20%。

最后，田源农业庄园开设农产品体验店。为扩大产品销路，田源农业庄园在牡丹江市和宁安市建立了两家直销体验店，开展线上引流、线下体验的销售模式，并且把生态、优质的农产品升级成为当地的特色旅游纪念品，为农业生产、乡村旅游增加了新注解。这种销售模式一经推出便广受欢迎，一个星期的销售额就达到20多万元。

田源农业庄园的实践，是农业多功能拓展模式的成功典范。该庄园成功的因素首先在于其采取的模式极大化地开发了农业的文化功能，让游客们充分体会到了永政村的自然风光、民俗文化和农业生产过程，从农耕体验、科普教育、休闲生态旅游等方面入手开展的营销活动，增强了消费者的新鲜感，扩大了销售路径，提升了农庄的竞争力。其次，田源农业庄园在发展经济的基础上并没有忽略农业的生态功能。该庄园依托农业资源开展旅游业，使旅游业最大程度借助永政村的地域特色、产业特色，顺势推进各种旅游产品与旅游项目的开展，如采摘品尝、家庭农场、喂养牲畜等活动。这种经营方式既不会大规模破坏当地生态环境，也不会过度进行人为建设，是促进农村经济可持续发展的有效路径。另外，田源农业庄园采取的线上线下结合的销售模式拓宽了销售渠道，提升了农产品附加值，使农业的经济功能得到更大程度的发挥。这种销售模式有别于单纯的农产品电商，解决了农产品电商中存在的一些弊端：其一，新鲜农产品的物流成本较高，且成熟的冷链物流资源较为稀缺，这造成了农产品保鲜难、运输难的问题。其二，农产品与其他消费品不同，消费者更为注重的是产品本身的质量和背后的服务，而电商则难以满足这两方面的需求。其三，目标客户群和产品的区域位置偏离、采购基地分散，导致客户体验差，回购率不高。建立线下体验店可以一定程度上缓解这几方面问题，但线下体验店也存在运营成本较高，辐射的目标客户群不够广等弊端。如何在保证农产品质量与扩大目标客户群中寻求一个平衡点，是田源农业庄园亟待解决的问题。

4.3 产业集聚型融合模式

4.3.1 产业融合特点

所谓产业集聚，即指同一类型的产业在某个特定的区域内高度集中，从而使得产业的生产要素、资本要素不断地汇聚至该区域的过程。随着农业产业化进程不断推进，农业产业发展规模的逐步提高，特别是一乡一业、一县一业、一村一品的发展，农村一二三产业发展逐渐呈现出集聚态势，产业价值不断壮大，产生了巨大的集聚效应。既促进了农村一二三产业的融合发展，也实现了产业发展与经济发展的协调推进。

图4-3详细阐述了产业集聚融合发展的不同模式。产业集聚融合发展的过程包括一产集聚、二产集聚以及三产集聚。一产集聚主要通过特色农产品集聚种植以及优质畜牧产品集聚养殖来实现。通过构建特色粮食作物、经济作物、山特产品、优质畜牧产品的农产品集聚区，打造出优势农产品产业带，形成优势明显、特色鲜明、布局合理、协调发展的集聚型产业融合模式。二产集聚则包括农产品加工集聚以及传统手工艺加工集聚。将农产品精深加工、特殊材质加工、特殊手工艺加工、特色手工艺品加工等第二产业领域内的产业集中布局、合理规划，以解决农产品加工业所面临的布局分散、加工与上下游脱节问题。培育和促进农产品加工产业集聚发展，可以打造一批产业集群，提升农产品加工业的竞争力，对实现资源集约化利用、促进农村一二三产业融合发展有着重要作用。传统手工艺的集聚是将当地的特色饮食、掌握特殊手工艺的工匠、非物质文化遗产、旅游纪念品等汇集至同一地域范围，打造传统手工艺集聚区、文化创意产业集聚区等。传统手工艺产业的集聚有利于打造地区竞争优势，在形成具有区域特色的品牌文化的同时保护当地传统文化，推进一二三产业融合发展。三产集聚则包括特色资源集聚及乡村休闲服务集聚。特色资源集聚就是要将农村的自然景观、特色生态、人文资源、村落建筑等元素进行合理、适度的开发运用，挖掘突出区域特色，凸显乡村特色文化，形成独特的旅游资源。然后通过开展“旅游+”项目推进农业与会务、科普教育、文化、体育、康养等服务产业的深度融合，发展亲子游、休闲度假、垂钓采摘、农耕体验等新型业态，形成集聚效应的农村服务产业。

图4-3 产业集聚型融合发展模式

4.3.2 产业融合案例

(1) 一产、二产集聚融合模式——“韭菜村”

“韭菜村”——宁安市渤海镇双庙子村有近百年种植韭菜的历史，大面积种植则源于2008年9月新淇翔韭菜专业合作社的成立。合作社现有种植基地棚室面积5 000亩，年生产有机韭菜5万吨。合作社不断促进第一产业与第二产业集聚发展，延长提升产业价值链条，从原来的单一种植业型合作社转型升级为一二三产业融合体。2017年，合作社仅韭菜生产加工一项便实现产值收入7 000多万元，成为黑龙江省东南部最大的韭菜生产集散地，也是中国第二个对韩国韭菜大规模出口基地。

新淇翔韭菜专业合作社不断调整种植结构，调动农户积极性，与农户结成紧密的生产经营关系，合作社也随之发展壮大。目前该合作社共有社员1 100余户，辐射周边10余个村屯，打造出一条韭菜产业带，成了名副其实的“韭菜村”。

为使韭菜生产区域集聚，该合作社首先大规模建设绿色优质生产基地，并采用“三统一”的经营模式实现标准化生产。首先，种植品种是采用统一选育的新农一号、新农二号以及从韩国引进的优质品种，种植出的韭菜又粗又壮，并且耐贮藏。其次，合作社大力推广并应用统一的生产技术，针对韭菜的生长特点，采取特殊的培育措施。另外，2017年合作社进行统一土地流转，新流转土地达500亩左右，新建115座大棚，总面积达到约5 000亩，据此建成对韩出口韭菜的生产基地。

为促进韭菜加工业的集聚，新淇翔韭菜专业合作社投资1 000余万元在双庙子村建成有机韭菜速冻冷链生产线。采用的原料主要以淡季滞销韭菜为主，为食品企业生产速冷韭菜馅料，产品则全部远销韩国。冷链生产线建成后，韭菜产值增加了近4倍，以一茬韭菜1 000吨左右的产量计算，菜农每亩均增收在2 500元左右。新淇翔韭菜专业合作社通过建设韭菜冷链生产线平衡了淡旺季销售，实现了一年四季均有优质地产韭菜的目标，建立了一条完整的产加销链条，走出了一条新兴的农产品产业化发展之路，为农民增收提供了新渠道。

双庙子村是产业集聚型融合模式发展成功的典型案例。该村主打“韭菜”这项特色产品，通过在区域内形成交易及共同参与，引导当地更多主体参与到产业集聚的过程中，提高了当地农产品的附加值，打造出富有地域特色的品牌效应，增加了农户及相关产业集聚主体的收入，使该村的一二三产业融合向深度发展方向逐步推进。

（2）三产集聚融合模式——饶河县西林子乡小南河村

饶河县西林子乡小南河村依山傍水，位于风光秀丽的大顶子山脚下。近年来小南河村因地制宜，依托良好的生态环境以及大顶子山的自然资源和民俗文化，充分挖掘优势产业，整合区域旅游资源，促进区域经济发展，通过促进一、三产业融合的方式带动贫困村民脱贫致富。

小南河村利用自身优势，集聚特色旅游资源，积极打造关东民俗旅游业。小南河村通过推行“农家乐”经营模式，打造集“吃、住、游、娱、购”为一体的服务产业链条。每年举办 “开耕节百帘饺子”“端午情百家菜团子”“中秋节百家花馍”“七夕乞巧节”等一系列集观赏、互动、摄影于一体的民俗活动。另外，小南河村积极与旅游公司合作，把一些贫困户的老房子打造成旅游景点，让村民从零开始逐渐创造收益。同时修建了关东民俗屋7处，发展了农家乐16家，并在观光路两侧种植了100亩向日葵和20亩油菜花海，吸引了各地的摄影人、旅行社团、户外组织等汇集此地采风创作，观光游览。小南河村“东北古村落”的整村改造和旅游规划逐步完善，做到了有历史、有文化、有故事、有看点。2017年接待省内外游客2万余人次，旅游及农产品销售收入达到200余万元。

小南河村将特色自然景观、人文资源有效集聚，将农产品采摘、民俗观光、美食品尝等游玩体验有机融合，使集聚效应达到了最大化，推动了当地一二三产业深度融合发展。旅游业不但提高了小南河村的知名度，也打开了小南河村对外开放、脱贫致富的大门。目前，小南河村已经实现了由单纯的乡村观光旅游向休闲农业、观光农业、体验农事、品味农耕文化相结合的产业集聚型融合发展模式转变。

4.4 科技渗透型融合模式

4.4.1 产业融合特点

科技渗透型产业融合模式，是指将互联网技术、云计算、大数据、物联网等新一代信息技术以及现代生物技术等应用到农业生产、经营、运输、管理、服务等过程中，为农业发展提供技术支持，提升农业的技术水平以及农业信息化水平，催生出新业态、新模式，重塑农村产业空间格局，实现先进科技与农业产业的融合发展（如图4-4所示）。

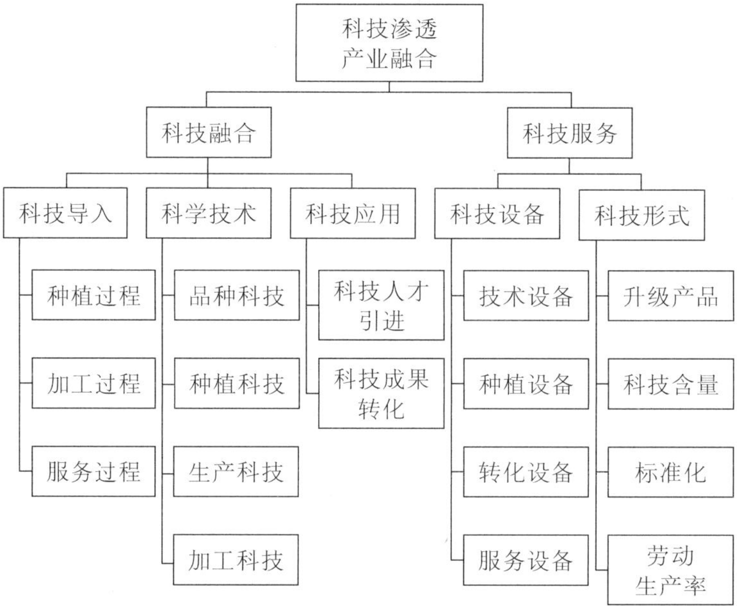

图 4-4　科技渗透型产业融合发展模式

新兴科技可渗透到农产品产业链的上游、中游、下游各个环节，对传统农业进行“赋能”，从而打破农业传统的粗放式增长模式，通过大数据精准制定生产决策，使农业生产向智慧农业方式转变。农产品生产前，便可以通过大数据分析进行精准的订单匹配，从而做出科学的种植决策，即实现先找订单，再找农户的定制化耕种，这种精准的“订单农业”可以有效避免因信息不对称而造成的农产品有产无市的现象。农产品生产过程中，则可依靠大数据、物联网等信息技术等进行海量数据的实时获取，实现精准培育、智能灌溉、智能温室、精准饲养等新型经营方式。也可以通过大数据与人工智能结合，进行生产经营决策的“数字化”制定，将大数据技术应用到作物产量控制、测土配方施肥、动植物疫病防控等过程中，实现农业决策的精准化、智能化，使成本效益得到最大化的改善和提升。农产品销售过程中，可借助互联网平台，利用电子商务实现消费需求与生产供给的有效对接，为农产品的销售渠道扩展更大空间。

产业融合起源于技术的进步，新兴科技渗透进农业发展，提高了农业生产经营各个环节的技术含量，推动农村地区产业向精准化、集约化、智能化和数据化迈进，加速了农村一二三产业的融合发展，实现了农业系统生产力的提升。

4.4.2 产业融合案例

（1）产业链上游的科技渗透——翠翠花生

翠翠花生种植专业合作社位于哈尔滨市双城区韩甸镇白土村，经过7年的发展，合作社从花生种子采购、加工、销售等各个环节入手，打造了一条完整的花生产业链，成为全区十个有机标准化种植示范基地之一。2017年翠翠花生合作社入社农民达538户，种植花生约10 800亩，产值达到近1 800万元，实现利润600余万元。

2011年11月成立的翠翠花生种植专业合作社，同大多数农民合作社一样，在发展的道路上并非一帆风顺。合作社成立之初的两年，由于种植品种、种植模式、管理水平等较为传统，花生的产量和品质提升并不大，效益也徘徊不前。为了打破发展瓶颈，合作社把眼光放在了结构调整和技术革新上。合作社投资60余万元，应用农业“互联网+”技术，建立了田间的物联网“四大系统”：农业环境监控系统、农田作业视频监控系统、病虫害在线监测系统以及测土配方施肥信息查询和专家咨询系统。农业环境监测系统可自动采集花生生产过程中的气象信息、土壤养分情况等重要指标，农田作业视频监控系统可通过生产基地配备的高清摄像头监控所有花生的生产情况、农作物长势情况等。通过采取上述措施，2017年翠翠花生种植专业合作社的普通花生平均单产从原来的400斤提高到500斤，每亩效益也超过千元。

在花生的销售环节，翠翠花生入驻了黑龙江农产品质量追溯平台，生成了二维溯源码。消费者可利用手机扫码，获取基地生产全程信息和实时监控视频信息，提高了生产环节的透明度和销售区市场的信任度。另外，翠翠花生也积极搭建网络电商销售平台。依托全省最大的双城区绿色食品电商产业园，入驻了阿里巴巴产业销售平台、黑龙江大米网、“农娃”农产品微信销售网络，开展网上销售，拓宽销售渠道，使“翠翠香”花生销售到全国各地。

翠翠花生合作社的发展模式是黑龙江省较为典型的科技渗透型融合

模式。翠翠花生勇于创新，积极引入“互联网+”技术，通过先进科技管理、精准种植、精深加工、系列开发、打造品牌等模式，提高了花生的产量和品质。生产环节高科技的引入可以节约劳动成本，避免资源浪费，促进花生生产向数字化、精细化、信息化、智能化方向发展。

（2）产业链下游的科技渗透——黑龙江北纯农产品开发有限公司

黑龙江北纯农产品开发有限公司，坐落于牡丹江市西安区，主要从事有机农产品及健康食品加工。“北纯”经过多年发展，已经成为著名的杂粮销售电商品牌。

北纯公司充分利用互联网的优势，与国内大型电商平台开展紧密合作。北纯公司的产品在京东商城、天猫超市、1号店、苏宁易购、顺丰优选等平台均有销售，且多种产品如有机小米、红小豆、黑豆、黄豆等销售量均名列前茅。2017年开展网络平台销售以来，北纯公司的总销售额已经突破1亿元大关，比2016年增长约60%。

北纯公司在网络推广方面也取得了较好的成果。京东“5·17吃货节”中，北纯公司联合蜂蜜、休闲食品、干果等多类食品企业，发起“颜值不够，美食来凑”的异业联盟活动。活动当月，北纯公司在京东的销售额便突破265万元，成为京东集团的扶贫战略合作伙伴。“6·18”和“双11”是电商一年中的两个重要节点，2017年“双11”期间北纯一场直播的浏览量超过15万次，点赞数量约达10万次，实现了“双11”销售额1 200余万元的业绩。对网红直播、众筹预售、微信营销、微博互动、内容营销等多种新兴的互联网营销模式，北纯公司均有所涉猎，并取得了较好的销售业绩。2017年，北纯更是作为赞助商，参加真人秀《次元星计划》，现场开展多种线上、线下的销售联动活动，现场引入了近15万直播粉丝和几十家媒体关注，当日在京东实现近9万元销售额，主推的小米系列杂粮销售增长约30%。由于其优异的表现，北纯公司作为分享嘉宾连续受邀参加2016年、2017年两届“世界食品农产品电子商务大会”，是黑龙江省唯一的农业加工企业代表。

北纯公司利用电子商务模式和互联网应用技术，在农产品销售环节建立了网络销售平台，打破了传统第一、第三产业之间的边界，构建了新的商业形态，为农产品的销售找到了全新渠道。北纯公司成功的网络营销将农业产业链条上的各个部分有机融合起来，进一步延伸了农业产业链，促进了农村一二三产业融合的发展。

4.5 产业循环型融合模式

4.5.1 产业融合特点

产业循环型融合是指在第一产业内部或一二三产业之间，基于循环经济形成的各个经营主体内部或经营主体之间的有机融合，将种植业、林业、牧业、水产业、加工业等子产业的某些环节甚至整个环节联结在一起，使其紧密协作、循环利用、一体化发展，建成一个高效运转、资源节约、环境友好型的生态循环系统。

产业循环型融合模式的最终目标是将农业生产经营活动构建为“资源—产品—再生资源”的反馈流程，使农业生产过程中所产生的物质和能源在这个经济循环系统内部得到充分、合理、持久的利用，把经济活动对自然环境的影响程度降到最低。产业循环型融合模式既包括第一产业——农业自身内部的循环，也包括一二三产业之间的循环。农业内部循环模式又称为农业产业融合模式，是以农业优势资源为依托，强调种植业、林业、养殖业、畜牧业之间的结构优化。目的是在农业内部形成有机融合的产业链条，建成以循环利用和资源节约为特征，与环境协同发展的经济模式。“稻鸭共生”“稻虾连作”等模式均是农业内部循环模式的典型代表，通过将农业废弃物进行多级循环、有效利用，使上一级农业活动产生的废弃物或副产品成为下一级活动的原材料，实现了资源合理循环再利用，降低了生产成本，扩大了经济效益。一二三产业之间的循环型融合，是将第一产业的农产品及其初加工后的副产品与有机废弃物作为第二产业或第三产业的原材料，进行系列开发、深度加工，使其不断增值。一二三产业之间的循环，包括：农业—工业—农业循环系统，如利用甘蔗的种植发展出糖、纸、酒精、建材等工业生产，再将工业生产过程中产生的复合肥、煤灰等废弃物作为肥料投入蔗田；农业—工业—旅游业系统，如葡萄酒生产商可将葡萄种植、葡萄酒加工、葡萄园观光、葡萄酒科普培训等环节有机结合，构成一个集一二三产业为一体的完整循环系统。产业循环型融合模式的基本流程如图4-5所示。

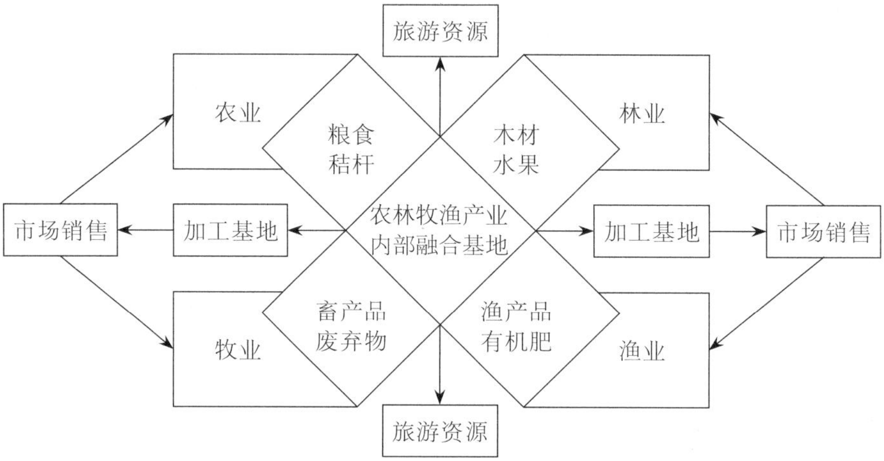

图4-5 产业循环型融合模式

4.5.2 产业融合案例

飞鹤乳业始于1962年齐齐哈尔市赵光农场乳品厂，已具有60年历史。飞鹤乳业早在十几年前就积极探索适合企业经营的现代农业经营模式，先后在齐齐哈尔市克东县、甘南县、龙江县、拜泉县、克山县建立了7个奶牛养殖场、6条产业链，农业总种植面积达到30余万亩，6个大型现代化乳制品加工厂年加工能力可达12.8万吨。

飞鹤乳业在北纬47度世界黄金奶源带上打造了中国婴幼儿奶粉行业的第一条完整的全产业链，实现了从源头牧草种植、规模化奶牛饲养到生产加工、物流仓储、渠道管控乃至售后服务各个环节的全程可控，形成了飞鹤乳业独有的全产业链模式。飞鹤依托于全产业链优势，合理布局了农场、牧场和工厂，形成了“农、牧、工”三位一体的产业集群，并由此打造出“2小时生态圈”，实现了奶粉和鲜奶送到消费者手中不超过28天的目标，为打造优质奶制品奠定了基础。

飞鹤乳业依托全产业链的布局，形成了“农—牧—工—销”的循环模式，实现了产业链内部的循环利用、可持续发展。在产业链前端，飞鹤公司拥有农业总种植面积30余万亩，7家专属牧场，乳牛存栏量达6万余头。农作物种植产生的秸秆经养牛得到消化利用，牛粪则用于生产有机肥，处理后转化为沼气，沼液则通过管道浇灌农田，实现土地消纳。粪便和秸秆所生产的天然气可以给当地居民、学校、企业、出租车等供暖、发电和供给燃料。在产业链后端，飞鹤也带动了物流、包装等服务业的发展。全国与飞鹤公司签订合同开展运送服务的物流公司就有500余家，拉动物流产业的就业人员1万余人。黑龙江省内为飞鹤提供包装服务的公司有近10家，直接增加就业人员3 000余人。

飞鹤公司通过科学合理的产业布局，实现了乳业产业化集群效应和全产业链条的闭环管理，为当地节约资源、保护环境、拉动经济起到了积极作用。飞鹤一方面实现了“废料”在闭环中的良性循环，节约了成本，保证了产品的全面有机化。另一方面也与当地专业的农场、牧场形成紧密的战略联盟，不仅解决了当地农民的就业问题，也让农民在家门口实现收入倍增。飞鹤以乳制品加工为中心，不断向产业链的前端和后端扩展：前向融合实现了与饲料种植、畜牧养殖、粪污处理、涉农服务的一体化，后向融合实现了与乳制品加工、包材加工、物流运销的一体化。飞鹤公司完成了乳制品加工与关联行业间资本、技术、人才、市场、管理方式的交叉渗透和优化重组，提高了农民收入，提升了产品的附加值，促进了当地三产融合发展以及农业结构的转型升级。

4.6 黑龙江省农村一二三产业融合发展模式评价

4.6.1 农村一二三产业融合集聚效应不足

黑龙江省农业资源环境条件丰富多样，地貌特征是“五山、一水、一草、三分田”，属寒温带季风气候，冬季漫长而寒冷，夏季短促而日照充分，秋季冷空气活动频繁，降温较快，易发生早霜危害，降水量分布不均衡。目前，黑龙江省各地市农业产业结构同质化倾向明显，区域农业资源优势发挥不足，没有依据各地气候、土壤、水资源和农业资源生态环境特点科学布局农业产业带，导致农业产业集聚效应不明显。

农业产业集聚能力不够，在农村一二三产业融合发展方面表现尤其显著，一是对农村产业融合发展起带动作用的农业产业化龙头企业规模不够。2017年规模以上龙头企业只占全国的2.3%，农产品加工主营业务收入仅占全国的3.5%，农产品加工业产值与农业总产值之比只有1.05∶1，仅为全国平均水平的43.8%。二是农业产业结构集中度不够，导致农村产业融合企业在地域空间分布上较为分散，无法形成降低生产成本、提高生产效率、促进区域技术协同创新、提升资源利用率和降低环境污染的产业集聚效应优势。

黑龙江省农村一二三产业融合发展模式要充分发挥区域农业资源优势，科学布局特色产业带，实现行业集中、产业集聚，突破农村产业融合企业规模不够、集聚效应较弱的瓶颈制约，达到产业集聚的低成本效应、分工效应、品牌效应、竞争效应和公共环境效应。

4.6.2 产业链延伸的价值和结构属性失衡

农村产业融合的关键是将农业生产向农产品加工、流通、物流等环节延伸，让农民和农业生产主体更多分享产业链价值的增值部分。农业产业链包含了农业产业结构供需链、农业产业布局空间链、产业化发展企业链和农产品增值价值链，农村产业融合发展模式要实现供需链、空间链、企业链和价值链四个维度的相互对接和均衡发展。

黑龙江省农村产业融合发展模式表现在产业链延伸方面的主要问题是：一是农村产业融合产业链的产业层次较低，产业组织、产业联系和产业结构失衡，多以低端的劳动密集型、低附加值的农产品加工产业为主，技术含量低、环境污染高、资源消耗大、可持续性差；二是产业链条的产业关联程度不紧密，农产品加工深度不够，产业链进入农业基础产业环节和市场拓展环节链条不完整。如大庆老街基农副产品有限公司，在玉米食品加工、红高粱酒加工、杂粮制品加工和禽蛋产品加工等方面，把第二产业做优做精，年实现销售收入1.65亿元。但该企业与第一产业的利益主体联结不紧密，在产业链延伸和分享产业链价值增值等方面仍属薄弱环节，没有充分发挥农村一二三产业融合发展效应。齐齐哈尔市星光蔬菜加工有限责任公司是集“基地种植+仓储+冷链物流+互联网”于一体的全产业链企业，但其未将第二产业作为产业链重点发展，仍以果蔬、原粮线下线上批发为主，农村产业融合发展的价值链增值有限，对农民等农业生产主体增收致富带动作用不强。

4.6.3 三产融合中农业多功能属性开发欠缺

农业最基本的功能是产品保障功能，除了提供食品保障外，还承担着保证工业原料和食品安全的重任。随着经济社会发展和农业供给侧结构性改革不断深入，农业的生态保护功能、休闲康养功能、社会保障功能和文化传承功能日益凸显出其重要性，其较强的公共产品属性和外部经济性价值越来越重要，外部效应超越了经济效应。充分开发利用农业的多功能属性，可以实现农村产业融合发展的突破，拓展产业融合领域，丰富产业融合发展新模式，促使乡村产业发展更具活力，确保农民合理分享产业融合价值增值。

黑龙江省农村一二三产业融合发展模式，在实现农业多功能拓展方面比较单一，偏重休闲旅游开发，农业多功能属性没有融入产业融合的各个环节，未能实现农业多功能开发的规模化、标准化和集群化发展。如绥滨县兴达米业有限公司深入挖掘了农产品生产中的生态价值，在休闲农业、农耕文化等方面的开发仍属空白。在农村产业融合方面，作为全省农业多功能拓展典范的宁安市田源农业庄园，很好地开发了农耕文化体验、科普教育、休闲旅游功能，但是在农业生态价值、旅居康养价值方面仍待深入挖掘。黑龙江省农业资源丰富，区域发展不均衡，要因地制宜，充分考虑地域发展阶段性、市场需求差异性，从空间层面合理布局农业多功能开发，重点挖掘体现区域特色的农业多功能属性，推动实现乡村产业兴旺、生态宜居、农民富裕的目标。

4.6.4 技术渗透对产业融合拉动作用有限

技术升级和进步促进产业交叉融合，是产业融合发展的源泉和动力，当今以大数据、云计算、物联网、区块链为代表的信息产业技术促使产业融合加速发展。信息科技渗透农业领域，提高了农业生产经营各个环节的技术含量，推动传统农业向精准化、集约化、智能化和数据化发展，提升了农业现代化水平，加速了农村一二三产业的融合发展。

技术渗透，尤其是信息产业技术对黑龙江省农村三产融合发展拉动作用有限，新技术渗透模式在全省农村产业融合发展中比重偏小。技术革新仍以传统农产品种植、加工、销售为主，产业链低端，增值作用有限。目前，黑龙江省技术渗透产业融合的典型是哈尔滨市双城区翠翠花生种植专业合作社，合作社基于物联网建立了农业环境监控系统、农田作业视频监控系统、病虫害在线监测系统以及测土配方施肥信息查询、专家咨询系统和电商销售系统，但是该信息化系统仍停留在以视频采集为主体的低端信息技术利用的层次，没有搭建起建立在契约和信用基础上，按照共识机制自动化程序运行的农业全产业链融合的数字生态体系。黑龙江省农业生产技术、农产品产量、绿色种养殖已经走在全国的前列，急需实现农业领域高效生产技术和数字信息技术的跨界融合，尤其是综合运用区块链核心技术建立黑龙江省农业经济数字发展模式，创新农业技术推广、生产资料供应、行业管理，以及生产、加工、仓储、物流、溯源、信用体系、服务和监管等方面的一体化深度融合模式，促使黑龙江省农业现代化水平走在全国，乃至世界前列。

4.7 本章小结

本章实地调查了多个案例，通过研究黑龙江省13个地区农村产业融合发展的实践，分析研究了目前全省农村产业融合的发展状况，并根据调查结果将目前黑龙江省内存在的产业融合模式归纳为5种类型：农业产业链延伸融合模式、农业多功能性拓展融合模式、产业集聚型融合模式、科技渗透型融合发展模式以及产业循环型融合模式。笔者在调研中感受到，虽然黑龙江省目前已经存在少许带领农村一二三产业融合发展的龙头企业，然而黑龙江省农村一二三产业融合发展依然面临着三产融合集聚效应不足，产业链延伸失衡，农业多功能属性开发欠缺及技术渗透拉动作用有限等问题。另外在实地调研中可感受到目前黑龙江农村三产融合过程中所面临的困扰：其一，少数企业的力量终归有限，能够辐射到的农村地区并不广泛；其二，农村地区的加工水平依然有限，黑龙江省大多数农村地区的主要经济来源仍是未经加工的初级农副产品，农产品加工也主要停留在农产品的初级加工阶段，大多数粮食主产区甚至并没有自己的大米加工厂；其三，由于黑龙江省地理位置的约束，使得农产品运输的冷冻、保鲜要求高，物流费用高，如何降低运输成本成为大多数企业需要面对的挑战；其四，宣传、推广不充分，很多具有特色的农副产品、乡村旅游景区仅能覆盖周边小部分地区，并没有大范围宣传推广，导致在全国范围内知名度不高，吸引的消费者有限。本章立足于实践，结合相关典型案例，全方位分析了黑龙江省农村产业融合的发展情况，为下一章的量化分析提供基础。

5 黑龙江省农村一二三产业融合发展水平测度

上一章对黑龙江省农村一二三产业融合进行了实证研究，但为精准反映农村一二三产业融合的发展水平，仍需要对农村产业融合进行定量研究，分析产业融合发展较慢的症结所在。本章在国家农业现代化和信息化要求的基础上，结合农村一二三产业融合发展规划的要求建立起一套较为完善的产业融合发展水平测量体系，并据此对黑龙江省农村一二三产业融合的发展水平进行定量评价。

5.1 黑龙江省农村一二三产业融合发展水平测度方法的选取与原则

5.1.1 测度方法的选取

迄今为止，测算方法主要包括如下几种：一是赫芬达尔指数法，即HHI法。该方法是一种测量产业集中度的综合指数，通过一个行业中各竞争主体所占行业总收入或总资产百分比的平方和，计量市场份额的变化，反映市场的离散度。该方法虽然是产业市场集中度测量指标中较好的一个，但它对数据要求较高，且反映的是产业集中度及行业垄断度，并不能较为准确地度量融合程度。二是灰色关联分析法。该方法是根据因素之间发展趋势的相似或相异程度，亦即“灰色关联度”作为衡量因素间关联程度的一种方法。在分析农村三产融合问题时，由于涉及多种非线性因素，因此灰色关联分析不失为一种较好的分析方法。但该方法最大的缺陷在于其结果仅能反映各因素的灰色关联度次序，无法从宏观角度揭示产业融合的发展程度及水平。三是投入产出分析法。该方法是衡量投入与产出相互依存关系的经济数量方法，可将制造业与生产性服务业的融合程度转换成为制造业投入生产性服务业中的比重。通过投入产出分析，的确可以测量三产融合程度，然而该方法的分析是建立在投入产出表的基础上的，而国家统计局的全国投入产出表每五年发布一次，这便导致了数据基数不足。而且全国投入产出表中并没有将农村地区单独分离出来，这极大地增加了数据获取的难度，对个人而言统计如此庞大的数据几乎难以完成。四是熵指数法。该方法是用来判断某个因素离散程度的度量方法。虽然熵指数法是一种客观赋权法，能够较为有效地避免人为因素干预带来的偏差，但是由于该方法是根据各项指标值的变异程度来确定指标权重的，忽略了指标本身的重要程度及现实意义，因此也具有一定的局限性。

为规避以上几种方法带来的局限性，拟采取层次分析法进行黑龙江省农村一二三产业融合度的测量。虽然层次分析法中包含一定的定性分析，然而在评价现实中的问题时，纯数据分析也有其制约因素，一定的主观性分析是有必要的。

5.1.2 测度指标设置原则

设置农村一二三产业融合度指标体系，尤其是选择评价指标，是一个较为主观的过程。为尽量避免人为因素造成的主观偏差，也为更加全面、准确地体现黑龙江省农村一二三产业的融合水平，指标体系的设置需要遵循以下几点原则：

第一，评价指标的选取需要遵循指导性原则。国家针对农村一二三产业融合发展提出过一系列的发展规划及政策意见，这些政策及文件把握了指标选取的总体方向，保证了所选指标能够符合国家的产业政策，符合社会经济发展规划以及环境保护等多方面共同发展的要求。因此，指标的选取必须遵循国家农村一二三产业融合的发展政策，同时还要符合黑龙江省农业发展的实际情况，力求做到可操作性强，可以引导黑龙江省实现生产方式的转变。

第二，评价指标的选取需要遵循典型性原则。要确保评价指标具有一定的典型性，需要选取社会认知度高、代表性强的评价指标，使其能够尽可能完整地反映出黑龙江省农村一二三产业融合各方面的特征及综合情况。另外，产业融合度指标体系的目标值和权重值必须充分参考国内外农村产业融合发展经验、黑龙江省农业产业发展现状以及将来的发展趋势进行科学评估确定，需要与黑龙江省的自然和社会经济条件相适应。

第三，评价指标的选取需要遵循可操作性的原则。构建指标体系，目的在于将抽象的定量分析方法具象化，使其可以应用到实际操作中去。因此，所选取的指标必须具有可获得性的特点，尽量做到简单明了、微观性强、便于收集。为便于搜集数据，产业融合度分析指标应尽量采用定量指标，资料来源为政府部门发布的权威性数据，尽量避免定性指标。另外，分析指标需要具有可比性的特点，要考虑能否进行定量处理，以便于进行数学计算和分析。

第四，评价指标的选取要遵循系统性的原则。所选取的指标需要存在内部的逻辑关系，而且能反映出黑龙江省农村一二三产业融合不同侧面的特征及状态。各个指标之间做到相互独立，尽量减少指标之间的相关性，避免因指标相关导致重复计算，进而影响评价精度及评价效果。另外，指标体系的构建需要具有层次性，自上而下依次递进，从宏观到微观层层深入，力求构建一个完善、全面的评价体系。

5.2 黑龙江省农村一二三产业融合发展水平测度指标体系的构建

5.2.1 测度指标的选择

在进行融合度测量指标的选择之前，根据层次分析法的构建原则，需要建立层级结构模型。通过对黑龙江省农村一二三产业融合发展的内涵、目的效果以及可持续性进行分析，并综合多位专家意见，将测量体系划分为三个层级：即一级指标（目标层）、二级指标（准则层）及三级指标（指标层）。

一级指标代表农村一二三产业融合在不同维度上的发展水平，具体划分为三个维度，即农村产业融合发展行为、农村产业融合发展经济社会效应和农村产业融合发展可持续性。这三个方面的维度代表了农村一二三产业融合发展的三个不同侧面。农村产业融合发展行为代表了农村地区各行业主体，即企业、组织以及从业个体在生产活动和经营行为中包含或反映出的产业融合情况，这是农村三产融合的基础，是衡量农村一二三产业发展水平的总体框架。农村一二三产业融合发展经济社会效应体现了农村一二三产业融合发展的结果，这个层级的指标可以反映出一二三产业融合对农村经济方面增加值的贡献，以及对农村社会各方面的积极影响。农村一二三产业融合发展可持续性维度反映出农村一二三产业融合发展在未来的上升空间。农村一二三产业融合如果要在未来持续发展，需要资金、技术的不断投入，发展的同时也绝对不能以牺牲环境为代价。因此该指标可以反映出农村一二三产业发展的可持续性。此三个维度的指标相辅相成，缺一不可，从现状、结果及未来三个角度涵盖了农村一二三产业融合发展的方方面面，能够较为全面、准确地分析出农村三产融合发展的程度和水平。

二级指标旨在对一级指标进行细化和分解，从不同角度反映农村产业融合发展的融合行为、融合结果以及可持续发展潜力。通过与专家探讨，研究产业融合理论，参考发达地区农村产业融合指标设置，并结合近年来国家对农村一二三产业融合发展和农业现代化发展水平的具体要求，将二级指标详细划分为六个层面，即农业产业链延伸、农业多功能性拓展、农村产业融合经济效应、农村产业融合社会效应、科技金融贡献程度以及农业生产资料利用程度。农村一二三产业融合的实质，就是要深度挖掘第一产业——农业的功能，使其在纵向上不断向上、下游延伸，横向上不断拓宽范围，拓展至其他相关领域。农业产业链延伸及农业多功能性拓展两个层面代表了农村一二三产业融合发展行为在纵向和横向两个方面的延长和扩张。农村产业融合经济效应及农村产业融合社会效应则将农村一二三产业融合的成果分解为两个方面。科技金融贡献程度及农业生产资料利用程度则将农村一二三产业融合发展可持续性分解为资金、技术的可持续发展以及环境的可持续发展两个方面。

三级指标是衡量农村产业融合发展的具体指标，是评价农村产业发展融合度的基础性数量指标。三级指标从根本上反映了农村一二三产业融合发展的情况，因此三级指标是整个指标体系构建的重中之重。三级指标的选择最重要的是数据的可获得性及可操作性，且需要符合国家对农村一二三产业融合的发展规划，避免在发展三产融合的过程中走偏。具体指标的选择过程如下：

首先，对融合度测量指标进行初步筛选。根据《全国农产品加工业与农村一二三产业融合发展规划（2016—2020年）》《国务院办公厅关于推进农村一二三产业融合发展的指导意见》《国务院办公厅关于进一步促进农产品加工业发展的意见》《全国农业现代化规划（2016—2020年）》《“十三五”全国农业农村信息化发展规划》《种养结合循环农业示范工程建设规划（2017—2020年）》等政策和指导意见，提取、归纳、总结出30个指标（见表5-1），此阶段的指标筛选工作主要侧重于全面性及完整性，力求囊括所有关于农村一二三产业融合水平测度的指标，兼顾黑龙江省农村三产融合发展的实际情况，使指标在满足国家发展规划要求的基础上立足于实际，并且能够作用于实际。

表5-1　　黑龙江农村一二三产业融合度测量指标初步筛选

目标层	准则层	指标层
农村一二三业融合发展行为（A1）	农业产业链延伸（B1）	规模以上农产品加工业主营业务年均增长（C1）
		主要农产品加工转化率（C2）
		农产品加工总产值与农业总产值比值（C3）
		农业产业化经营带动农户程度（C4）
	农业多功能性拓展（B2）	农林牧渔服务业产值年均增长（C5）
		休闲农业收入年均增长（C6）
		第一产业增加值占地区生产总值比重（C7）
		休闲农业年接待旅游人次年均增长（C8）
	农业服务业融合发展（B3）	农林牧渔服务业增加值与农林牧渔业增加值比值（C9）
		单位农林牧渔业增加值信贷投入（C10）
		农业保险深度（C11）
	农业信息化（B4）	农产品电子商务交易额年增速（C12）
		农产品网上零售额与农业总产值比值（C13）
		“信息进村入户”村级信息服务站覆盖率年增速（C14）
		农村互联网普及率（C15）
		农业物联网等信息技术应用比例（C16）
	农民增收与就业促进（B5）	农民人均可支配收入年均增长（C17）
		乡村非农就业比例（C18）
农村一二三产业融合发展经济社会效应（A2）	农业增效（B6）	农业劳动生产率年均增长（C19）
		土地综合产出率（C20）
		万元农业地区生产总值耗水（C21）
	城乡一体化发展（B7）	城乡居民收入比（C22）
		城乡人均固定资产投资比（C23）
	科技贡献程度（B8）	研发投入强度年均增长（C24）
		农业科技进步贡献率（C25）
农村一二三产业融合发展持续性（A3）	生产资料利用（B9）	农田灌溉水有效利用系数（C26）
		主要农作物化肥利用率（C27）
		主要农作物农药利用率（C28）
	绿色融合发展（B10）	秸秆综合利用率（C29）
		养殖废弃物综合利用率（C30）

其次，利用德尔菲法对初步选择出的30个指标进一步筛选。设计调查问卷，并咨询农业院校、科研院所和政府机构等部门内从事农业经济研究、农业经济管理、农业技术推广和农业发展规划制定等方面的权威专家。然后针对每个指标设定不合适、合适和非常合适三个评价等级，通过专家打分对预选指标进行评价。进而剔除一些不能较好反映农村一二三产业融合发展水平的指标，完成下一步的筛选工作。该筛选过程虽然带有一定主观性，但评价现实问题时一定程度的主观判断是十分有必要的，而且此次筛选集成了拥有丰富知识经验的专家的意见，可以很大程度上化主观为客观，使所选指标较为真实地反映农村产业融合发展水平。

此次筛选中，二级指标删除6项，将其余二级指标整合归纳为农业产业链延伸、农业多功能性拓展、农村产业融合经济效应、农村产业融合社会效应、科技金融贡献程度和农业生产资料利用程度等6项。三级指标则删除农产品电子商务交易额年增速（C12）、农产品网上零售额与农业总产值比值（C13）、“信息进村入户”村级信息服务站覆盖率年增速（C14）、农业物联网等信息技术应用比例（C16）、万元农业地区生产总值耗水（C21）、城乡人均固定资产投资比（C23）、研发投入强度年均增长（C24）、秸秆综合利用率（C29）等8项与农村一二三产业融合发展紧密程度不高或者相似程度较高的指标，此时剩余22项三级指标。

最后，运用R聚类分析方法进行指标的客观筛选。此次筛选的目的是消除指标的相关性，减少重叠现象的发生，否则将会由于指标的重复计算而直接影响到评价结果的真实性。根据2014—2018年中国统计年鉴、2014—2018年黑龙江统计年鉴、黑龙江省农业委员会、黑龙江省水利厅、黑龙江省畜牧局、黑龙江省通信管理局、黑龙江省工信委中小企业局、黑龙江省农村发展研究中心以及中国银监会黑龙江银监局收集到的2013—2017年的各项实际数据，对保留的22个评价指标进行R聚类分析，根据R聚类的结果，分析出休闲农业年接待旅游人次年均增长（C8）以及养殖废弃物综合利用率（C30）两项指标与其他指标高度重合，因此剔除该两项指标，最终评价体系剩余20项三级指标。值得注意的是，第一产业增加值占地区生产总值比重（C7）以及城乡居民收入比（C22）两项指标为逆指标。三次筛选完成后，最终确定的黑龙江农村一二三产业融合度测量指标体系如表5-2所示。

表5-2　　黑龙江农村一二三产业融合度测量指标体系

<table>
<tr><th>目标层</th><th>准则层</th><th>指标层</th></tr>
<tr><td rowspan="6">农村一二三产业融合发展行为（A1）</td><td rowspan="3">农业产业链延伸（B1）</td><td>规模以上农产品加工业主营业务年均增长（C1）</td></tr>
<tr><td>主要农产品加工转化率(C2)</td></tr>
<tr><td>农产品加工总产值与农业总产值比值(C3)</td></tr>
<tr><td rowspan="3">农业多功能性拓展（B2）</td><td>农林牧渔服务业产值年均增长(C4)</td></tr>
<tr><td>休闲农业收入年均增长(C5)</td></tr>
<tr><td>农村互联网普及率(C6)</td></tr>
<tr><td rowspan="8">农村一二三产业融合发展经济社会效应（A2）</td><td rowspan="4">农村产业融合经济效应（B3）</td><td>第一产业增加值占地区生产总值比重(C7)</td></tr>
<tr><td>农林牧渔服务业增加值与农林牧渔业增加值比值C8)</td></tr>
<tr><td>农民人均可支配收入年均增长(C9)</td></tr>
<tr><td>土地综合产出率(C10)</td></tr>
<tr><td rowspan="4">农村产业融合社会效应（B4）</td><td>农业产业化经营带动农户程度(C11)</td></tr>
<tr><td>乡村非农就业比例(C12)</td></tr>
<tr><td>农业劳动生产率年均增长(C13)</td></tr>
<tr><td>城乡居民收入比(C14)</td></tr>
<tr><td rowspan="6">农村一二三产业融合发展可持续性（A3）</td><td rowspan="3">科技金融贡献程度（B5）</td><td>单位农林牧渔业增加值信贷支持度(C15)</td></tr>
<tr><td>农业保险深度(C16)</td></tr>
<tr><td>农业科技进步贡献率(C17)</td></tr>
<tr><td rowspan="3">农业生产资料利用程度（B6）</td><td>农田灌溉水有效利用系数(C18)</td></tr>
<tr><td>主要农作物化肥利用率 （C19）</td></tr>
<tr><td>主要农作物农药利用率 （C20）</td></tr>
</table>

5.2.2 测度指标的解释

目标层指标的具体解释前文已有具体表述，本部分将对准则层及指标层的各项指标含义进行详细阐述。

准则层指标最终分为六个层面：

（1）农业产业链延伸（B1）

将第一产业农业的功能不断向上游和下游渗入，从纵向拓宽农业的功能，对构建农村一二三产业融合是非常必要的。农业产业链是以农业为依托，包含农作物价值链、农业企业链、农产品供需链和空间链等四个维度的概念，价值链、企业链、供需链和空间链在相互对接的均衡过程中形成了农业产业链。农业产业链的实质就是不同涉农产业之间的关联，而这种产业关联的实质则是各产业中企业之间的供给与需求的关系。农业产业链延伸是将既有的农业产业链尽可能地向上下游拓展延伸，农业产业链向上游延伸进入农业基础产业环节和技术研发环节，向下游延伸则进入农业市场营销拓展环节。农业产业链延伸将农业种植、养殖与农产品加工、农产品销售、农业生产资料生产销售、农业技术推广服务等有机结合起来。如何合理优化农业产业链，构建现代特色农业体系，是推进农村一二三产业融合的重要一环。

（2）农业多功能性拓展（B2）

农业多功能性拓展，就是要在横向上拓宽农业的功能范围。随着社会发展，农业领域的多功能性愈加明显，不仅能保证安全稳定的粮食供应，还带来很多社会、环境和文化上的功能，这种多功能性决定了农业作为国家经济基础的战略地位。农业在社会任何发展阶段都具有保证粮食安全、提供原材料供应、增加就业收入、满足市场需求等多项功能。随着国民经济和社会发展，尤其是科学技术的进步，农业不断被引入新领域，拥有了如生态保护、生物质能源利用、旅游观光和文化传承等多项功能。推进农业在横向上与旅游、教育、文化、健康、养老等产业深度融合，从传统农业转变为近代农业，使农业向多功能领域拓展，是农村一二三产业融合发展的必然趋势。

（3）农村产业融合经济效应（B3）

经济效应是生产和经营的核心问题。推进农村一二三产业融合发展的主要目的之一便是提高经济效益，促进农民增收。该项指标将从第一产业增加值占地区生产总值比重、农林牧渔服务业增加值与农林牧渔业增加值比值、农民人均可支配收入年均增长以及土地综合产出率几方面测度农村产业融合的经济效益。

（4）农村产业融合社会效应（B4）

除了经济效应外，社会效应也是反映农村一二三产业融合的重要指标之一。所谓社会效应，即是如何通过配置有限的资源来满足人们日益增长的物质文化生活需要，保证城乡社会稳定。该项指标将从农业产业化经营带动农户程度、乡村非农就业比例、农业劳动生产率年均增长以及城乡居民收入比等几方面进行分析。

（5）科技金融贡献程度（B5）

科技金融贡献程度是农村一二三产业融合发展可持续性的其中一个方面。促进农村产业融合发展的关键点就在于资金和技术。金融支持和科技进步是农业发展的重要驱动因素，为农村经济发展提供了强有力的支撑，是农村一二三产业融合发展的重要保障。

（6）农业生产资料利用程度（B6）

农业生产资料的投放是农业生产活动中的重要环节。虽然农业生产资料在使用时可以促进粮食的增产，但是它所带来的生态污染问题也是不容忽视的。发展农村一二三产业融合，绝对不能以牺牲环境为代价，因此该项指标也是衡量农村三产融合可持续发展性的重要因素。

指标层最终选择了20个指标进行分析：

（1）规模以上农产品加工业主营业务年均增长（C1）

农产品加工主营业务是反映农业产业化发展水平、农业产业链延伸情况的具体指标，同时也能反映出农村产业融合的效益增长水平。此部分数据来源于黑龙江省农业委员会。

（2）主要农产品加工转化率（C2）

主要农产品加工转化率为主要农产品加工产量与主要农产品产量之比值，反映了农村产业融合的深度和农产品加工及综合利用情况，农产品加工转化率水平直接决定了农产品附加值的提升以及农产品的市场竞争力。此指标来源于《全国农产品加工业与农村一二三产业融合发展规划（2016—2020年）》，数据来源于黑龙江省农业委员会。

（3）农产品加工总产值与农业总产值比值（C3）

农产品加工总产值与农业总产值比值反映出农村产业融合发展经营水平，以及农产品精深加工的程度。此项指标是对C2指标的深化，C2指标侧重于对农产品加工产量的统计，而该指标则侧重于统计经过加工后农产品的产值是否有所增长。此部分数据来源于黑龙江省农业委员会以及2018黑龙江统计年鉴。

（4）农林牧渔服务业产值年均增长（C4）

农林牧渔服务业是指对农林牧渔业生产活动的各种支持性服务活动，反映了农村产业融合中针对农业的社会化服务水平。具体体现为农药、化肥、农机、饲料、种子以及技术支持等多项服务。此部分数据来源于黑龙江统计年鉴。

（5）休闲农业收入年均增长（C5）

休闲农业是指利用农业自然生态资源以及农作物生产环节，为游客提供科普、餐饮、住宿和度假服务，将旅游、休闲、观光和养生结合为一体的新型农业生产经营形态，是农村一二三产业发展的重要形式之一。休闲农业收入年均增长反映了农业结构调整和农民收入增加水平。此部分数据来源于黑龙江省农业委员会、黑龙江省工信委中小企业局、黑龙江省农村发展研究中心以及黑龙江统计年鉴。

（6）农村互联网普及率（C6）

农村的互联网普及率是农村一二三产业融合过程中必不可少的基础设施，是推进信息化与农业深度融合的重要一环。提高农村互联网普及率可以有效打破传统的城乡二元结构，促进农村在网络销售、消费品购买、生产资料供应、数字金融应用、农村政务服务、文化娱乐和农民职业培训等方面实现农村社会经济的深度融合。此部分数据来源于黑龙江省通信管理局。

（7）第一产业增加值占地区生产总值比重（C7）

第一产业增加值占地区生产总值比重即为农业收入增长量占地区生

产总值的比重，反映了农业在社会产业结构中的基础性地位，该数值越低代表农村产业融合发展程度越高。此部分数据来源于黑龙江统计年鉴。

（8）农林牧渔服务业增加值与农林牧渔业增加值比值（C8）

农林牧渔服务业增加值与农林牧渔业增加值比值反映农村产业融合的社会化服务水平。农林牧渔服务业增加值与农林牧渔业增加值比值=农林牧渔服务业增加值/农林牧渔业增加值。此部分数据来源于黑龙江统计年鉴。

（9）农民人均可支配收入年均增长（C9）

农民人均可支配收入是指农村居民家庭人均可用于最终消费与储蓄的总和，是衡量农村居民生活水平和小康社会实现程度的核心指标。促进农村一二三产业融合的目的之一，就是要提高农民收入，改善农民生活水平，纳入该指标在一二三产业融合度测量中是必要的。此部分数据来源于黑龙江统计年鉴。

（10）土地综合产出率（C10）

土地综合产出率为一产增加值与耕地面积的比值，指单位土地面积上的平均年产值，反映了土地利用效率及农业整体上的综合发展水平。此部分数据来源于黑龙江统计年鉴。

（11）农业产业化经营带动农户程度（C11）

农业产业化经营带动农户程度主要指农民专业合作社、龙头企业等农业产业化组织所带动的农户数量占从事农业生产的农户数量的比例，反映了农村产业融合发展对农民的带动水平。此部分数据来源于黑龙江统计年鉴及黑龙江省农业委员会。

（12）乡村非农就业比例（C12）

乡村非农就业比例指乡镇及农村地区二三产业从业人员的数量占乡镇及农村地区从业人员总量的比例，反映出乡村地区制造行业及服务行业的发展及增长，同时也体现出农村二三产业对农民就业的带动水平。此部分数据来源于黑龙江统计年鉴。

（13）农业劳动生产率年均增长（C13）

农业劳动生产率反映出劳动时间与劳动成果的比例，通过农业劳动生产者单位时间内生产的农产品数量或价值表示，也可用单位农产品所消耗的劳动时间体现，在统计过程中则采用一产增加值与一产从业人员之比值计算。影响农业劳动生产率的因素包括但不限于农业劳动者生产技术水平、农业生产技术装备程度、先进科技应用状况、农业劳动组织形式和农业生产经营单位的管理水平等，因此农业劳动生产率可作为衡量农村产业融合水平的综合性指标之一。此部分数据来源于黑龙江统计年鉴。

（14）城乡居民收入比（C14）

城乡居民收入比是反映城乡居民收入差距的重要指标，反映了农村三产融合在缩小城乡居民分配差距、促进城乡协调发展方面显示出的正向社会影响效应。此部分数据来源于黑龙江统计年鉴。

（15）单位农林牧渔业增加值信贷支持度（C15）

单位农林牧渔业增加值信贷支持度是指农林牧渔业贷款余额与农林牧渔业增加值的比值，反映出金融业对农村产业融合发展的支持水平。此部分数据来源于中国银监会以及黑龙江统计年鉴。

（16）农业保险深度（C16）

农业保险深度是农业保费收入与第一产业增加值的比值，反映了金融业协助农业生产活动抵御自然灾害风险的服务水平。农业保险作为一种科学的农业风险管理方式，可激励农业生产投入增加，转嫁农业经营主体面临的风险，为涉农加工企业及服务业提供资金融通、信用担保等功能，成为衔接农村一二三产业融合的引线。此部分数据来源于中国银监会及黑龙江统计年鉴。

（17）农业科技进步贡献率（C17）

农业科技进步贡献率指自然科学技术进步以及政策、管理、服务等社会科学技术的提高对农业总产值增长率的贡献份额。这个指标有助于从总体上把握黑龙江省农业科技进步水平，科技作为产业融合的驱动因素之一也是融合度测算中不可或缺的一项指标。此部分数据来源于黑龙江省农业委员会。

（18）农田灌溉水有效利用系数（C18）

农田灌溉水有效利用系数是指农作物所利用的净水量与引进水资源总量的比值。农田灌溉水有效利用系数是衡量农业节约用水程度的重要指标，同时也反映了农业用水技术水平和灌区节约用水管理的综合水平。农村一二三产业融合发展的过程中不能以牺牲环境为代价，对水资源的节约利用则是衡量农业生产可持续性的重要指标之一。此部分数据来源于黑龙江省水利厅。

（19）主要农作物化肥利用率（C19）

化肥利用率是被农作物吸收利用的肥料数量与施用的肥料总量之比。肥料利用率高一定程度上反映出农业技术水平较高，农产品经济效益较好，农业生产过程对自然环境较友善。该指标对农村三产融合的意义如下：其一，肥料利用率高的农产品的生物产量较高，质量也会相应提高，而高产、优质的农产品是农村产业链条中的重中之重，是农村三产融合中必不可少的基石。其二，高效的化肥利用率可以减少生态环境的负效应，促进农村地区生态环境的可持续发展。此部分数据来源于黑龙江省农业委员会。

（20）主要农作物农药利用率（C20）

农药利用率是指单位面积内沉积在目标农作物上的农药量占该次所使用农药总量的比例。农药利用率也是影响农产品质量以及农村生态环境可持续发展的重要因素。此部分数据来源于黑龙江省农业委员会。

5.2.3 测度模型的建立

科学合理的分析方法在解决现实问题的过程中是必不可少的，它可以帮助人们从感性认识上升到理性认识，是全面认识客观事物的必经之路。科学的分析方法通过抽象的解析能够使人们对某一事物的认知从表层走向深层、从现象到达本质，从而促使研究不断深化和细化。没有科学的分析方法，人们的认知就会陷入笼统和空洞，无法深刻地揭示事物的本质。

本章采用层次分析法测度黑龙江农村一二三产业融合度。层次分析法（简称AHP）是美国匹兹堡大学运筹学萨迪（A.L.Saaty）教授于20世纪70年代提出的一种定性和定量相结合，系统化、层次化的多目标决策排序方法。其基本原理是把一个系统的多个目标按其内在的支配关系构成层次结构，并按支配关系进行各层次的分组。通过各因素两两比较确定相对重要性，并将其量化排序。

1. 层次分析法的构建步骤大致分为以下几项：

（1）构建层次结构模型

首先按决策目标、考虑的因素和决策对象之间的相互关系分为最高层、中间层和最低层。最高层也可称为目标层，它体现出该项决策的目的，以及需要解决的问题。中间层为准则层，一般反映决策所考虑的因素以及决策的准则。最低层即是指标层，它是完成该项决策时备选的多种方案。将农村一二三产业融合度评价指标划分为目标层（A）、准则层（B）和指标层（C）三个层次。

（2）构建判断矩阵

在确定各因素的重要程度时，单纯的定性结果或定量结果均难以真实反映事物之间的内在联系。因此萨迪教授提出采用1～9标度法来分析各因素的重要性（见表5-3），此种方法是在定性分析的基础上运用定量化分析，将人的思维判断数量化，最大程度避免人为因素带来的偏差，也规避了单纯依靠数据分析而造成结果与实际状况相背离的情况。

表5-3 **判断矩阵标度及其含义**

序号	指标i，j重要性比较	C_{ij}量化值
1	i，j重要性相同	1
2	i指标比j指标稍微重要	3
3	i指标比j指标明显重要	5
4	i指标比j指标强烈重要	7
5	i指标比j指标极端重要	9
6	i指标比j指标稍微不重要	1/3
7	i指标比j指标明显不重要	1/5
8	i指标比j指标强烈不重要	1/7
9	i指标比j指标极端不重要	1/9

注：C_{ij} ={2，4，6，8，1/2，1/4，1/6，1/8}表示指标i，j重要性比较，介于C_{ij}= {1，3，5，7，9，1/3，1/5，1/7，1/9}之间。

对于n个元素来说，两两判断矩阵为C=（C_{ij}）n×n，C_{ij}表示指标i和指标j相对重要值。

判断矩阵形式如下：

$$\begin{matrix} B_k & C_1 & C_2 & \vdots & C_n \\ C_1 & C_{11} & C_{12} & \vdots & C_{1n} \\ C_2 & C_{21} & C_{22} & \vdots & C_{2n} \\ \vdots & \vdots & \vdots & \vdots & \vdots \\ C_n & C_{n1} & C_{n2} & \cdots & C_{nn} \end{matrix}$$

C_{ij}有如下性质：

① $C_{ij}>0$

② $C_{ij}=1/C_{ji}$（i≠j）

③ $C_{ii}=1$（i=1，2，…，n）

（3）判断矩阵一致性检验

为保证层次分析法结论的合理性，需要对判断矩阵进行一致性检验。采用CR值指标进行一致性检验。

$$CI=\frac{\lambda_{max}-n}{n-1} \tag{5-1}$$

$$CR=\frac{CI}{RI} \tag{5-2}$$

λ_{max}为判读矩阵最大特征根。不同阶的判断矩阵，平均随机一致性指标RI特征值不同，见表5-4。

表5-4　　1~9阶判断矩阵RI值

1	2	3	4	5	6	7	8	9
0.00	0.00	0.58	0.90	1.12	1.24	1.32	1.41	1.45

如果CR<0.10，则判断矩阵具有满意的一致性，否则需要调整判断矩阵，直到取得一致性。

（4）层次单排序

从理论层面讲，层次单排序的计算问题可以看作是计算判断矩阵的最大特征及其特征向量的问题。根据判断矩阵来计算指标层指标（Cn）对于各自归属的准则层（Bn）、准则层各因素对于各自归属的目标层（An）、目标层各因素对于农村产业融合发展水平指数（A）的相对重要性，最后归结为本层次有联系的指标之间的重要性次序的权值，简言之，就是底层元素的权重排序。

（5）层次总排序

层次总排序就是最低层次因素相对于最高层次因素的相对重要性，即指标层各指标（Cn）相对于农村产业融合发展水平指数（A）的权重排序。

2. 层次分析法的模型构建完毕后，需要对数据进行处理，数据的处理方式可分为以下几个步骤：

（1）无量纲标准化处理

为使不同的指标统一数量级，便于后续的计算，需要对原始数据进行无量纲标准化处理，计算公式如下：

$$X_{ij'} = \frac{X_{ij} - X_{min}}{X_{max} - X_{min}} \tag{5-3}$$

$$X_{ij} = \frac{1}{X'} \tag{5-4}$$

式中 $X_{ij'}$ 为归一化处理后的标准数据，X_{ij} 为正向化指标的实际值，X' 为逆向化指标的实际值，X_{max} 为实际最大值，X_{min} 为实际最小值。

（2）R型聚类分析

无纲量化处理后对 $X_{ij'}$ 进行R型聚类分析，基于R型聚类分析结果，保留自成一类的指标，删除非聚类指标，最终建立农村一二三产业融合发展评价指标层体系。

3. 综合发展指数模型

综合评价法需采用综合发展指数模型，该模型是在确定各指标（Cn）相对于总目标（A）的权重（W_{ij}）后，用各指标（Cn）的无量纲化数值（$X_{ij'}$）与其相应的权重（W_{ij}）乘积后得出各指标融合指数，所有指标的融合指数相加后即为综合发展指数（F）。公式如下：

$$F = \sum_{j=1}^{m} X_{ij'} W_{ij} \times 100 \tag{5-5}$$

4. 农村一二三产业融合阶段发展评价

参照李芸等关于农村产业融合发展阶段划分方法，根据综合发展指数数值把农村一二三产业融合发展划分为起步阶段、成长阶段、基本实现阶段和深度融合发展阶段，详情可见表5-5。

表5-5 农村一二三产业融合发展阶段

融合发展阶段	综合发展指数
起步阶段	10≤F<60
成长阶段	60≤F<80
基本实现阶段	80≤F<100
深度融合发展阶段	F=100

5.3 黑龙江省农村一二三产业融合发展水平实证分析与评价

5.3.1 指标权重的确定

根据上述模型构建判断矩阵，进行指标权重的确定。此部分研究邀请农业领域教授3人、农业科学研究院专家3人、黑龙江省农业委员会3人、黑龙江省农业农村厅3人、农村产业融合发展主管部门3人、黑龙江省政府政策研究室农村经济主管部门2人对各项指标权重进行评估打分，以构建两两比较的判断矩阵。计算出各指标权重后，对其进行一致性检验，结果均通过一致性检验（见表5-6至表5-15）。

表5-6 一级指标判断矩阵（A）

A	A1	A2	A3	判断矩阵特征值	
A1	1	3	5	Λmax	3.038 51
A2	0.333 33	1	3	CI	0.019 25
A3	0.2	0.333 33	1	CR	0.037 03
				CR=0.037 03＜0.10，判断矩阵一致性非常好	

表5-7 二级指标判断矩阵（A1）

A1	B1	B2	判断矩阵特征值	
B1	1	3	Λmax	4.116 933
B2	0.333 33	1	CI	0.038 977
			CR	0.043 795
			CR=0.043 795＜0.10，判断矩阵一致性非常好	

表5-8　　二级指标判断矩阵（A2）

A2	B3	B4	判断矩阵特征值	
B3	1	3	Λmax	3
B4	0.333 33	1	CI	0
			CR	0
			CR=0＜0.10，判断矩阵一致性非常好	

表5-9　　二级指标判断矩阵（A3）

A3	B5	B6	判断矩阵特征值	
B5	1	1	Λmax	3.038 51
B6	1	1	CI	0.019 25
			CR	0.037 03
			CR=0.037 03＜0.10，判断矩阵一致性非常好	

表5-10　　三级指标判断矩阵（B1）

B1	C1	C2	C3	判断矩阵特征值	
C1	1	0.333 33	0.2	Λmax	3.038 51
C2	3	1	0.333 33	CI	0.019 25
C3	5	3	1	CR	0.037 03
				CR=0.037 03＜0.10，判断矩阵一致性非常好	

表5-11　　三级指标判断矩阵（B2）

B2	C4	C5	C6	判断矩阵特征值	
C5	1	3	0.333 33	Λmax	3.038 51
C6	0.333 33	1	0.2	CI	0.019 25
C15	3	5	1	CR	0.037 03
				CR=0.037 03＜0.10，判断矩阵一致性非常好	

表5-12 三级指标判断矩阵（B3）

B3	C7	C8	C9	C10	判断矩阵特征值	
C7	1	0.333 33	0.2	1	Λmax	4.043 38
C9	3	1	0.333 33	3	CI	0.014 46
C17	5	3	1	5	CR	0.016 25
C20	1	0.333 33	0.2	1	CR=0.016 25<0.10，判断矩阵一致性非常好	

表5-13 三级指标判断矩阵（B4）

B4	C11	C12	C13	C14	判断矩阵特征值	
C4	1	3	0.333 33	1	Λmax	4.043 38
C18	0.333 33	1	0.2	0.333 33	CI	0.014 46
C19	3	5	1	3	CR	0.016 25
C22	1	3	0.333 33	1	CR=0.016 25<0.10，判断矩阵一致性非常好	

表5-14 三级指标判断矩阵（B5）

B5	C15	C16	C17	判断矩阵特征值	
C10	1	3	0.333 33	Λmax	3.038 51
C11	0.333 33	1	0.2	CI	0.019 25
C25	3	5	1	CR	0.037 03
				CR=0.037 03<0.10，判断矩阵一致性非常好	

表5-15 三级指标判断矩阵（B6）

B6	C18	C19	C20	判断矩阵特征值	
C26	1	0.333 33	0.2	Λmax	3.038 51
C27	3	1	0.333 33	CI	0.019 25
C28	5	3	1	CR	0.037 03
				CR=0.037 03<0.10，判断矩阵一致性非常好	

采用1-9比例标度法构建判断矩阵后，结果经过CR一致性检验。通过计算判断矩阵层次单排序和层次总排序，得到各层次指标相对权重和指标层绝对权重，见表5-16。

表5-16 **农村一二三产业融合发展评价指标权重表**

<table>
<tr><th>目标层</th><th>准则层</th><th>指标层</th><th>指标层（相对权重）</th><th>指标层（绝对权重）</th></tr>
<tr><td rowspan="6">农村一二三产业融合发展行为（A1）0.636 99</td><td rowspan="3">农业产业链延伸（B1）0.75</td><td>规模以上农产品加工业主营业务年均增长（C1）</td><td>0.104 73</td><td>0.050 03</td></tr>
<tr><td>主要农产品加工转化率（C2）</td><td>0.258 28</td><td>0.123 39</td></tr>
<tr><td>农产品加工总产值与农业总产值比值（C3）</td><td>0.636 99</td><td>0.304 31</td></tr>
<tr><td rowspan="3">农业多功能性拓展（B2）0.25</td><td>农林牧渔服务业产值年均增长（C4）</td><td>0.258 28</td><td>0.041 13</td></tr>
<tr><td>休闲农业收入年均增长（C5）</td><td>0.104 73</td><td>0.016 68</td></tr>
<tr><td>农村互联网普及率（C6）</td><td>0.636 99</td><td>0.101 44</td></tr>
<tr><td rowspan="8">农村一二三产业融合发展经济社会效应（A2）0.258 28</td><td rowspan="4">农村产业融合经济效应（B3）0.75</td><td>第一产业增加值占地区生产总值比重（C7）</td><td>0.096 33</td><td>0.018 66</td></tr>
<tr><td>农林牧渔服务业增加值与农林牧渔业增加值比值（C8）</td><td>0.249 48</td><td>0.048 33</td></tr>
<tr><td>农民人均可支配收入年均增长（C9）</td><td>0.557 86</td><td>0.108 07</td></tr>
<tr><td>土地综合产出率（C10）</td><td>0.096 33</td><td>0.018 66</td></tr>
<tr><td rowspan="4">农村产业融合社会效应（B4）0.25</td><td>农业产业化经营带动农户程度（C11）</td><td>0.200 96</td><td>0.012 98</td></tr>
<tr><td>乡村非农就业比例（C12）</td><td>0.077 59</td><td>0.005 01</td></tr>
<tr><td>农业劳动生产率年均增长（C13）</td><td>0.520 49</td><td>0.033 6</td></tr>
<tr><td>城乡居民收入比（C14）</td><td>0.200 96</td><td>0.012 98</td></tr>
</table>

续表

目标层	准则层	指标层	指标层（相对权重）	指标层（绝对权重）
农村一二三产业融合发展可持续性（A3）0.104 73	科技金融贡献程度（B5）0.5	单位农林牧渔业增加值信贷支持度（C15）	0.258 28	0.013 53
		农业保险深度（C16）	0.104 73	0.005 48
		农业科技进步贡献率（C17）	0.636 99	0.033 36
	农业生产资料利用程度（B6）0.5	农田灌溉水有效利用系数（C18）	0.104 73	0.005 48
		主要农作物化肥利用率（C19）	0.258 28	0.013 53
		主要农作物农药利用率（C20）	0.636 99	0.033 36

5.3.2 数据来源

国家颁布的农村一二三产业融合发展政策从2015年才开始推行，很多关于农村一二三产业融合的统计数据也从2015年开始，因此一些统计指标难以找到2015年之前的数据。但为了保证数据分析的有效性，笔者探访了相关政府部门，获取了自2013年截至2017年的相关指标数据。因此所采用的数据均来自国家官方统计数据以及相关政府部门，可以保证数据的真实性及有效性。主要来源如下：2014—2018中国统计年鉴、2014—2018黑龙江统计年鉴、黑龙江省农业委员会、黑龙江省水利厅、黑龙江省畜牧局、黑龙江省通信管理局、黑龙江省工信委中小企业局、黑龙江省农村发展研究中心、中国银监会、黑龙江省银监局等等。根据提供数据相关部门的要求，需要对原始数据进行保密处理，因此仅提供归一化处理完成之后的数据（见表5-17）。

5.3.3 测度结果及评价

根据上述已经确定的各项指标权重，对各项指标的基础评价值进行加权处理，可得出各项指标的融合发展指数，从而计算出黑龙江省农村产业融合综合发展指数。

表5-17　　　　各指标基础评价值

	2013	2014	2015	2016	2017
C1	0.797 5	0.761 1	0.727 8	0.697 4	0.669 4
C2	0.682 2	0.803 8	0.824 4	0.739 8	0.859 7
C3	0.253 0	0.301 0	0.329 0	0.327 5	0.306 1
C4	1.000 0	1.000 0	1.000 0	1.000 0	0.807 2
C5	0.801 3	-1.000 0	1.000 0	1.000 0	1.000 0
C6	0.943 8	1.000 0	1.000 0	1.000 0	1.000 0
C7	0.057 8	0.056 9	0.056 5	0.056 3	0.053 1
C8	0.282 8	0.302 7	0.336 7	0.373 4	0.374 5
C9	1.000 0	1.000 0	0.944 9	1.000 0	1.000 0
C10	0.168 7	0.174 7	0.172 8	0.175 4	0.193 1
C11	0.724 4	0.804 5	0.877 0	0.935 2	0.947 9
C12	0.410 6	0.426 0	0.427 1	0.422 4	0.417 2
C13	1.000 0	0.929 8	0.203 2	0.344 7	1.000 0
C14	0.884 9	0.832 2	0.825 1	0.827 5	0.830 6
C15	1.000 0	1.000 0	1.000 0	1.000 0	1.000 0
C16	1.000 0	1.000 0	1.000 0	1.000 0	1.000 0
C17	1.000 0	1.000 0	1.000 0	1.000 0	1.000 0
C18	1.000 0	1.000 0	1.000 0	1.000 0	1.000 0
C19	0.837 5	0.850 0	0.882 5	0.920 0	0.957 5
C20	0.875 0	0.875 0	0.900 0	0.925 0	1.000 0

2013—2017年黑龙江省农村一二三产业融合综合发展指数分别达到63.22、63.49、65.10、65.33和67.77（见表5-18），表明黑龙江省农村一二三产业融合发展已经从起步阶段进入成长阶段，并呈现逐年递增趋势（如图5-1所示）。黑龙江省近年来培育了一大批基础作用大、引领示范好、服务能力强、利益联结紧的农业专业大户、家庭农场、农民合作社、

农业产业化龙头企业等融合发展主体，拓展了各类型多样化的农村一二三产业融合发展方式，在农业与文化、科技、生态、旅游、教育、康养等方面形成深度融合，农村的新产业新业态呈现出主体多元化、业态多样化、设施现代化和发展集聚化态势，展现出较强的经济实力、发展活力和带动能力，农村一二三产业融合发展进入蓬勃发展的成长期。

表5-18 **2013—2017年黑龙江省农村一二三产业融合综合发展指数**

农村一二三产业融合发展指标	融合指数				
	2013年	2014年	2015年	2016年	2017年
规模以上农产品加工业主营业务年均增长（C1）	0.039 9	0.038 1	0.036 4	0.034 9	0.033 5
主要农产品加工转化率（C2）	0.084 2	0.099 2	0.101 7	0.091 3	0.106 1
农产品加工总产值与农业总产值比值（C3）	0.077 0	0.091 6	0.100 1	0.099 7	0.093 1
农林牧渔服务业产值年均增长（C4）	0.041 1	0.041 1	0.041 1	0.041 1	0.033 2
休闲农业收入年均增长（C5）	0.013 4	−0.016 7	0.016 7	0.016 7	0.016 7
农村互联网普及率（C6）	0.095 7	0.101 4	0.101 4	0.101 4	0.101 4
第一产业增加值占地区生产总值比重（C7）	0.001 1	0.001 1	0.001 1	0.001 1	0.001 0
农林牧渔服务业增加值与农林牧渔业增加值比值（C8）	0.013 7	0.014 6	0.016 3	0.018 0	0.018 1
农民人均可支配收入年均增长（C9）	0.108 1	0.108 1	0.102 1	0.108 1	0.108 1
土地综合产出率（C10）	0.003 1	0.003 3	0.003 2	0.003 3	0.003 6
农业产业化经营带动农户程度（C11）	0.009 4	0.010 4	0.011 4	0.012 1	0.012 3
乡村非农就业比例（C12）	0.002 1	0.002 1	0.002 1	0.002 1	0.002 1

续表

农村一二三产业融合发展指标	融合指数				
	2013年	2014年	2015年	2016年	2017年
农业劳动生产率年均增长（C13）	0.033 6	0.031 2	0.006 8	0.011 6	0.033 6
城乡居民收入比（C14）	0.011 5	0.010 8	0.010 7	0.010 7	0.010 8
单位农林牧渔业增加值信贷投入（C15）	0.013 5	0.013 5	0.013 5	0.013 5	0.013 5
农业保险深度（C16）	0.005 5	0.005 5	0.005 5	0.005 5	0.005 5
农业科技进步贡献率（C17）	0.033 4	0.033 4	0.033 4	0.033 4	0.033 4
农田灌溉水有效利用系数（C18）	0.005 5	0.005 5	0.005 5	0.005 5	0.005 5
主要农作物化肥利用率（C19）	0.011 3	0.011 5	0.011 9	0.012 4	0.013 0
主要农作物农药利用率（C20）	0.029 2	0.029 2	0.030 0	0.030 9	0.033 4
黑龙江省农村产业融合综合发展指数（F）	63.22	63.49	65.10	65.33	67.77

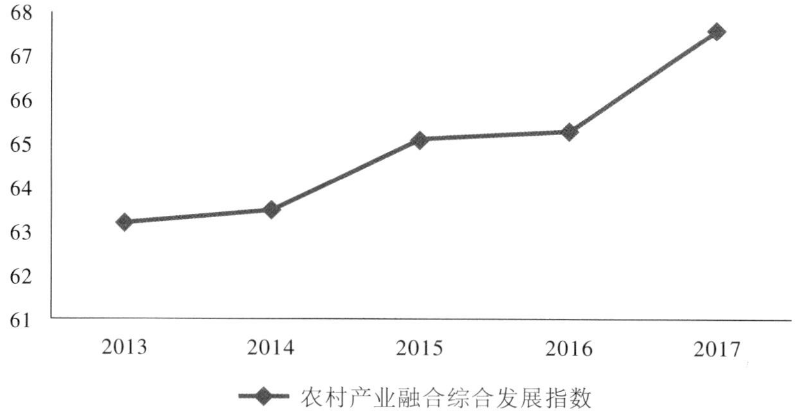

图5-1 2013—2017年黑龙江省农村产业融合综合发展指数

根据分析，2013—2017年黑龙江省农村一二三产业融合发展的目标层指数，即农村产业融合发展行为、农村产业融合发展经济社会效应以及农村产业融合发展可持续性三项指标总体上呈现出逐年升高的趋势，见表5-19。

表5-19　2013—2017年黑龙江省农村一二三产业融合发展目标层指数

目标层指标	2013年	2014年	2015年	2016年	2017年
农村产业融合发展行为	55.2	55.7	62.4	60.5	60.3
农村产业融合发展经济社会效应	70.7	70.3	59.5	64.7	73.4
农村产业融合发展可持续性	93.9	94.1	95.3	96.6	99.5

2013—2017年黑龙江省农村一二三产业融合发展的目标层指标中，农村产业融合发展可持续性指数最高，在93～100之间，已进入基本实现产业融合阶段。这与近年来黑龙江省对农业金融、保险、科技进步、农业生态环境改善等方面的大力扶持密切相关。说明黑龙江省的农村一二三产业融合发展自始至终以农业生态文明建设为导向，农村产业融合一直坚持健康和可持续发展的道路。

2013—2017年农村产业融合发展经济社会效应指数在60～73之间，进入融合发展的成长阶段。近几年，黑龙江省农村产业融合发展围绕农业增收、农民致富和发展绿色有机食品展开，推进农业战略结构调整，促进农业生产转型升级，农业发展成果产生了良好的经济效益和社会效益，因此农村产业融合已经从起步阶段步入融合发展成长阶段。

2013—2017年农村产业融合发展行为指数在55～63之间，刚刚进入融合发展起步阶段。黑龙江省是农业大省，由农业资源优势向农产品加工优势转变尚需一个过程。目前精深加工企业不多，作坊式加工型企业居多，高起点、高技术含量的龙头企业少，带动作用有限。主要农产品加工转化率平均只有58.8%，相反，沿海发达地区农产品早就达到90%的加工率。黑龙江省要继续延长加工业产业链条，促使农产品由初加工向精深加工转变，向高营养和高附加值转变，实现现代农业发展的新突破。

2013—2017年黑龙江省6个准则层农村产业融合发展指数，即农业产业链延伸、农业多功能拓展、产业融合经济效应、产业融合社会效应、科技金融贡献程度及农业生产资料利用程度均介于42～100之间，分别处于起步阶段、成长阶段、基本实现阶段和深度融合发展阶段，见表5-20。

表5-20 **2013—2017年黑龙江省农村一二三产业融合发展准则层指数**

准则层指标	2013年	2014年	2015年	2016年	2017年
农业产业链延伸	42.1	47.9	49.9	47.3	48.7
农业多功能性拓展	94.3	79.1	100.0	100.0	95.0
农村产业融合经济效应	65.0	65.6	63.3	67.3	67.5
农村产业融合社会效应	87.6	84.6	48.1	56.6	91.0
科技金融贡献程度	100.0	100.0	100.0	100.0	100.0
农业生产资料利用程度	87.8	88.2	90.6	93.2	98.9

（1）农业产业链延伸（B1）

2013—2017年黑龙江省农业产业链延伸指数平均值为47.2，刚刚处于起步阶段。按《全国农产品加工业与农村一二三产业融合发展规划（2016—2020年）》规定，规模以上农产品加工业主营业务年均增长值为6%，主要农产品加工转化率68%，农产品加工总产值与农业总产值比值为2.4∶1，黑龙江省分别达到4.4%、58.8%和0.71∶1，只有全国平均值的73.3%、86.5%和29.6%。

（2）农业多功能性拓展（B2）

2013—2017年黑龙江省农业多功能性拓展指数平均值为93.7，已经进入基本实现阶段。在农业多功能性拓展方面，黑龙江省充分发挥资源优势，调整农业产业结构，培育农民收入新业态，重点推进休闲农业和乡村旅游。把挖掘黑土地绿色生态和环境文化价值与乡村振兴有机结合，在黑龙江省农村形成产业新形态。截至2017年末，全省休闲农业经营主体发展到5 703家，经营收入达到82.5亿元，同比分别增长10.2%和10.6%。吸纳14.3万农民就业，带动13.9万户农民在产业发展中受益，成为农村经济发展的新亮点之一。

（3）农村产业融合经济效应（B3）

2013—2017年黑龙江省农村产业融合经济效应指数平均值为65.7，

已经进入成长阶段。黑龙江省通过深挖农业区域资源优势，优化农业种植业和养殖业结构，延伸农业产业链，在实现粮食产量连续15年大丰收的同时确保了农民增收与就业促进。全省人均农民收入由2013年的9 634元上升到2018年的13 804元，提高了43.3%。

（4）农村产业融合社会效应（B4）

2013—2017年黑龙江省农业多功能性拓展指数平均值为73.58，已步入成长阶段。黑龙江省通过龙头企业、农民合作社的紧密利益联结机制，以农业产业化组织带动农民增收。以“龙头企业+基地+农户”“保底收益+分红”“土地流转”“合作社+订单”等合作方式让农民分享农业经营主体收益。同时通过劳务推介促进农村劳动力向乡镇和村办企业转移。

2015年和2016年产业融合社会效应指数分别为48.1和56.6，倒退到起步阶段，主要是近年来黑龙江省人口净流出造成的。据2016年人口抽样调查的推算，黑龙江省全年人口出生率为6.12‰，死亡率为6.61‰，人口自然增长率为-0.49‰。年末常住总人口为3 799.2万人，比上年减少12.8万人。

（5）科技金融贡献程度（B5）

2013—2017年黑龙江省农村产业融合科技金融贡献程度指数为100，进入深度融合发展阶段。黑龙江省在科技和金融对农业的支撑方面效果十分显著。在农业科技进步方面，积极开展农业应用基础和前沿高技术领域自主创新，构筑现代化大农业发展的技术高地；在农业保险方面，加强农业保险与财政支农奖补资金、贷款担保、财政贴息等方面的政策融合，建立“多方参与、风险共担、多层分散”的农业保险大灾风险分散机制；在农业信贷方面，各级财政部门积极研究制定支持农业担保机构发展的财政政策，对符合条件的农业信贷担保机构执行现行中小企业信用担保机构免征增值税政策。

（6）农业生产资料利用程度（B6）

2013—2017年黑龙江省农村产业融合生产资料利用程度指数在87～99之间，已经进入融合发展的基本实现阶段。近年来黑龙江省在农业水资源方面，加强旱田节水灌溉示范项目和高效节水灌溉工程建设，大力发展大型喷灌工程，在有条件的地方积极发展膜下滴灌；在农业生态方面，全面实施化肥减量增效、农药减量、秸秆综合利用、农膜及农药包装废弃物回收利用、耕地重金属污染防治、绿色有机食品发展等“六大行动”，通过三年努力，实现控制农业用水总量、减少化肥农药使用量目标，基本实现畜禽粪污、农膜、秸秆资源化利用目标。

5.4 黑龙江省农村一二三产业融合发展水平耦合协调度分析

上一节已经通过建立三产融合度评价模型测度出黑龙江省农村一二三产业融合的发展水平。然而农村一二三产业融合是由农村产业融合发展行为、农村产业融合发展经济社会效应和农村产业融合发展可持续性三个子系统组成的高度复杂的系统。农村一二三产业融合发展并不是三个子系统的简单相加，而是由内部各个子系统的结构性作用形成了产业融合的经济效应、社会效应、可持续性三者之间相互促进、相互支撑的耦合开放系统。本节运用物理学中的耦合增量模型研究了三个子系统之间的耦合性及耦合协调度，分析了在黑龙江省农村一二三产业融合发展的过程中，三个子系统发展是否平衡，各系统的发展是否均具有较好的水平。

5.4.1 耦合关系模型

1. 系统耦合度和耦合协调度模型

耦合是物理学中的容量概念，物理学中的容量耦合模型如下：

$$A = n\{(a_1 \cdot a_2 \cdots a_n)/[\prod(a_1 + a_2 + \cdots + a_n)]\}^{1/n} \tag{5-6}$$

农村一二三产业融合发展是农村产业融合行为、农村产业融合发展经济社会效应和农村产业融合发展可持续性等三个子系统的耦合关系，其耦合度和耦合协调度模型如下：

$$C = 3\{\frac{[f(x) \times g(y) \times h(z)]}{[f(x) + g(y) + h(z)]^3}\}^{1/3} \tag{5-7}$$

$$T = \alpha f(x) + \beta g(y) + \varphi h(z) \tag{5-8}$$

$$U=\sqrt{C\times T} \tag{5-9}$$

$$f(x)=\sum_{i=1}^{n}a_iX_i \tag{5-10}$$

$$g(y)=\sum_{i=1}^{n}b_iY_i \tag{5-11}$$

$$h(z)=\sum_{i=1}^{n}c_iZ_i \tag{5-12}$$

C为农村一二三产业融合发展系统耦合度，T为耦合系统综合协调指数；U为耦合协调度；α、β、φ为待定系数，综合考虑农村产业融合三个子系统的平衡关系，本研究令$\alpha=\beta=\varphi=1/3$；f(x)、g(y)、h(z)分别为农村产业融合行为、农村产业融合发展经济社会效应和农村产业融合发展可持续性的综合评价指数；a_i、b_i、c_i分别为三个子系统的指标权重，X_i、Y_i、Z_i分别为系统中第i个指标的标准化值。

2. 系统耦合度和耦合协调度等级评价标准

根据系统耦合状况，可以把耦合度划分成6个等级，把耦合协调度划分成10个等级，见表5-21和表5-22。

表5-21 农村一二三产业融合发展耦合度等级评价表

耦合度数值	耦合度等级	耦合程度
0~0.09	1	最小耦合
0.1~0.29	2	低水平耦合
0.3~0.49	3	拮抗耦合
0.5~0.79	4	磨合耦合
0.8~0.89	5	高水平耦合
0.9~1.0	6	最大耦合

表5-22 农村一二三产业融合发展耦合协调度等级评价表

耦合协调度值	协调度等级	协调程度	耦合协调度值	协调度等级	协调程度
0.000 0~0.099 9	1	极度失调	0.500 0~0.599 9	6	勉强协调
0.100 0~0.199 9	2	严重失调	0.600 0~0.699 9	7	初级协调
0.200 0~0.299 9	3	中度失调	0.700 0~0.799 9	8	中级协调
0.300 0~0.399 9	4	轻度失调	0.800 0~0.899 9	9	良好协调
0.400 0~0.499 9	5	濒临失调	0.900 0~1.000 0	10	优质协调

耦合度从1级的“最小耦合”依次递增到6级的“最大耦合”，耦合协调度从1级的“极度失调”依次递增到10级的“优质协调”。

5.4.2 耦合度及耦合协调度分析

根据模型计算出黑龙江农村一二三产业融合系统耦合度及耦合协调度的结果如表5-23所示。

表5-23 2013—2017年黑龙江省农村产业融合发展综合指数、耦合度和耦合协调度

项目	2013年	2014年	2015年	2016年	2017年
f（x）	0.552 00	0.557 00	0.624 00	0.605 00	0.603 00
g（y）	0.707 00	0.703 00	0.595 00	0.647 00	0.734 00
h（z）	0.939 00	0.941 00	0.953 00	0.966 00	0.995 00
C	0.976 72	0.977 17	0.976 92	0.978 07	0.978 75
T	0.732 67	0.733 67	0.724 00	0.739 33	0.777 33
U	0.845 94	0.846 71	0.841 01	0.850 37	0.872 25

根据计算结果可知，2013—2017年黑龙江省农村一二三产业融合发展中产业融合发展行为、产业融合发展经济社会效应和产业融合发展可持续性之间实现了很好的耦合效应，其耦合度介于0.976 72～0.978 75之间，耦合度达到6级，实现了最大耦合，如图5-2所示。这说明农村产业融合的三个子系统之间相互作用、相互影响的程度比较强烈。而三者之间的耦合协调度也呈现不断上升的趋势，介于0.841 01～0.872 25之间，实现了“良好协调”，耦合协调度达到9级标准。这证明三个子系统之间的相互作用程度非常稳定，整个系统具有较好的水平，发展相对均衡，且各个子系统全部进入快速发展阶段。

这一结果也符合黑龙江农村产业发展的事实。产业融合发展行为、产业融合发展经济社会效应和产业融合发展可持续性三者之间相互联系，相互支撑，共同发展。近几年黑龙江省在促进产业融合的过程中始终注重均衡发展。在农村产业融合发展行为方面施行以工带农，推进农

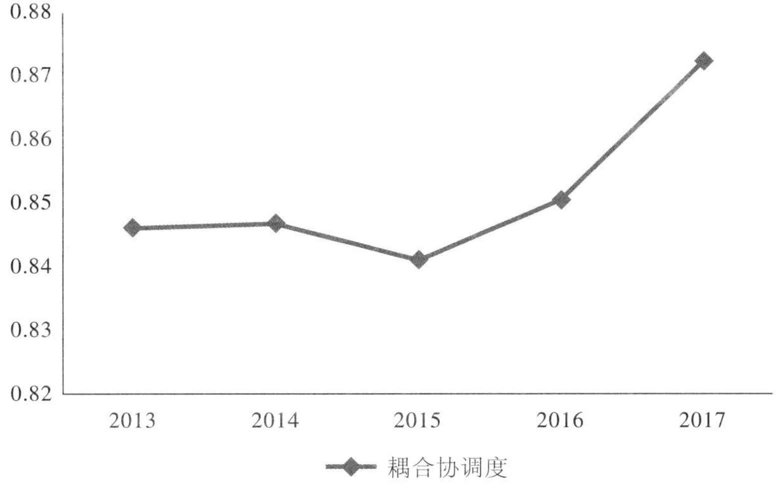

图5-2　2013—2017年黑龙江省农村产业融合耦合协调度

业供给侧结构性改革，构建了一二三产业交叉融合的现代农业产业体系，持续融入经济发展新常态模式。在农村产业融合发展经济社会效应方面，黑龙江省持续以市场需求为导向，因地制宜，分类推进，探索不同地区的适宜产业融合模式。在农村产业融合可持续发展方面，不断完善利益联结机制，改善农业资源环境，大力发展循环经济，提高畜禽废弃物利用率，推进农药化肥农膜减量行动，加大农作物秸秆等生物质资源开发利用，保障了农民分享产业链的增值收益。

具体来讲，黑龙江省在农业产业链延伸方面，大力扶持特色农产品加工和农产品产地初加工，配套建设仓储物流、产地批发市场，实现了加工储运与市场流通体系的有效对接。在农业多功能拓展方面，实施统筹规划，充分利用黑龙江省农业资源环境优势，实现了休闲、教育、旅游、文化和健康养老等产业的深度融合。在农村产业融合经济效应方面，不断调整优化农业产业结构，实现农林结合、农牧结合、渔牧结合，加快发展绿色循环农业经济，提高二三产业比重。在农村产业融合社会效应方面发展专业特色小镇，推进城镇化建设，缩小城乡差距，以产业支撑转移农业人口。在农村产业融合科技金融支持方面发展农村普惠金融，扩大农业保险保单质押范围，创新农村金融服务。强化人才和科技支撑，鼓励科研人员兼职和入股创业，培养新型职业农民。在农村产业融合可持续发展方面黑龙江省坚持耕地“轮耕轮休”、作物“秸秆还田”、减农药减化肥减除草剂“三减行动”，推广农业高效节水灌溉和压采地下水措施，实现了资源节约型和循环经济模式下的农村产业融合可持续发展。

5.5 黑龙江省农村一二三产业融合障碍因子分析

上节通过构建黑龙江省农村一二三产业融合发展水平模型测算出黑龙江省的农村三产融合度位于60~70之间，刚刚跨过三产融合的起步阶段，逐渐步入成长阶段，但仍远低于发达地区的三产融合水平。且通过耦合协调度模型测算出黑龙江农村地区的三产融合发展协调稳定，并未出现严重失衡。那么如何提高黑龙江的三产融合程度，具体有哪些因素制约了黑龙江省三产融合的发展，仍需要进一步分析和探讨。本节采用障碍因子分析来测算制约黑龙江农村一二三产业融合发展的因素，为进一步调整黑龙江农村产业结构，规划黑龙江农村三产融合发展路径做准备。

5.5.1 障碍分析模型

农村一二三产业融合发展的障碍因子制约了产业融合的发展水平，障碍度则体现了该障碍因子对产业融合的影响程度。因此，找出障碍因子、消除障碍因子的不利影响、降低障碍度是提高黑龙江农村三产融合发展速度、规划三产融合发展路径的关键步骤。障碍度计算公式如下：

$$D_{ij} = 1 - X_{ij'} \tag{5-13}$$

$$Q_{ij} = W_{ij} X_{ij'} / \sum_{j=1}^{n} W_{ij} X_{ij'} \times 100 \tag{5-14}$$

$$M_{ij} = \sum Q_{ij} \tag{5-15}$$

式中 D_{ij} 为第j个指标的偏离度，$X_{ij'}$ 为第j个指标标准化后的无量纲数值，Q_{ij} 为第j个指标对农村产业融合发展的障碍度，W_{ij} 为第j个指标对农村产业融合发展的因子贡献度；M_{ij} 表示第i个因素层第j个指标的障碍度。

5.5.2 障碍度分析

（1）目标层障碍度分析

农村一二三产业融合发展目标层的3个指标——农村产业融合发展行为、农村产业融合发展经济社会效应和农村产业融合发展可持续性的障碍度计算结果见表5-24。总体来看，影响黑龙江省农村一二三产业融合发展的首要障碍因素是农村产业融合发展行为，五年来的平均值高达53.32%；其次是农村产业融合发展经济社会效应，五年平均值为41.50%；而农村产业融合发展可持续性的障碍度最低，仅为5.17%。由此可见，提高黑龙江省农村一二三产业融合发展水平首先要注重农村产业融合发展行为的提升。

表5-24　2013—2017年黑龙江省农村一二三产业融合发展目标层障碍度（%）

目标层指标	2013年	2014年	2015年	2016年	2017年	均值
农村产业融合发展行为	55.87	55.45	45.42	50.50	59.37	53.32
农村产业融合发展经济社会效应	36.55	37.14	48.90	45.13	39.80	41.50
农村产业融合发展可持续性	7.57	7.41	5.68	4.37	0.82	5.17

制约黑龙江农村三产融合发展的障碍因子经历了三个变化阶段：第一阶段为2013—2014年，此时农村产业融合发展行为是首要障碍因子，其次是经济社会效应，而发展的可持续性对农村三产融合发展的制约效果并不明显。第二阶段为2015年前后，此阶段中经济社会效应超越融合发展行为成为制约黑龙江农村三产融合发展的主要障碍因子，而发展可持续性的制约作用仍不明显。第三阶段为2015年以后，此时农村产业融合经济社会效应的障碍度开始呈现逐年下降的趋势，共下降了约10个百分点，而农村产业融合发展行为的障碍度逐年上升，共上升了约14个百分点（如图5-3所示）。通过分析可见，目前农村产业融合发展行为是阻碍黑龙江省农村一二三产业融合发展的主要因素。

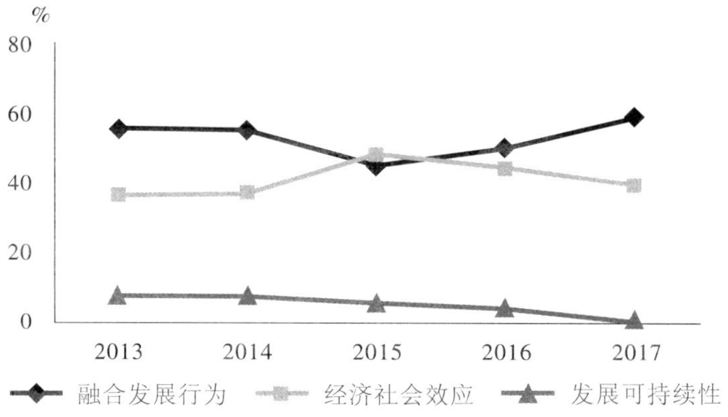

图5-3 2013—2017年黑龙江省农村一二三产业融合发展目标层障碍度

（2）准则层障碍度分析

2013—2017年影响黑龙江省农村一二三产业融合发展水平的准则层指标计算结果如表5-25所示。排名第一的影响指标是农业产业链延伸，五年平均障碍度为51.29%；排名第二的是农村产业融合经济效应，五年平均值为33.19%。

表5-25 2013—2017年黑龙江省农村一二三产业融合发展准则层障碍度（%）

准则层指标	2013年	2014年	2015年	2016年	2017年	平均值
农业产业链延伸	54.11	48.90	45.42	50.50	57.51	51.29
农业多功能性拓展	1.76	6.55	0.00	0.00	1.86	2.03
农村产业融合经济效应	32.68	32.32	33.23	31.29	36.44	33.19
农村产业融合社会效应	3.87	4.82	15.67	13.84	3.35	8.31
科技金融贡献程度	0	0	0	0	0	0
农业生产资料利用程度	7.57	7.41	5.68	4.37	0.82	5.17

2013年以来，科技金融贡献程度对黑龙江省农村一二三产业融合发展支持力度最大，没有对产业融合发展造成任何障碍，而农村产业融合经济效应和生产资料可持续利用的障碍度基本没有变化。2013年以来，农村产业融合社会效应障碍度持续上升，2015年后开始下降。2013年至2015年农业产业链延伸障碍度下降了16.1%，此后到2017年上升了26.6%。由此可见，提高黑龙江省农村三产融合发展水平要着眼于农业产业链延伸，从建设种植养殖基地和农产品加工制作开始，向农

产品加工上下游延伸产业链，扩展仓储智能管理，建设知名品牌，打造市场营销体系，形成一条龙发展的农村产业融合"全产业链"。

5.5.3 障碍因子分析

农村一二三产业融合发展水平评价体系共有20个指标，其对黑龙江省农村一二三产业融合发展的障碍度计算结果见表5-26。

表5-26 **黑龙江省农村一二三产业融合发展障碍因子分析（%）**

A	B	C	2013—2017年指标障碍度					平均障碍度
			2013	2014	2015	2016	2017	
A1	B1	C1	1.98	2.35	2.58	3.04	3.88	2.77
		C2	7.67	4.76	4.12	6.44	4.06	5.41
		C3	44.46	41.80	38.72	41.03	49.57	43.12
	B2	C4	0	0	0	0	1.86	0.37
		C5	0.65	6.55	0	0	0	1.44
		C6	1.12	0	0	0	0	0.22
A2	B3	C7	8.48	8.53	8.23	8.71	10.23	8.84
		C8	16.72	16.33	14.99	14.97	17.50	16.1
		C9	0	0	2.79	0	0	0.56
		C10	7.48	7.46	7.22	7.61	8.72	7.7
	B4	C11	1.73	1.23	0.75	0.42	0.39	0.9
		C12	1.42	1.39	1.34	1.43	1.69	1.45
		C13	0	1.14	12.52	10.89	0	4.91
		C14	0.72	1.06	1.06	1.11	1.27	1.04
A3	B5	C15	0	0	0	0	0	0
		C16	0	0	0	0	0	0
		C17	0	0	0	0	0	0
	B6	C18	0	0	0	0	0	0
		C19	2.61	2.42	1.83	1.3	0.83	1.8
		C20	4.96	4.98	3.85	3.05	0	3.37
总障碍度			100	100	100	100	100	100

选取其中障碍度较高的前3个指标作为主要障碍因子，计算结果见表5-27。

表5-27　**2013—2017年黑龙江省农村一二三产业融合发展主要障碍因子及障碍度（%）**

年份	障碍度因子大小排序						障碍度
	第一位		第二位		第三位		总计
2013	C3	44.46	C8	16.72	C7	8.48	69.66
2014	C3	41.80	C8	16.33	C7	8.53	66.66
2015	C3	38.72	C8	14.99	C13	12.52	66.23
2016	C3	41.03	C8	14.97	C13	10.89	66.89
2017	C3	49.57	C8	17.50	C7	10.23	77.30
5年平均值	C3	43.12	C8	16.10	C7	8.84	68.06

可以发现，2015年和2016年黑龙江省农村一二三产业融合发展的主要障碍因子集中于农产品加工总产值与农业总产值比值（C3）、农林牧渔服务业增加值与农林牧渔业增加值比值（C8）、农业劳动生产率年均增长（C13）；2013年、2014年和2017年集中于农产品加工总产值与农业总产值比值（C3）、农林牧渔服务业增加值与农林牧渔业增加值比值（C8）、第一产业增加值占地区生产总值比重（C7）。五年平均排名前两位的障碍因子均为农产品加工总产值与农业总产值比值（C3）以及农林牧渔服务业增加值与农林牧渔业增加值比值（C8）。从各指标数值变化分析，指标C3、C7和C8呈现不断增大的趋势，说明五年来其他17个障碍因子指标的障碍度在不断下降。

通过计算2013—2017年黑龙江省农村一二三产业融合发展主要影响因子发现，黑龙江农村三产融合领域将来的重点是发展农产品深加工，提高第二产业和农业新业态比重，拓展农业服务性产业领域。黑龙江农村一二三产业融合的发展路径必须围绕提高农产品深加工和农林牧渔服务业水平两方面来进行规划。

5.5.4 障碍因素现状分析

黑龙江省农村一二三产业融合发展的20个评价指标中，影响产业融合的主要障碍因子是农产品加工和农林牧渔服务业，分析其发展现状对加快产业融合发展具有重要意义。

（1）农产品加工业发展现状分析

2013—2017年农产品加工对黑龙江省农村产业融合的平均障碍度为43.12%，2017年则高达49.57%，比2015年上升了近11%，极大地阻碍了产业融合发展，主要表现在以下三个方面：

首先，农产品加工收入差距明显。《全国农产品加工业与农村一二三产业融合发展规划（2016—2020年）》提出2015—2020年规模以上农产品加工企业主营业务收入年均增长需要达到6%。然而黑龙江省2016年农产品加工企业主营业务收入年均增长仅为3%，2017年的增长幅度更降低至0.35%，增长幅度仅分别达到全国平均水平的50%和5.8%。同全国耕地面积和粮食产量排名第三的山东省相比，差距巨大。2016年山东省规模以上农产品加工企业主营业务收入3.7万亿元，占全国的16.7%。黑龙江省作为农业大省，仅占全国的1.8%，不到山东省的1/9。

其次，农产品加工业与农业总产值比落后。《全国农产品加工业与农村一二三产业融合发展规划（2016—2020年）》确定2015—2020年农产品加工业与农业总产值之比的年均增长值需达到0.2%，由2015年的2.2∶1增长到2020年的2.4∶1。黑龙江省2015年该比例为0.79∶1，是全国平均水平的36%；2017年为0.73∶1，是全国平均水平的32%。两年来黑龙江省的农产品加工业与农业总产值之比没有稳步上升，反而下降了4%。农产品加工强省——山东省2016年农产品加工业与农业总产值比已经达到3.75∶1，是黑龙江省的4.7倍。2020年甚至达到3.76∶1，是全国平均水平的170.9%。

最后，主要农产品加工转化率增长缓慢。《全国农产品加工业与农村一二三产业融合发展规划（2016—2020年）》确定2015—2020年主要农产品加工转化率的平均年均增长率为0.6%，由2015年的65%增加到2020年的68%。黑龙江省2015年的主要农产品加工转化率为

56.06%，是全国平均水平的86.2%，2017年为58.46%，是全国平均水平的88.9%。而山东省预计2020年转化率可以达到70%，超过全国平均水平2%。

（2）农林牧渔服务业发展现状分析

2013—2017年农林牧渔服务业对黑龙江省农村产业融合的平均障碍度为16.1%，在20个产业融合度评价指标中，影响因子位列第二，降低农林牧渔服务业障碍度对提高黑龙江省农村产业融合发展水平至关重要。

《全国农产品加工业与农村一二三产业融合发展规划（2016—2020年）》确定2015—2020年农林牧渔服务业产值年均增长率须达到9.5%。然而黑龙江省农林牧渔服务业产值由2013年增长14.6%，下降到2017年增长7.67%，表明黑龙江省在农药、化肥、农机、饲料、种子以及技术支持等社会化服务方面没有跟上产业融合发展水平。2013年至2017年农林牧渔服务业增加值与农林牧渔增加值比值的年均增长率只有0.14%，基本处于停滞状态。

2016年全国农林牧渔服务业与农林牧渔总产值比值平均为4.3%。在全国粮食总产量前三位省份中，黑龙江省仅为2.3%，而河南省已经达到4.6%，山东省则达到5.5%。粮食产量第二的河南省、第三的山东省均超过全国平均水平，而黑龙江省仅为全国平均水平的1/2，差距十分显著。

5.6 本章小结

本章详细分析了黑龙江省农村一二三产业融合的发展水平及耦合协调程度，并通过障碍因子分析模型计算出了影响黑龙江省农村产业融合发展的主要障碍因素。

首先，根据《国务院办公厅关于推进农村一二三产业融合发展的指导意见》《全国农产品加工业与农村一二三产业融合发展规划（2016—2020年）》《国务院办公厅关于进一步促进农产品加工业发展的意见》《全国农业现代化规划（2016—2020年）》《“十三五”全国农业农村信息化发展规划》《种养结合循环农业示范工程建设规划（2017—2020年）》等政策和规划，邀请专家进行评价分析，构建了农村一二三产业融合发展评价指标体系，并通过层次分析法确定了各评价指标的权重，再用综合指数法分析出2013—2017年黑龙江省农村一二三产业融合发展指数。2013—2017年黑龙江省农村一二三产业融合综合发展指数分别达到63.22、63.49、65.10、65.33和67.77，表明虽然黑龙江省农村一二三产业融合发展水平仍然低于发达地区，但总体上已经从起步阶段进入成长阶段，并逐年提高。

其次，运用耦合关系模型分析了黑龙江省农村一二三产业融合发展中产业融合发展行为、产业融合发展经济社会效应和产业融合发展可持续性之间的耦合协调度。结果表明三者之间的耦合协调度也呈现不断上升的趋势，介于0.841 01～0.872 25之间，实现了“良好协调”。这证明黑龙江省通过农村产业融合发展的行为使得农村三产融合发展的经济效应和社会效应都得到了充分展现，且在获取效益的同时并没有放弃经济与环境的可持续发展，三者协调稳定发展，互相支持，互相补充，构成了一个平衡、良好、稳定的协调系统。

最后，运用障碍分析模型对影响黑龙江农村三产融合的主要障碍因素进行分析。目标层中，影响黑龙江省农村产业融合发展的主要障碍因素是农村产业融合发展行为，2013—2017年平均障碍度高达53.32%。其次是农村产业融合发展经济社会效应，五年平均值为41.50%。可持续性发展的障碍度最低，几乎对农村产业融合发展没有影响。准则层中的主要障碍因素是农业产业链延伸，其五年平均障碍度已经达到51.29%；再次是农村产业融合经济效应，五年平均值为33.19%。指标层中影响黑龙江省农村产业融合发展的主要障碍因子是农产品加工业和农林牧渔服务业，在20个产业融合评价指标中，其单个指标五年平均障碍度分别为43.12%和16.10%，成为影响黑龙江省农村产业融合发展的主要障碍因素。

6 黑龙江省农村一二三产业融合的困境、矛盾与路径分析

本章结合黑龙江省农村一二三产业融合发展水平评价和障碍因素分析，充分把握黑龙江省作为全国第一农业大省的农村产业融合发展定位，明确黑龙江省农村一二三产业融合发展的原则、指导思想和目标，并在厘清基本矛盾和困境的基础上，完成黑龙江省农村一二三产业融合发展的路径锁定。

6.1 黑龙江省农村一二三产业融合发展的思路、原则与目标

6.1.1 黑龙江省农村一二三产业融合发展的思路

依托黑龙江省粮食主产区农业资源环境优势，按照可持续发展理念，以科技为支撑，坚持合理布局、绿色有机和开放共享的原则，主动适应经济发展新常态。加大技术、制度和营销模式的创新力度，延长农产品加工全产业链，提升农产品产业价值链；坚持以市场需求为主导，聚焦

农产品精深加工，完善农业产业链利益联结机制；依据不同地区地理区位、气候、土壤、水资源等优势，集聚发展农产品特色产业带，打造全产业链开发的农产品精深加工产业集群，推动粮食等主要农产品生产、储藏、初加工、精深加工、综合利用、销售、餐饮、休闲旅游等一体化融合发展；构建产业链条完整、功能多样、业态丰富、利益联结紧密、产城融合更加协调的新格局。按照重点突出、逐步推进、稳步发展的原则，分地区、分阶段、分层次地逐步构建农业与二三产业交叉融合的现代产业体系，推进农村一二三产业融合发展。使黑龙江省农产品加工率由低到高，农产品质量由差到好，农村二三产业优势由小变大，形成农业转型发展的新亮点和文旅融合的新载体，提高黑龙江省农村一二三产业的市场竞争力，使黑龙江省农村三产融合水平逐步向高级阶段过渡。

6.1.2 黑龙江省农村一二三产业融合发展的原则

黑龙江省是我国农业第一大省，推进农村一二三产业融合发展关系到国家粮食安全，关系到乡村振兴战略的推进，关系到全面建成小康社会的进程以及农业可持续发展战略的成败。因此，全面推进黑龙江省农村三产融合发展具有深远的意义。黑龙江省农村一二三产业融合发展必须坚持以下原则：

（1）确保国家粮食安全原则

自2020年初暴发全球性新冠肺炎疫情以来，各国纷纷禁止粮食出口，粮食安全问题凸显。目前我国粮食安全隐患主要表现在：一是工业化和城镇化发展加剧了耕地保护红线危机并使农业生产劳动力减少，迫切需要提高农业的综合生产能力；二是粮食结构性需求增长矛盾突出，每年增加的人口对粮食数量不断产生刚性需求，粮食消费从数量需求不断向质量需求转变，与此同时饲料用粮、工业用粮和生物燃料用粮都在持续增长，必须破解粮食结构性需求增长问题；三是粮食价格对促进农民增收作用有限，我国深化农村改革后，国家取消了农业税，同时给予农业生产补贴，农民收入持续增长，但是随着农业生产成本的提高以及受国际农产品价格影响，农民增收问题并没有从根本上改变，如何提高农民收入一直是国家高度关注的问题。

因此，确保粮食安全为黑龙江省农村三产融合发展的基本原则。通过科学构建现代农业产业体系，创造农业发展高效模式和新业态，提高农业综合生产能力，分流农业生产劳动力，开辟农业领域新产业链，促进粮食生产规模化和集约化，从整体上提升农业综合效益，增加农民收入，确保国家粮食安全，是促进三产融合良性协调发展的有效途径。

（2）差异化原则

黑龙江省地域辽阔，横跨中温带和寒温带，一部分属于湿润地区，一部分属于半干半湿过渡带，土地资源条件不均衡；人均水资源量只有全国的1/5，水资源量时空分布与国土资源不匹配；农村人力资源整体素质不齐，与现代农业发展要求差距较大。黑龙江省各个地区的农业资源禀赋、农业经济条件、农业生态环境差异较为明显。上述主客观条件导致全省各地区农村三产融合发展所面临的基础条件各不相同，应采取差异化产业融合发展原则，因地制宜采取不同类型、各具特色的农村三产融合发展模式。

一是促进农业产业内部有机融合，促进种植业养殖业结合、农业和畜牧业结合、农业和林业有机结合，发展高效、有机、循环型农业增长模式，提高农业资源循环利用率。二是促进农业产业链延伸，促进种植业、养殖业、加工业、农产品营销和农业产业服务一体化融合发展，提高农业产业链价值，实现农业提质增效。三是拓展农业多功能性，推动农业与文化、康养、旅游、教育融合发展，实现农业产业横向融合发展。四是实现农业与高新技术的融合，利用大数据、物联网、区块链等新一代信息技术，结合现代生物技术，推动农业体系升级换代，培育农业发展的新模式和新业态。五是促进复合型融合模式发展，在自然资源、科技基础、文化水平等资源禀赋较好的地区，优先发展现代农业融合产业园区和产业化集群，建立农业生态高效、产业链纵向延伸和横向拓展的现代农业产业体系。

（3）市场导向原则

黑龙江省是新中国成立后最早实行计划经济的省份，也是改革开放后最晚退出计划经济的省份，因此坚持市场导向原则在推进农村三产融合发展的过程中显得尤为重要。必须确立市场配置资源的决定性地位，树立市场化经营理念，培育出适应新时代市场经济的农村三产融合新型经营主体，把现代农业发展理念、经营理念、组织方式汇入农村三产融合发展体系中，使其成为促进三产融合发展的新动力。

一是利用在农业产业化过程中崛起的“龙头企业”的市场、资本、技术、管理等优势，促进当地农业资源整合以及农产品市场的开拓，完善农业全产业链条体系，提高龙头企业的竞争能力，带动区域农村三产融合发展。二是培育农村产业融合新型主体，鼓励家庭农场、农民专业合作社、农业社会化服务组织等积极参与到农产品生产、销售、服务的过程中去，促进农村产业融合经营主体的多元化。三是发挥农村信用社、邮储系统、供销合作社系统点多面广，根植于广大农村地域的先天优势，打造全面支持农村产业融合新型经营主体的综合服务体系。

（4）收益共享原则

农村三产融合发展的目的之一就是要解决农民所面临的农业生产资料成本过高以及农产品价格过低的矛盾，因此让农民分享更多的产业链增值效益是非常必要的。一是构建农民与产业融合间的利益联结机制，提高农民专业化和组织化程度，使其更好地获取农村产业融合的收益。二是使农民与新型农业经营主体互利共赢，因地制宜地建立股份合作、订单农业、保底分红、利润分成等多种利益分享机制，确保农民合理分享农村三产融合增值收益。三是完善收益分配机制和风险化解机制，增强契约精神、明晰责任风险，在保障农业经营主体合法收益的基础上使农民利益最大化，以调动各方面积极性，确保农村三产融合持续、稳定地发展。

（5）要素集聚原则

农村资源要素的净流出问题是制约农村三产融合发展的主要因素之一。因此，如何使耕地、资本、技术、人才、市场等要素在农村地区优化组合并集约配置，是推进农村产业融合发展，激发农村产业融合活力的关键步骤。一是要增加人才、技术等资源要素在农村地区的供给，引进农村产业融合的专业技术人员，培养新型高素质农民，建立农村地区智库资源以促进人才在三产融合中的集聚。二是要鼓励农村信用社、银行等金融机构推出农村三产融合的金融产品和服务，支持社会资本积极投资产业融合发展项目，以解决农村产业融合发展融资渠道不畅、融资成本较高等问题，促进资金在农村产业融合上的集聚。三是要为提高农村三产融合土地要素提供保障，扩大农村产业融合发展建设用地规模，通过土地整理、整合闲置宅基地等提高农村土地利用效率，使农业产业带、特色小镇、田园农庄等三产融合的载体拥有发展空间，以支撑产业融合新业态、新模式的发展。

6.1.3 黑龙江省农村一二三产业融合发展的目标

黑龙江省农村一二三产业融合发展程度直接关系到全省农民精准脱贫、农业现代化发展水平和乡村振兴战略实施。根据《全国农产品加工业与农村一二三产业融合发展规划（2016—2020年）》《全国农业现代化规划（2016—2020年）》《“十三五”农业农村信息化发展规划》《国家中长期科学和技术发展规划纲要（2006—2020年）》等规划指标，结合黑龙江省一二三产业融合发展水平现状和评价结果，分析与全国农村产业融合发展的差距，设定黑龙江省农村三产融合的发展目标。

（1）黑龙江省农村一二三产业融合发展总体目标

黑龙江省农村一二三产业融合发展总体目标为：“十三五”期末农村产业融合发展综合指数达到70，进入成长阶段中期，其中农村产业融合发展行为进入成长阶段后期、农村产业融合发展经济社会效应进入基本实现阶段前期、农村产业融合发展可持续性进入基本实现阶段后期；“十四五”前期农村产业融合发展综合指数达到75，进入成长阶段后期。

（2）黑龙江省农村一二三产业融合发展准则层目标

农业产业链延伸准则层目标：“十三五”期末综合发展指数达到60，初步迈入成长阶段。具体指标方面，规模以上农产品加工业主营业务年均增长值为5%，主要农产品加工转化率实现60%，农产品加工总产值与农业总产值之比为1.2∶1。“十四五”前期农业产业链延伸综合发展指数达到65，进入成长阶段中期。

农业多功能性拓展准则层目标：“十三五”期末综合发展指数达到

95，进入基本实现阶段后期。具体指标方面，农林牧渔服务业产值年均增长15%，休闲农业收入年均增长25%，农村互联网普及率90%。“十四五”前期农业多功能性拓展准则层综合发展指数达到98，进入基本实现阶段后期。

农村产业融合经济效应准则层目标：“十三五”期末综合发展指数达到70，进入成长阶段中期。具体指标方面，第一产业增加值占地区生产总值比重减少到10%，农林牧渔服务业增加值/农林牧渔业增加值达到4%，农民人均可支配收入年均增长8%。“十四五”前期农村产业融合经济效应准则层综合发展指数达到75，进入成长阶段中期。

农村产业融合社会效应准则层目标：“十三五”期末综合发展指数达到95，进入基本实现阶段后期。具体指标方面，农业产业化经营带动农户程度达到80%，乡村非农就业比例为50%，农业劳动生产率年均增长15%，城乡居民收入比为2∶1。“十四五”前期农村产业融合社会效应准则层综合发展指数达到98，进入基本实现阶段后期。

科技金融贡献程度准则层目标：“十三五”期末综合发展指数达到98，进入基本实现阶段后期。具体指标方面，单位农林牧渔业增加值信贷投入达到2.0，农业保险深度达到1.5%，农业科技进步贡献率达到70%。“十四五”前期科技金融贡献程度准则层综合发展指数达到98，进入基本实现阶段后期。

农业生产资料利用程度准则层目标：“十三五”期末综合发展指数达到98，进入基本实现阶段后期。具体指标方面，农田灌溉水有效利用系数0.6，主要农作物化肥利用率40%，主要农作物农药利用率40%。“十四五”前期农业生产资料利用程度准则层综合发展指数达到98，进入基本实现阶段后期。

6.2 黑龙江省农村一二三产业融合发展面临的困境

6.2.1 区域农业资源禀赋优势利用不足

各地区气候、土壤、水资源、生态环境的差异，决定了其农业资源优势的差异，只有充分利用区域农业特色资源，才能打造农村优势产业。本节利用区域资源优势分析模型，定量分析研究黑龙江省各地区是否较好地发挥出了其特有的资源优势，认为只有依托各地特色优势开展产业集聚，才能推进各地区农村一二三产业融合较快发展。

（1）区域资源优势利用分析模型

采用区域经济学的位移分析法研究黑龙江省农业资源优势利用问题，并选取2008年为基期，2017年为报告期，模型如下：

农业产值：

$$APV_j = \sum_i APV_{ij} \tag{6-1}$$

$$APV_i = \sum_j APV_{ij} \tag{6-2}$$

$$APV_j = \sum_i \sum_j APV_{ij} \tag{6-3}$$

各市农林牧渔业产值份额为：

$$S_{ij} = APV_{ij}/APV_j \tag{6-4}$$

各市农林牧渔业产值总位移：

$$Sa = APV_{jt} - (\frac{APV_t}{APV_0}) \times APV_{j0} \tag{6-5}$$

各市农林牧渔业产值差异位移：

$$Sd = \sum_i [APV_{ijt} - (\frac{APV_{it}}{APV_{i0}}) \times APV_{ij0}] \tag{6-6}$$

各市农林牧渔业产值均衡位移：

$$Sp = \sum_i [(\frac{APV_{it}}{APV_{i0}}) - (\frac{APV_t}{APV_0})] \times APV_{ij0} \tag{6-7}$$

式中2008年用0表示，2017年用t表示；j代表黑龙江省各市；i表示第一产业内部的各行业，即农业、林业、牧业以及渔业；APV表示农业产值。

（2）区域资源利用经济学分析

根据2008—2017年黑龙江省农业统计资料，计算出黑龙江省各地区在10年期间农、林、牧、渔业四类产业结构的总位移、差异位移和均衡位移，结果见表6-1。根据总位移、差异位移和均衡位移数值情况可以判断黑龙江省各地区产值增长速率与全省平均水平的差距，并分析出各地区是否发挥出自身的自然资源优势。依据定量分析的结果，可以更好地进行黑龙江省各地区的产业结构调整，使特色产业在空间上不断集聚，形成地区特色的优势产业，从而更好地完成农业产业链的延长与拓展。

表6-1　2008—2017年黑龙江省各市农业生产结构Sa、Sd、Sp排序

地区	总位移(Sa)	地区	差异位移(Sd)	地区	均衡位移(Sp)
绥化	1 671 829.77	绥化	5 187 979.52	鹤岗	−289 696.51
大庆	761 246.55	农垦总局	5 082 729.04	七台河	−297 040.90
黑河	671 823.22	哈尔滨	4 533 267.65	大兴安岭	−325 568.39
佳木斯	568 875.25	佳木斯	2 611 730.33	伊春	−821 248.99
牡丹江	144 458.66	齐齐哈尔	2 366 674.72	双鸭山	−892 716.51
大兴安岭	797.41	大庆	2 143 770.07	鸡西	−975 082.21
鹤岗	−57 042.98	黑河	2 012 505.46	黑河	−1 340 682.23
鸡西	−81 556.39	牡丹江	1 879 150.37	大庆	−1 382 523.52
伊春	−87 266.32	鸡西	893 525.81	牡丹江	−1 734 691.71
七台河	−108 100.59	伊春	733 982.67	佳木斯	−2 042 855.09
双鸭山	−514 139.42	双鸭山	378 577.09	齐齐哈尔	−3 471 478.16
农垦总局	−519 340.53	大兴安岭	326 365.79	绥化	−3 516 149.75
齐齐哈尔	−1 104 803.44	鹤岗	232 653.53	农垦总局	−5 602 069.57
哈尔滨	−1 346 781.18	七台河	188 940.32	哈尔滨	−5 880 048.83

资料来源：2009—2018黑龙江统计年鉴。

根据总位移（Sa）可看出，2008—2017年绥化、大庆、黑河、佳木斯、牡丹江和大兴安岭6个地区的总位移为正，表明这些地区的农业总产值增长速度比全省平均水平要快。鸡西、鹤岗、七台河、伊春、双鸭山、哈尔滨、齐齐哈尔、农垦总局8个地区的总位移为负，表明这些地区的农业总产值增长速度要慢于全省平均水平。

通过差异位移（Sd）可看出，2008—2017年差异位移数值较大的绥化、佳木斯、大庆、黑河和牡丹江，其总位移数值也较大，说明绥

化、佳木斯、大庆、黑河和牡丹江的农业总产值增长速度快于全省平均水平，主要原因是这些地区充分发挥了本地的农业资源比较优势；而差异位移数值较小的鸡西、伊春、双鸭山、大兴安岭、鹤岗和七台河，其总位移数值也较小，说明鸡西、伊春、双鸭山、大兴安岭、鹤岗和七台河的农业总产值增长速度慢于全省平均增长水平，主要原因是这些地区没有充分发挥或者利用当地的农业资源比较优势。

均衡位移（Sp）显示出，2008—2017年鹤岗、七台河、伊春、双鸭山和鸡西的均衡位移数值较高，但是总位移数值较低，表明在这些地区，产业发展速度与地区发展速度成正比。但是由于这些地区未能抓住机遇改善或发挥当地的比较优势产业，导致农业总产值增长缓慢。2008—2017年黑河、大庆、牡丹江、佳木斯和绥化均衡位移值较低，而总位移数值偏高，表明在全省发展较快的产业在这些地区发展却较为缓慢，但由于这些地区较好地利用了当地的农业资源比较优势，改善了农业生产条件，农业总产值增长还是稳步增长。2008—2017年哈尔滨、齐齐哈尔、农垦总局的均衡位移数值与总位移数值均处于较低水平，表明在全省范围内发展较快的产业在这些地区发展缓慢，同时这些地区也没能充分发挥当地的农业产业比较优势，导致农业总产值增长较慢。

（3）区域资源利用困境综合分析

根据总位移、差异位移和均衡位移数值的正负情况，黑龙江省十四个地区可以划分为两组，见表6-2。

表6-2 **总位移、差异位移、均衡位移分组**

分组	Sa	Sd	Sp	分组地区名称
第一组	+	+	-	绥化、佳木斯、大庆、牡丹江、黑河、大兴安岭
第二组	-	+	-	鸡西、鹤岗、七台河、伊春、双鸭山、哈尔滨、齐齐哈尔、农垦总局

第一组的绥化、佳木斯、大庆、牡丹江、黑河和大兴安岭总位移、差异位移为正，但均衡位移为负，表明这些地区在2008—2017年10年期间农业产业结构具备如下特点：农业总产值增长速度明显快于全省平

均水平，且农业总产值增长速度较快主要取决于充分发挥了本地农业产业的比较优势；但是，在全省范围内发展较快的产业在这些地区发展却较为缓慢。今后这些地区应该继续以充分挖掘本地比较资源优势为主线，同时把在全省发展较快的优势产业转化为具有当地特色的优势产业，促进农村一二三产业融合发展。

第二组的鸡西、鹤岗、七台河、伊春、双鸭山、哈尔滨、齐齐哈尔和农垦总局的总位移为负、差异位移为正，均衡位移为负。表明这些地区在2008—2017年10年期间农业产业结构具备如下特点：农业总产值增长速度明显慢于全省平均水平；农业总产值增长主要取决于发挥了本地农业比较优势的产业；在全省发展较快的产业在这些地区发展较慢。这些区域的农业产业结构应该大规模优化和调整，契合农村一二三产业融合发展需求，在继续深挖当地比较优势产业的同时大力发展全省发展较快的产业。

通过位移分析可以看出，黑龙江省区域农业资源禀赋开发利用不均衡，未能实现科学合理地集中布局农村特色优势产业，严重制约了农村一二三产业融合发展。

6.2.2 农产品加工与农业产业规模不匹配

黑龙江省粮食产量连续多年位居全国第一，且农民收入水平和农业经济增长均超过全国平均水平，但是农产品加工产业却发展非常缓慢，在全国主要粮食生产省份中排名倒数第二位。上一章中通过定量分析得出农产品加工是制约黑龙江省农村产业融合的主要因素之一，其障碍度居高不下，成为产业融合的主要瓶颈因素，而这与实际情况也是相符合的。

（1）黑龙江省农业产业规模可观

2005—2017年，黑龙江省地区生产总值由5 542.8亿元增加到15 902.7亿元，增长1.87倍，年平均增长率为15.58%。人均地区生产总值由14 516元增长到41 916元，增长1.89倍，年均增长15.73%。农民人均收入由3 221元增长到12 665元，增长2.93倍，年均增长24.43%，超过地区生产总值和人均地区生产总值的平均增长率（如图6-1所示）。

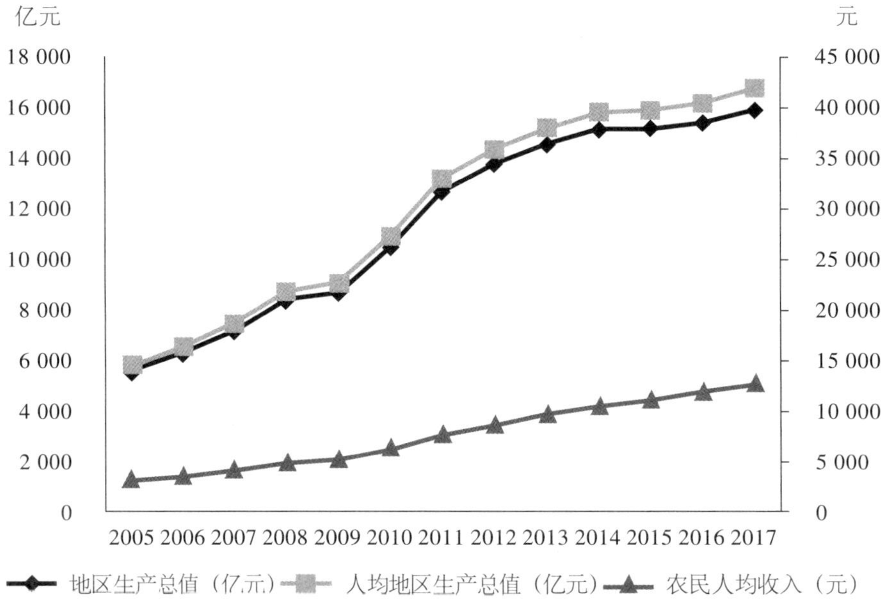

图6-1 2005—2017年黑龙江省地区生产总值、人均地区生产总值和农民收入增长趋势

资料来源：2006—2018黑龙江统计年鉴。

2005—2017年，黑龙江省农业总产值增长速度居全国前列。中国农业总产值增长2.77倍，黑龙江省农业总产值增长4.32倍，增速为中国农业总产值的1.56倍。农业总产值年均增长率方面，黑龙江省为27.63%，是中国农业总产值增长率（14.76%）的1.87倍（如图6-2所示）。

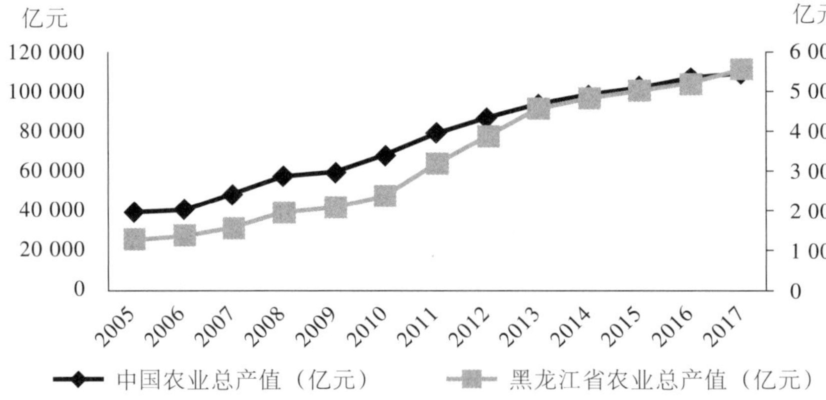

图6-2 2005—2017年中国及黑龙江省农业总产值

资料来源：2006—2018黑龙江统计年鉴、中国统计年鉴。

2005—2017年的13年间，中国粮食产量增长了1.37倍，黑龙江粮食产量增长了2.06倍，粮食增长率是全国的1.5倍（如图6-3所示）。我国粮食年平均增长率为3.1%，黑龙江省为8.8%，是全国的2.84倍。2005年黑龙江省粮食产量占全国的7.4%，2019年增长到11.3%，连续10年居全国粮食产量第一位。

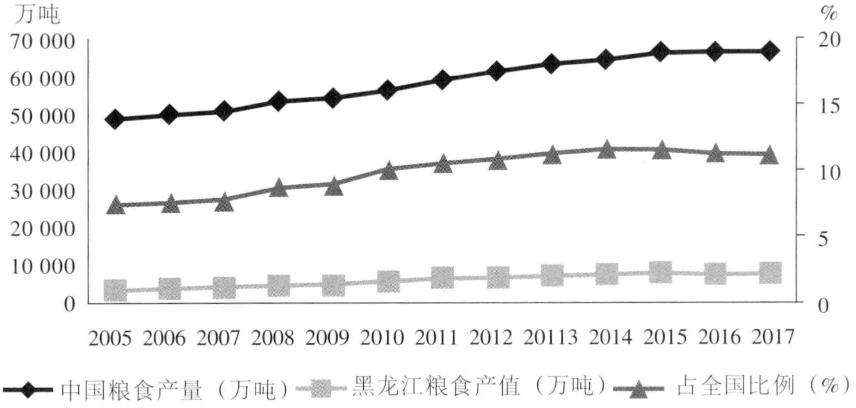

图6-3　2005—2017年黑龙江省和全国粮食产量

资料来源：2006—2018黑龙江统计年鉴、中国统计年鉴。

总而言之，黑龙江省农业总产值增长速度明显快于全国平均水平，黑龙江省农民年收入增长速度超过了地区生产总值和人均GDP的增长速度。可见，黑龙江作为我国最重要的粮食主产区，其农业产业规模十分可观，这对保障国家粮食安全具有重要意义。

（2）黑龙江省农产品加工产业严重阻碍产业融合发展

虽然黑龙江省农业产业规模可观，农民人均收入、农业总产值增长速度超过全国平均水平，粮食产量连续10年位居全国第一，但与黑龙江省农业经济和产业规模增长速度不相称的方面有以下几点：第一，农产品加工远远落后于全国平均水平。2017年，在全国13个粮食主产省份中，黑龙江省农产品加工企业主营业务收入排名第12位，仅为河南省的4.5%，山东省的2.2%；全国主要农产品加工率平均为65%，黑龙江省仅为33%，低于全国32个百分点。第二，黑龙江省的农产品加工率严重阻碍了一二三产业融合的发展进程。农产品加工总产值与农业总产值比值对农村产业融合的障碍度五年的平均值达到了43.12%，2017年更是高达

49.57%，是制约黑龙江省农村产业融合的主要障碍因素。只有破除农产品加工的障碍困境，黑龙江省农村产业融合发展才能进入新阶段。

6.2.3 农业经济增长与可持续发展不协调

农村一二三产业融合发展的本质特征是依托特色的农业生产活动、绿色有机的高品质农产品、优良的农村生态环境和农村资源形成利益共同体，突出农民对二三产业的参与和利益分享。农村产业融合发展的根基在农业，农业产业链延伸和农业多功能拓展都是在农村产业经济和生态环境可持续发展的基础上实现的，农业经济发展的不可持续性将直接导致农村三产融合发展的不可持续性。农村一二三产业融合以特色农业生产为基础，只有农业发展可持续，才能不断延长产业链条，完成三产的交叉融合。

（1）农业经济增长与可持续发展关系

长期以来，我国农业经济增长主要依靠的是化肥、农药、农膜等农业化学生产资料的使用。随着粮食产量提高，农业化学生产资料投入逐年增加，规模不断扩大（如图6-4所示）。农业化学生产资料利用率低，导致农业面源污染问题日益突出，已成为社会和公众关注的热点问题，严重阻碍了农业的可持续发展。

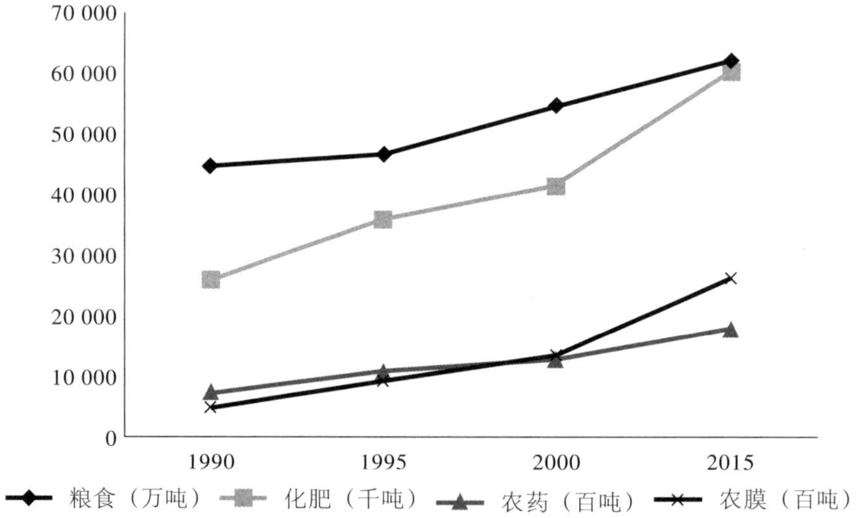

图6-4 中国粮食产量与农业化学生产资料关系

资料来源：国家统计局农村社会经济调查司。

在经济增长与可持续发展相互关系方面，Grossman和Krueger（1995）引入了环境库兹涅茨曲线（EKC）假说，证明污染物与经济增长之间存在倒U形关系。环境库兹涅茨曲线假说认为随着资本收入的增加，环境损害在经济发展的初始阶段增加到最大点，并最终随着收入水平的增加而下降。该假设由一个倒U形图表示，该图描述了环境退化程度与经济增长之间的关系。自20世纪70年代以来，美国农业部门环境风险的实证证据验证了收益递增与农业污染关系的存在。Shunsuke（2005）等学者使用改进的经验生产率测量方法估算了农药污染治理的生产率，并明确控制了技术水平，结果表明在EKC框架中加入环境生产力变量的重要性。中国化肥面源污染物的排放一直呈上升趋势。Mao等（2015）估算了宁夏灌区的磷、氮流失量，检验了农业面源污染与农民人均收入之间的关系，结果也支持EKC假说。从农业面源污染与人均农业产值的EKC拟合曲线检验可以看出，农用地膜利用密度与人均农业产值之间存在显著的倒U形关系。

我国农业经济增长依赖于化肥、农药和农膜的持续投入，多数省份农业经济增长伴随着农业资源环境污染的增加，处在环境库兹涅茨曲线增长阶段，农业资源环境污染已经成为影响农业可持续发展的重要因素，阻碍了农村产业融合发展。

（2）农业经济增长与资源环境关系分析模型

根据环境库兹涅茨曲线理论，农民收入与环境面源污染模型如下：

$$Y = \beta_0 + \beta_1 X + \beta_2 X^2 + \beta_3 X^3 + \varepsilon$$

式中Y是农业面源污染指标，X是农民人均年收入，β_0是常数，β_1，β_2和β_3是估算系数，ε是误差项。

本研究选取农民人均年收入作为反映黑龙江省农业经济增长的指标，选择化肥、农药和农膜的消费量作为黑龙江省农业资源污染水平的反映指标。采用2005—2017年黑龙江省农民收入和化肥、农药、农膜消耗量数据进行环境库兹涅茨曲线分析（见表6-3），所有数据使用SPSS20进行处理分析。

表6-3　**2005—2017年黑龙江省农民收入与化肥、农药、农膜使用量**

年	化肥用量（万吨）	农药用量（万吨）	农膜用量（万吨）	农民人均收入（元）
2005	121.6	2.9	5.3	3 221
2006	150.9	4.8	5.7	3 552
2007	175.2	6.0	6.4	4 132
2008	180.7	6.2	6.6	4 856
2009	198.9	6.7	6.5	5 207
2010	214.9	7.4	6.9	6 211
2011	228.4	7.8	7.6	7 591
2012	240.3	8.1	8.5	8 604
2013	245.0	8.4	8.5	9 634
2014	251.9	8.7	8.4	10 453
2015	255.3	8.3	8.3	11 095
2016	252.8	8.3	8.3	11 832
2017	251.2	8.3	7.9	12 665

资料来源：2006—2018黑龙江统计年鉴。

利用SPSS软件，以线性、二次、三次模型拟合农民收入（水平轴）和农业生产方式（垂直轴）。结果表明，三次模型能较好地反映化肥、农药消费与农民收入的关系，二次模型能较好地反映农用薄膜消费与农民人均收入的拟合关系。为此，采用二次和三次回归曲线模型拟合了农民收入与农业环境质量的关系（见表6-4）。

表6-4　**回归模型分析结果**

农业污染指标（Y）	模型特征值					回归方程
	R	F	df1	df2	Sig.	
化肥数量	0.962	76.278	3	9	0.026	Y=（1.728e−10）X+（−5.360e−06）X+ 0.054 5X−9.889
农药数量	0.891	24.643	3	9	0.036	Y=（1.245e−11）X+（−3.630e−07）X+ 0.003X−4.357
农膜数量	0.792	19.023	2	10	0.003	Y=（−2.956e−08）X+0.001X+3.250

从黑龙江省农民收入与农业生产资料消费的回归模型可以看出，收入与化肥、农药、农膜消费的回归系数（R）均在0.7以上，反映出农民人均年收入与农业污染指数拟合效果较好。

（3）黑龙江省农业经济增长与资源环境关系分析

随着我国粮食需求的增长，化肥的使用量也逐年增加。从图6-5可以看出，黑龙江省化肥使用量与农业经济增长拟合曲线大致呈N形，拐点处农民人均收入为9 634元。拐点前，随着收入的增加，施肥强度增加。当拐点接近时，增长速度明显下降。拐点超过12 665元后，施肥强度明显加大，粮食产量的提高仍需依赖于化肥的持续投入。

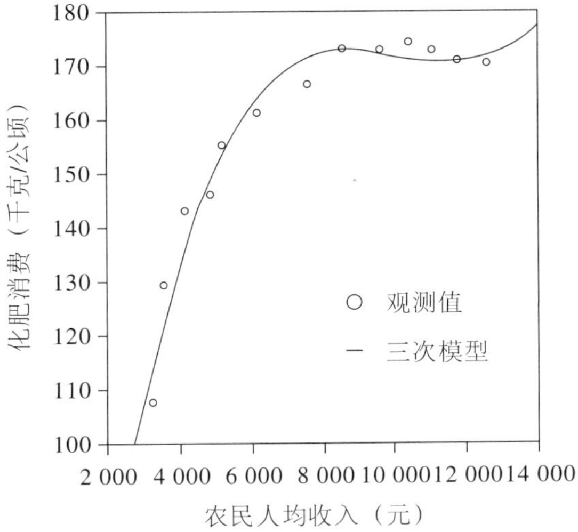

图6-5　黑龙江省2005—2017年化肥消费与农民人均收入拟合曲线

从农药与农民收入曲线拟合结果来看，呈现N形曲线（如图6-6所示），拐点为农民人均收入7 591元。拐点前，农药施用强度随农业经济增长而增加，拐点附近农药使用增长率明显下降，超过11 832元后农药施用强度明显增加，农业经济增长与农药施用量仍呈现正相关关系。黑龙江省每年约制造2.32亿个农药废包装（瓶、袋、桶），这些包装总重量约7 000吨，包装内残留农药约180吨。黑龙江省农药污染的主要原因是农民环保意识和农药安全使用意识淡薄，农药领域缺乏有效的回收方法和无害化处理技术，且农药使用缺乏有效的监督机制。

根据农膜与农民收入的拟合曲线结果，该曲线为典型的倒U形曲

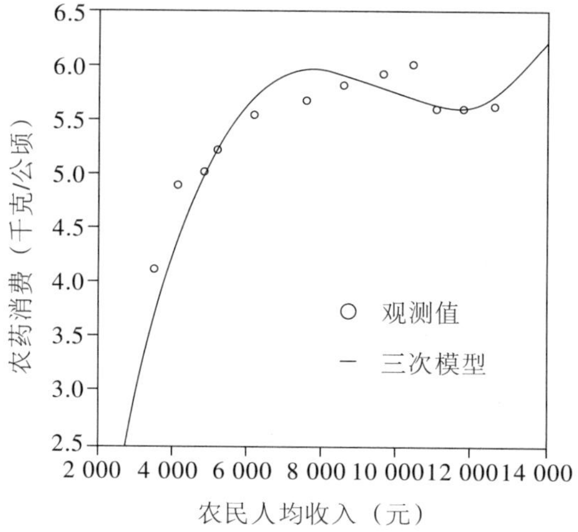

图6-6 黑龙江省2005—2017年农药消费与农民人均收入拟合曲线

线。环境库兹涅茨曲线的转折点出现在农民人均收入9 634元。在转折点前，随着农业经济的增长，农用地膜的施用强度逐渐增加，接近转折点时则缓慢增加。超过9 634元后，农用地膜施用强度急剧下降，农业经济增长与农药施用量已经呈现负相关关系。从图6-7可以看出，2012年以前农膜消费呈增长趋势，年均增长率约为20.29%；2012年以后，农膜消费开始逐步下降，2017年比2012年下降约12.23%。

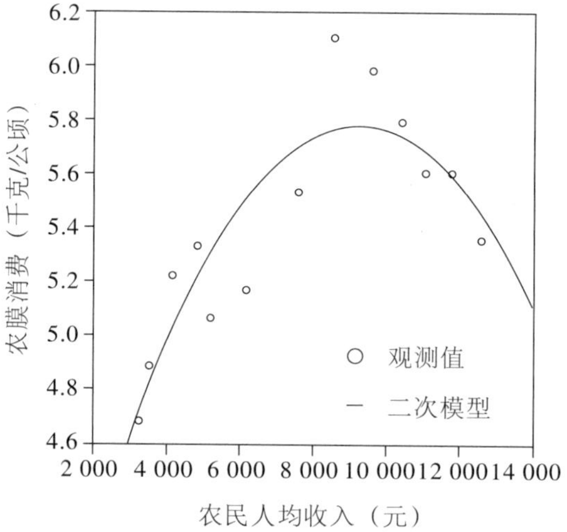

图6-7 黑龙江省2005—2017年农膜消费与农民人均收入拟合曲线

从分析结果可以看出，目前黑龙江省的农业经济增长还依赖于化肥和农药的持续投入，势必对农业资源环境造成一定影响，也制约了农村一二三产业融合进一步发展。处理好农业经济增长与农业资源环境的问题，在推进三产融合发展过程中及时纠正脱离特色农村资源的倾向，才能保证农村一二三产业融合实现可持续发展。

6.2.4 农村产业融合发展进程滞后

农村产业融合是农业与其他部门产业或农业内部各行业之间相互渗透、相互交叉的现象，在农业与其他产业和行业融合过程中，不同门类产业和行业的特征决定了其与农业的融合方式。农村三产融合发展是第一产业、第二产业和第三产业在农村、乡镇和县城地域的空间集聚，形成集群化、网格化的发展格局。农村产业融合程度反映了区域内农村一二三产业融合发展水平。第一产业增加值所占总产值比重直接反映了一个国家或地区农村产业融合程度。农村产业高度融合的特征是一产增加值比重小于2%。2014年发达国家农村产业融合分为两个梯队，第一梯队一产增加值比重为0~1%，代表性的有德国、比利时、瑞士、英国和新加坡（0.03%~0.75%）；第二梯队一产增加值比重为1%~2%，代表性国家有美国、加拿大、法国、日本和荷兰（1.21%~1.99%），见表6-5。

表6-5 **2014年主要发达国家第一产业增加值占GDP比重**

主要发达国家	一产增加值占GDP比重（%）	人均GDP（美元）	GDP（亿美元）
新加坡	0.03	56 287	3 078.72
英国	0.61	45 603	29 418.86
瑞士	0.71	86 542	7 082.41
比利时	0.74	47 517	5 333.83
德国	0.75	47 627	38 525.56
日本	1.21	36 194	46 014.61
美国	1.45	54 629	174 190.00
加拿大	1.52	50 271	17 866.55
法国	1.68	42 736	28 291.92
荷兰	1.99	51 590	8 695.08

资料来源：汪新．从第三产业占比，看中国城市距离发达国家水平．[EB/OL]．[2019-12-12].http://www.qlxjy.com/cy/3980.html.

2007年中国一产增加值占总产值比重接近或达到发达国家水平的地区只有天津、北京和上海，农村产业融合程度为“好”；达到全国平均水平的有山西、辽宁、江苏、浙江、福建、山东、广东和青海等八省，农村产业融合程度为“一般”。2018年达到发达国家水平的地区不变，达到全国平均水平的地区则在2007年的基础上增加了内蒙古和宁夏，变为10个省份（见表6-6）。

我国农村产业融合发展总体上仍处于较低水平，从2007—2016年，经过10年发展，农村产业融合程度达到发达国家水平的只有天津、北京和上海，其他省份农村产业融合程度仍处于一般水平。黑龙江省第一产业增加值占地区总产值的比重由2007年的12.96%上升到2018年的18.34%，上升了41.5%，同期全国平均水平下降了31.7%。可见，黑龙江省的产业融合程度一直处于较差的状态，10年间的融合度不升反降，在全国31个省区市排名由2007年的第17名下降到2018年的第30名，农村产业融合进程缓慢，直接导致农村一二三产业融合发展受阻。

表6-6 2007年和2018年一产增加值占相应总产值比重

地区	2007年			2018年		
	总产值（亿元）	一产增加值（亿元）	比重（%）	总产值（亿元）	一产增加值（亿元）	比重（%）
全国	275 624	28 563.63	10.36	914 707.46	64 734.17	7.08
北京	9 353.32	101.26	1.08	30 319.98	118.69	0.39
天津	5 050.4	110.19	2.18	18 809.64	172.71	0.92
河北	13 709.5	1 804.72	13.16	36 010.27	3 338	9.27
山西	5 733.35	269.68	4.7	16 818.11	740.64	4.4
内蒙古	6 091.12	762.1	12.51	17 289.22	1 753.82	10.14
辽宁	11 023.4	1 133.4	10.28	25 315.35	2 033.3	8.03
吉林	5 284.69	783.8	14.83	15 074.62	1 160.75	7.7
黑龙江	7 065	915.38	12.96	16 361.62	3 000.96	18.34
上海	12 188.8	101.84	0.84	32 679.87	104.37	0.32

续表

地区	2007年			2018年		
	总产值（亿元）	一产增加值（亿元）	比重（%）	总产值（亿元）	一产增加值（亿元）	比重（%）
江苏	25 741.1	1 816.24	7.06	92 595.4	4 141.72	4.47
浙江	18 780.4	986.02	5.25	56 197.15	1 967.01	3.5
安徽	7 364.18	1 200.18	16.3	30 006.82	2 638.01	8.79
福建	9 249.13	1 002.11	10.83	35 804.04	2 379.82	6.65
江西	5 500.25	905.77	16.47	21 984.78	1 877.33	8.54
山东	25 965.9	2 509.14	9.66	76 469.67	4 950.52	6.47
河南	15 012.4	2 217.66	14.77	48 055.86	4 289.38	8.93
湖北	9 230.68	1 378	14.93	39 366.55	3 547.51	9.01
湖南	9 200	1 626.52	17.68	36 425.78	3 083.59	8.47
广东	31 084.4	1 695.57	5.45	97 277.77	3 831.44	3.94
广西	5 955.65	1 241.35	20.84	20 352.51	3 019.37	14.84
海南	1 223.28	361.07	29.52	4 832.05	1 000.11	20.7
重庆	4 122.51	482.39	11.7	20 363.19	1 378.27	6.77
四川	10 505.3	2 032	19.34	40 678.13	4 426.66	10.88
贵州	2 741.9	446.38	16.28	14 806.45	2 159.54	14.59
云南	4 741.31	837.35	17.66	17 881.12	2 498.86	13.97
西藏	342.19	54.89	16.04	1 477.63	130.25	8.81
陕西	5 465.79	592.63	10.84	24 438.32	1 830.19	7.49
甘肃	2 702.4	385.97	14.28	8 246.07	921.3	11.17
青海	783.61	83.41	10.64	2 865.23	268.1	9.36
宁夏	889.2	97.89	11.01	3 705.18	279.85	7.55
新疆	3 523.16	628.72	17.85	12 199.08	1 692.09	13.87

资料来源：2008中国统计年鉴，2019中国统计年鉴。

6.3 黑龙江省农村一二三产业融合发展面临的矛盾

6.3.1 产业结构与农村产业融合之间的矛盾

黑龙江省农业产业结构不合理，区域比较优势发挥不足，产业集聚效应不明显，不利于农村一二三产业融合发展。粮食作物种植面积占比较大，没有充分发挥畜牧业和水产养殖业的比较优势。以玉米为例，粮食作物中以玉米种植规模最大，2017年全省粮食作物种植面积达到1 415.4万公顷，其中玉米达到586.3万公顷，占全部粮食作物的41.4%。畜牧、水产、特色种植业基地比较分散，没有基于资源优势形成特色产业区域。

（1）区域产业规模趋同，特色集聚优势不明显

黑龙江省14个市（地区、农垦总局）中，超过半数的地区都把水稻、玉米、大豆作为主要粮食作物，2018年全省水稻播种面积378万公顷，主要分布于哈尔滨、齐齐哈尔、鸡西、佳木斯、绥化和农垦总局；玉米播种面积625万公顷，主要分布于哈尔滨、齐齐哈尔、大庆、佳木斯、牡丹江、绥化、农垦总局；大豆347万公顷，主要分布于哈尔滨、齐齐哈尔、佳木斯、牡丹江、黑河、绥化、大兴安岭、农垦总局。各地市粮食作物集中于水稻、玉米和大豆，一方面不利于充分发挥区域农业资源优势，另一方面没有在全省范围内形成产业集聚效应，不利于农村产业融合发展。

（2）产品结构无法满足融合多元化需求

黑龙江省是我国粮食产量第一大省，产量连续多年居全国首位。2018年黑龙江省主要农产品产量达到7 682.1万吨，其中粮食产量占比高达87.8%，薯类、油菜籽、葵花子、白瓜子、亚麻、汉麻、甜菜、烟叶、蔬菜、食用菌和瓜果类等十几个品类仅占13.2%。粮食产量中又以玉米、水稻占绝对优势，两者占比88.8%，其中玉米占53%。全省农产品主要集中于玉米、水稻两大作物，产品结构单一，无法解决农村一二三产业融合发展的多元化需求。

（3）绿色有机食品规模不足，市场高品质化供给空缺

黑龙江省主要农产品播种面积和农产品产量虽具备一定规模，但是与市场多元化、高品质化的需求还有很大差距。2018年绿色食品播种面积仅占33.2%，有机食品播种面积仅占2.5%；绿色食品产量仅占全省主要农产品产量的31%，有机食品产量仅占2%。农产品加工专用原材料供应不足、农药兽药残留超标、高品质农产品规模不够，直接影响农产品加工产业的精深加工需求，无法填补市场多元化、差异化的高端消费空间。

6.3.2 土地利用模式与农村产业融合发展之间的矛盾

随着我国农业现代化进程不断加快，农村一二三产业融合发展持续推进，农业生产设施大量投入，农业生产规模不断扩大，农用地流转加速，农用地转用的矛盾也越来越突出，主要体现在：

（1）农用地转用指标供给不足阻碍产业融合发展

现有《土地利用现状分类》规定，农业设施用地是指在农业项目区域内直接用于农业生产的土地，仅包括直接用于育苗育种、工厂化栽培、畜禽养殖、水产养殖等直接生产经营的用地，以及农用生产资料、农产品、饲料、农业机械、农产品分拣包装、粮食晾晒、生物肥生产等附属用地，其他有关农村一二三产业融合发展的项目用地均划归为建设用地。现有土地政策规定：农用地转为工业用地和建设用地必须采用招标、拍卖和挂牌形式，通过完全公开的流程确定土地拍卖价格和土地建设项目使用权人，直接造成农村二三产业项目落地难、审批环节多、手续复杂、耗费时间长、交易成本增加，这些问题势必影响产业融合发展的进程。

（2）非农用地定义范围限制了二三产业拓展

三产融合项目落脚点是在农村区域。按现有非农用地范围界定，农村产业融合发展受限颇多。农村一二三产业融合发展主体是以二产、三产拉动一产发展，拉长产业链，但是二产农产品加工配套的仓储、冷藏、车间以及三产发展休闲农业和电商的土地整治、观光度假场所、酒庄、农庄、会议场所、民宿、餐饮、停车场地、展销场地、景点、物流配送场所、电商包装和仓库、经营场地、培训场地等都被划为建设用地

和工业用地。目前改变农用地性质时，程序非常烦琐复杂，审批周期长，收费环节多，很多农业经营主体望而却步。

（3）土地流转形式不稳定，短期行为突出

2007—2016年的10年间，黑龙江省农村土地流转比例逐年上升，由14.6%上升到50.3%，远高于全国同期的5.2%和35%的流转水平；在土地流转形式中，主要有转包、入股、出租、转让和互换，其中以转包为主，比例高达89.4%。目前土地流转形式的局限性主要表现在：一是流转手续缺乏规范化管理，有的还是私下口头交易，土地流转缺乏稳定性和长期性；二是多数是“村内流转、户间流转”，无法满足农村一二三产业融合发展高效益、持续稳定项目的需要；三是农民进行土地流转仅能获取转包租金收入，没有参与农村一二三产业融合价值链的利益分享过程，利益联结机制不紧密，存在土地流转违反契约的风险。

6.3.3 融资渠道与农村产业融合发展之间的矛盾

2019年1月1日，《农村土地承包法》（修正案）开始实施，新的法规设置了包括农村土地集体所有权、农民承包权和土地经营权的“三权分置”制度。同时规定“承包方可以用承包地的土地经营权向金融机构融资担保，受让方通过流转取得的土地经营权也可以向金融机构融资担保。实现担保物权时，担保物权人有权就土地经营权优先受偿”。目前一些省市已经开始农用土地抵押贷款试点工作，摸索出了一些经验，但是也暴露了一些问题：

（1）土地抵押登记手续不健全

土地抵押登记手续贷款需要土地承包经营权证，或者土地承包流转经营权证，但是一些地区农村土地登记确权工作才刚刚开始，处于起步阶段，抵押经营主体还没有取得权属证书，没有法律文书确认的权属关系，无法实现土地融资功能。

（2）土地登记抵押制度有待完善

在目前土地管理法律体系中，农村宅基地权、土地承包经营权、土地承包流转经营权、农村建设用地权的抵押融资行为一直受到严格限制，融资十分困难。在完成农用地抵押试点地区，由于没有配套的农村土地等级分类评估体系和农村财物评估中介机构，导致拟抵押的农村土地价值难以科学评定。农村土地抵押年限受制于土地承包剩余期限。土地抵押贷款期限太短，一般只有一年，不利于产业融合周期较长的项目发展。

（3）农村土地流转机制空白

通常抵押物的处理要按照担保法的相关规定处理，但是农村土地抵押流转机制尚没有健全，债权主体获取农村土地抵押权后，无法进行有效处置，直接造成农村产业融合主体在金融机构授信额度受限，获取的贷款比例很低（各地浮动范围在20%~30%之间），贷款周期很短，三产融合项目无法正常开展。

6.3.4 农村公共服务与农村产业融合发展之间的矛盾

改革开放以来，特别是随着城镇化战略的深入实施，国家公共财政对农业农村的投入比重相对较低，尤其是部分涉农财政项目投资相对比较分散，造成农村基础设施和公共服务发展相对滞后，增加了农村产业融合的成本和风险。

在公共服务硬件建设上，农村地区没有与城镇基础设施建设有效对接，对一二三产业融合发展配套支撑作用欠缺。农村在道路、供水、供电、供气等方面与城镇差距较大，农村产业融合经营主体需要另行投资建设变电设施、修整和拓宽项目建设所需道路、开挖供水管道；许多农村地区至今没有有效解决人畜饮水安全问题，新型农业经营主体被迫自建供水处理设施；一些地区农电改造滞后，电压波动幅度较大，电费包含线损费用过高，增加了企业经营成本；农村公共卫生设施落后，生活环境脏乱差，没有污水和垃圾集中处理设施，破坏了农村自然生态环境。

农村一二三产业融合发展系统在配套设施建设方面落后，亟待改进之处为：一是城镇、县区、乡村三级公益性农产品市场体系建设，并完善检验检疫和信息管理系统；二是农产品产地集散配送中心、仓储转运中心、冷链物流中心建设；三是电商信息化平台建设，推进互联网进村入户、网络升级改造、物联网农业智能装备建设；四是农村产业融合服务平台建设，提供生产技术指导、农业生产资料和农产品供求信息、农业生产资料和农产品销售咨询维权等综合服务。

6.4 黑龙江省农村一二三产业融合发展的路径锁定

6.4.1 黑龙江省农村一二三产业融合发展宏观路径

根据黑龙江省农村一二三产业融合发展水平评价结果和对产业融合面临的困境、矛盾分析，全省农村产业融合发展水平总体上已经从起步阶段进入成长阶段，综合发展指数进入成长阶段中期水平。在产业融合目标层三个指标中，其中农村产业融合发展行为已经脱离产业融合起步阶段，刚刚进入成长阶段初期，农村产业融合发展经济社会效应已经进入成长阶段中期水平，农村产业融合发展可持续性已经进入基本实现阶段，并处于较高发展水平。

为尽快实现黑龙江省从农业大省到农业强省的转变，其农村产业融合发展宏观路径为：必须在整体上从农村产业融合发展行为、农村产业融合发展经济社会效应和农村产业融合发展可持续性三个方面提升产业融合程度，尽快步入产业融合的基本实现阶段。通过确定黑龙江省农村产业融合的发展思路、原则及目标，结合目前黑龙江省融合发展阶段，剖析目前面临的困境和矛盾，确定近期黑龙江省产业融合发展的重点是提高农村产业融合发展行为的水平，其次是提高农村产业融合发展的经济社会效应。

6.4.2 黑龙江省农村一二三产业融合发展具体路径

黑龙江省农村产业融合发展水平存在地区差异，各地区根据自身产业集聚优势发展产业融合的路径有所不同，但根据上述章节对全省农村产业融合发展水平和障碍因素的测度研究，推进农村产业融合发展仍存在一定的共性路径可寻，进而化解农村产业融合发展进程中的矛盾，脱离产业融合发展面临的困境。为解决上述问题，黑龙江省农村一二三产业融合发展路径锁定为以下几方面：抓住主要矛盾，促进影响农村产业融合发展行为的农林牧渔产业布局优化调整、农产品精深加工产业结构调整、农林牧渔服务业体系建设、休闲农业产业布局结构调整，以及加强以信息技术引领的农业领域高技术渗透和国家自由贸易试验区、农业对外开放合作试验区在产业融合领域的创新驱动，推动农村产业深度融合发展（如图6-8所示）。

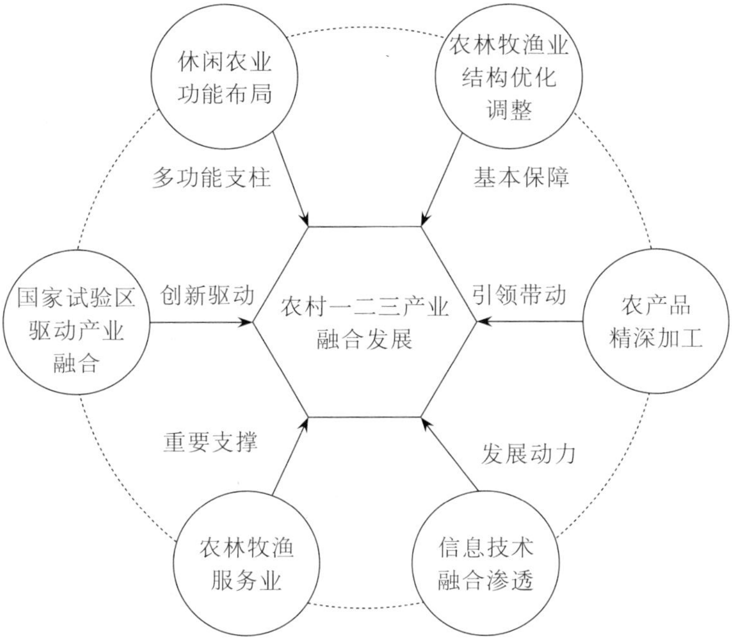

图6-8　黑龙江省农村产业融合的路径锁定

（1）农林牧渔业结构优化调整是农村产业融合的基本保障

黑龙江省地域辽阔，自然农业资源禀赋差异明显。农村一二三产业融合发展的突出特征是根据区域优势条件，实现县、乡（镇）、村地域空间的产业集聚，因此，农林牧渔业结构优化调整是农村产业融合发展的根基。根据上述对农村产业融合发展困境和矛盾的分析可以看出，农业结构优化调整对农村一二三产业融合发展的保障作用主要体现在三个方面：一是因地制宜，科学合理地利用区域农业资源优势，发展当地农村特色优势产业，形成“一村一品”，促使产业融合规模化、标准化、品牌化和市场化，形成产业集聚，有助于推动农村产业融合发展；二是合理的农业产业结构可在确保农业经济增长的同时实现资源环境的可持续发展；三是农林牧渔业保证了农产品精深加工所需的高品质原材料的供给。黑龙江省各地区农业资源优势未得到充分释放，农村区域经济发展趋同，特色产业集聚效应不明显，制约了农村第二产业集约化发展。

农林牧渔业产业结构单一，无法满足农村一二三产业融合发展的多元化需求。农林牧渔业总体规模可观，但是绿色、有机产品比例偏低，与农产品精深加工和市场差异化、高端化需求不相匹配。所以在推进农村一二三产业融合发展进程中，黑龙江省各地区应合理优化农业产业结构，充分发挥本地优势、弥补短板，促进农村产业融合发展水平持续提高。

（2）农产品精深加工引领带动农村一二三产业融合发展

影响黑龙江省农村一二三产业融合发展行为水平的主要矛盾聚焦于农产品加工方面。农产品加工作为第二产业，引领带动农村产业融合发展的效应显著，其产业关联度高、覆盖行业多、连接城镇和乡村、沟通农业和工业、带领农民增收作用强。农产品精深加工是在粗加工、初加工基础上，将其营养成分、功能成分、活性物质和副产物等进行再次加工，实现精加工、深加工等多次增值的加工过程，是延长农业产业链、提升价值链、优化供应链、构建利益链的关键环节，是推进农业供给侧结构性改革、加快农业农村现代化的重要支撑力量。2013—2017年黑龙江省农产品加工业对农村一二三产业融合发展的障碍度平均达到51.3%，规模以上农产品加工业主营业务年均增长障碍度为2.77%，主要农产品加工转化率障碍度为5.41%，农产品加工总产值与农业总产值比值障碍度为43.12%。2005年以来，黑龙江省农业总产值增长速度明显快于全国农业总产值增长水平，但农产品加工总产值却没有实现同步增长，2017年农产品加工总产值与农业总产值比值障碍度上升为49.57%，加工总产值只有山东省的2.2%，反映出黑龙江省农产品精深加工水平仍有相当大的发展空间。黑龙江省农产品加工的总体发展方向是精深加工及高质量加工，以此带动农业提质增效、农民就业增收和农村一二三产业的融合发展。

（3）农林牧渔服务业是农村一二三产业融合的重要支撑

农林牧渔服务业既影响农村产业融合发展行为，也关系到农村产业融合发展经济社会效应。农林牧渔服务业（也称农、林、牧、渔专业及辅助性活动）指对农业提供的各种专业及辅助性生产活动，包括种子、苗种、农产品初加工、农业机械、农药、化肥等农业生产资料服务。农林牧渔服务业是现代农业的重要组成部分，其发展水平直接影响农业生产效率。以美国为例，发达国家农业生产性服务业产值一般都较高，占农业增加值的比例为12.7%，而2018年我国只有8.7%。农林牧渔服务业可提升农业生产效率，促进第一产业深化，同时带动农村第二、第三产业的发展，是农村一二三产业融合发展的重要支撑。

2013—2017年黑龙江省农林牧渔服务业增加值增长对农村一二三产业融合发展的障碍度平均达到16.1%，其中2017年达到了17.5%，是排名第2位的产业融合障碍因子。黑龙江省农林牧渔服务业发展明显落后于农业经济增长水平，2012—2018年黑龙江省农业总产值平均占全国农业总产值的4.9%，同期农林牧渔服务业产值仅占全国农林牧渔服务业产值的2.58%；全国农林牧渔服务业占农业总产值平均水平为4.34%，黑龙江省仅为2.29%；在全国13个粮食主产区中，黑龙江省农林牧渔服务业发展水平排名第10位，其中农林牧渔服务业基础设施建设、农业技术服务水平、农业服务基础投入水平均低于全国平均发展水平。

黑龙江省虽是全国农业第一大省，但农林牧渔服务业发展水平与同为农业大省的河南、山东差距很大。2012—2018年黑龙江省农林牧渔服务业产值占农业总产值比重平均为2.29%，比全国平均水平低2.1%。然而，同为全国农业大省的河南省该比重已经达到5.95%，山东省紧随其后，也达到5.19%，均高于全国平均水平（如图6-9所示）。

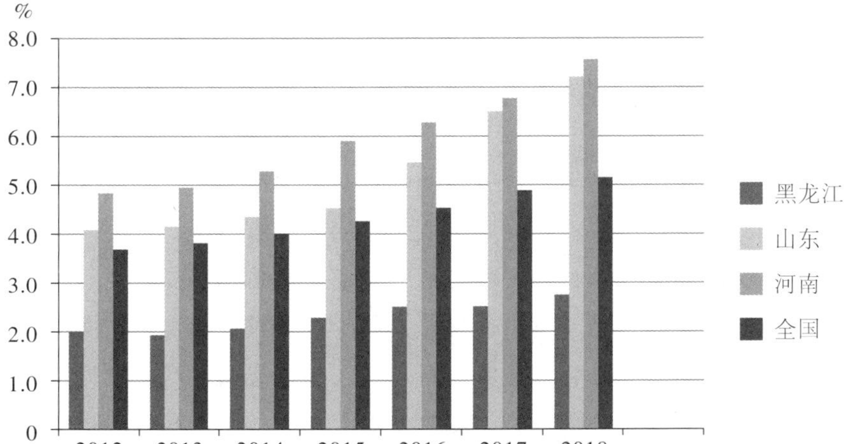

图6-9　农业大省及全国农林牧渔服务业占农业总产值比重

资料来源：2013—2019中国统计年鉴。

2012—2018年黑龙江省农林牧渔服务业产值占全国农林牧渔服务业产值平均为2.58%，山东为10.54%，河南为10.06%（如图6-10所示）。

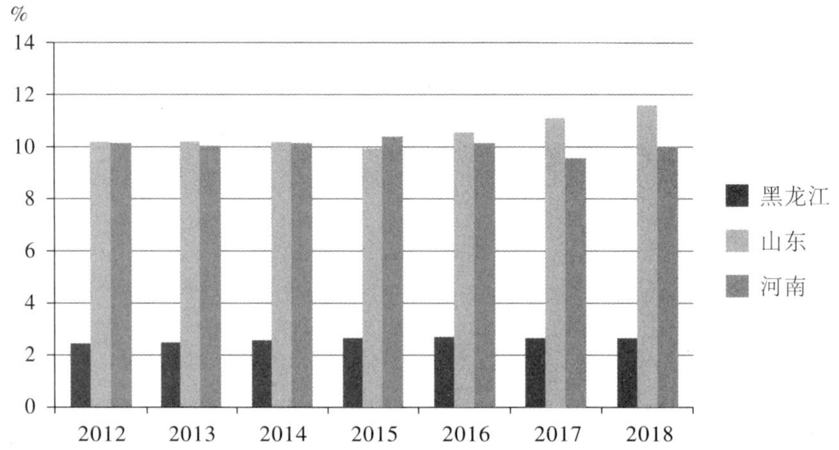

图6-10　农业大省农林牧渔服务业占全国比重

资料来源：2013—2019中国统计年鉴。

黑龙江省作为全国农业第一大省，农林牧渔服务业发展潜力巨大，且对农村产业融合发展至关重要。首先，根据农村产业融合延长产业链和价值链需求，农林牧渔服务业发展要摒弃分散型、碎片式的低效服务，突出高效、全产业链的系统化服务。其次，要根据全省农林牧渔业产业结构集聚化布局，提升地域空间上的多元化服务和集群化服务。再次，要基于大数据、物联网等先进技术，创新农林牧渔服务业发展类型、发展方式和实现路径，提高黑龙江省农林牧渔服务业智能化水平。最后，借助国家推进城乡融合发展的政策，利用城乡要素流动促进农业产业服务水平提升，实现城乡服务业之间的融合。

（4）休闲农业是农村一二三产业融合发展的多功能支柱

休闲农业是农村一二三产业融合发展中实现农业多功能拓展的重要组成部分，休闲农业结合农业资源景观、农林牧渔业生产、农村传统文化、农家生活和农事活动体验，融合了农业生产、生活和生态功能，紧密连接农业生产、农产品加工和农村服务业，形成了新型产业形态和新型消费业态。休闲农业的开展可有效促进农业资源深度开发、农业产业结构合理调整、农业农村环境加快改善、农业农村增收，休闲农业是农业与现代旅游业交叉的新型高效农业。

黑龙江省以休闲农业促进农村产业融合行为水平提升的重点是发挥农业和生态资源大省的区位优势，建设休闲乡村农庄、特色景观旅游名村、休闲农业产业园，开发乡村休闲度假产品，发展乡村休闲户外项目，推进农村与旅游观光、科普教育、文化传承和健康养老等产业的深度融合。在乡村休闲旅游项目建设用地、乡村旅游服务基础设施建设、休闲农业财政补贴政策、社会资本介入等方面实施积极引导和政策支持。

（5）信息技术渗透是农村一二三产业融合发展的动力

产业融合起源于不同产业行业技术的交叉融合，现代信息技术发展为农村一二三产业融合发展提供了动力支撑。目前农业领域存在的突出问题是农产品安全和农民增收问题，主要原因是在农业生产、流通和消费环节中，生产者和消费者分散、弱小，无法实现信息对称、无法直接对接、无法决定价格。现代信息技术应用于农业领域之后可以促进农业领域前所未有的融合发展：消费者可以自主选择品质优良的农产品，从而有效解决农产品安全问题；农民也可以实时了解农产品全产业链供求信息的市场行情，最大限度提升农产品附加值，确保粮食增产，农民增收。

黑龙江省信息技术渗透农村一二三产业融合发展的路径是多方位的：利用物联网技术建立高标准信息技术示范基地，改造种植业、养殖业的生产、经营和管理服务；利用大数据、云计算建立省、市、县、乡、村的网络化农业信息监测预警体系，对农业数据进行监测分析和发布，指导农业产业链生产资料、产品生产、精深加工、市场营销等各个环节的关联；发展农产品电子商务，建设改造农村电子商务综合服务及配送网络；支持引导产业化龙头企业、农产品综合批发市场、农民专业合作社等各类农村产业融合经营主体在电子商务平台开设黑龙江省绿色有机食品旗舰店、专卖店，开展网络直销批发零售业务，促进农产品产供销一体化，实现全产业链的有机整合。

（6）国家级试验区实现农村产业融合发展驱动创新

黑龙江省是国家最新审批设立的国家级自由贸易试验区之一，也是全国首批农业对外开放合作试验区之一。自由贸易试验区总面积119.85平方公里，分为哈尔滨、绥芬河、黑河三个片区，对外开放合作试验区坐落于东宁市。黑龙江省自贸区和农业开放试验区毗邻俄罗斯、韩国、朝鲜和日本，在农业对外开放合作方面拥有地缘比较优势，尤其是在驱动农业产业链有机衔接、产业融合要素有效集聚、体制机制健全完善方面作用显著。

充分利用国家级试验区“非禁即入”的政策红利，综合推进黑龙江省农村一二三产业融合发展。一是改革僵化思维、破除体制机制障碍，激发产业融合内在活力，以创新驱动农村产业融合发展；二是发挥黑龙江省农业资源优势和特色，对接国内外一流科技成果，吸收先进经验，探索符合国情的现代农业发展模式；三是整合人才、资本、技术和政策等各类农业生产要素，在农业可持续发展、新增长点培育和产业融合方面创新发展，带动全省农村产业融合转型升级；四是立足于利用国内外两种资源、开拓国内外两个市场，引进来与走出去相结合，实现农业产业在新业态、新模式、新技术方面与国际农业产业的深度融合；五是建设境内外生态农业、休闲农业、创意农业、电商农业试验示范园区，探索监管有效、产销有机结合、利益紧密结合的农村产业融合新模式。

6.4.3 黑龙江省农村一二三产业融合发展路径的实现主体

农村一二三产业融合发展路径实现依靠的是多元化农村产业融合经营主体。龙头企业、农民合作社、家庭农场、专业大户、供销合作社和经营性农业服务组织等新型的农业经营主体，通过与农户建立利益联结机制摆脱传统农业的单一发展模式，实现以农业为核心的产业链延伸以及价值链挖掘和拓展。

(1) 家庭农场

家庭农场的劳动力以家庭成员为主，利用流转土地或者承包土地，从事规模化、集约化、商品化的农林牧渔业生产经营活动，收入来源相当于当地城镇居民水平，是新型的自我经营、自主管理的农业经营主体。家庭农场净收入以农业产业经营为主，占家庭收入的70%以上，经营规模达到相同行业农业经营主体适度规模水平，主营农林牧渔业生产经营，同时兼营农产品加工、销售和服务，在农村一二三产业融合发展中具有一定的示范引领作用。

（2）农民专业合作社

农民专业合作社是以《中华人民共和国农村土地承包法》取得的家庭承包土地经营权或流转土地经营权为基础，结合同类农产品生产经营、同类农林牧渔服务业经营，本着平等自愿、自主管理的互助性农业经济组织。农民专业合作社可以涵盖农业产业全产业链，包括农业生产资料采购，农产品种植，鱼畜产品养殖，农产品加工、销售、运输和贮藏，休闲农业资源开发利用，民间工艺品制作，以及与农业生产经营相关的技术、信息和设施建设运营等农林牧渔服务业活动。

农民专业合作社在农业增效、农民增收、实施农业供给侧结构性改革中作用显著，是实现农村一二三产业融合发展中的有效主体。第一，合作社与农业生产的产前、产中和产后各个环节关联更加密切，是农业产业链中重要的载体；第二，合作社改变了传统小农户抵抗风险能力弱、市场信息闭塞、交易费用高的劣势；第三，合作社在三产融合中更好地延长产业链、提升价值链、完善利益链，让农民更多地分享产业链融合的收益。

（3）龙头企业

龙头企业作为实现农村一二三产业融合发展的重要主体，具备雄厚的资金和技术实力以及较强的市场开拓能力，在农产品生产、加工、流通领域具有一定的示范引导作用。一是龙头企业管理体系高效、市场营销能力强，是延长产业链、提升价值链，实现产业融合发展的有效路径。龙头企业是农业产业价值链终端，决定了农业产业价值链链条利益分配模式。二是龙头企业融合了产业链条的各个环节，依托农产品精深加工向上游延伸、向下游拓展，实现了生产、加工、销售一条龙经营模式。三是龙头企业推动资源要素更好地渗透农村产业融合。龙头企业不但承接着传统的农业资源，同时拥有超前的经营理念、雄厚的资金实力和先进的技术要素，在促进三产融合的过程中也推动了工业与农业、城镇与乡村、现代与传统的要素融合，助推乡村振兴战略实施。

（4）供销合作社

供销社拥有覆盖县、乡、村各级的服务经营网络，负责重要农业生产资料、农副产品的经营、组织和协调管理，是农业社会化服务、农村现代流通和农民专业合作的骨干力量，是实现产业融合发展的直接主体。在农村产业融合发展中，合作社与农民连接更加紧密、服务功能更加完备、市场化运作更加高效。合作社直接带动农民发展订单农业，进行专业化、标准化、规模化生产；引领农民参与农产品批发市场、电子商务流通；通过股份合作、业务交叉、渠道共建实现批发零售和产销对接；发挥产业类别齐全、经营主体众多的优势，参与产业融合发展的全产业链过程，在农资供应、农产品流通、农村服务等重点领域和环节为农民提供优质的服务。

（5）社会工商资本

农业领域是发展潜力大、资金相对安全的投资领域，工商资本是介入农村一二三产业融合发展的新主体。农村产业融合发展一方面为工商资本开辟了新的投资领域，另一方面工商资本为农村产业融合带来了新理念、先进技术、优秀人才、前沿技术和雄厚的资金支持。工商资本可以全面介入农村产业融合发展领域，进入设施农业、规模化养殖行业、优质苗种繁育行业；建立产前、产中、产后社会化农业服务组织；投资建设农产品加工企业；以资金、技术入股，以联合经营的方式与农业产业化龙头企业合作；发展农产品电子商务、冷链物流等新型经营业态；涉入农业金融、保险和科技服务。社会工商资本进入农村产业融合发展，首先要体现平等性，农民与投资主体要遵循自愿与协商原则；其次要实现利益共享，在保证资本获利的同时，有效保障农民分享产业链收益。

（6）政府支持引导

政府在农村一二三产业融合发展的主体中占有举足轻重的地位，起着积极引导、全面服务和监督保障作用。各级政府要因地制宜把农村一二三产业融合发展纳入当地经济社会发展总体规划；强化农村产业融合公共服务平台建设，搭建农村综合性信息化服务平台、优化农村创业孵化平台、加强农业质量标准体系建设、建设农村产权流转交易市场；强化人才和科技支撑，大力发展农村教育特别是职业教育、引导各类人员返乡创业、加快科技创新与成果转化、支持各类主体开展产业融合发展科技创新；改善农业农村基础设施条件，实施高标准生态农田建设规划，加强农业农村环境整治和生态保护，完善休闲农业交通和配套设施建设，升级改造农村自来水和电网，配套建设农村污水排放和处理系统。同时在产业融合园区建设、财税支持、金融保障和土地供应等方面都要配套支持引导政策，鼓励资金、技术、人才等要素向农村产业融合集聚。

6.5 本章小结

本章根据黑龙江省农业资源环境条件和农村一二三产业融合发展水平，结合国家相关农村产业融合发展规划指标，明确了黑龙江省农村产业融合发展的指导思想、原则和目标，并剖析了黑龙江省农村产业融合面临的区域农业资源禀赋优势利用不足、农产品加工与农业产业规模不匹配、农业经济增长与可持续发展不协调、农村产业融合发展进程滞后的四种困境，分析了农村产业融合发展困境源自四大矛盾，即产业结构与农村产业融合之间的矛盾、土地利用模式与农村产业融合发展之间的矛盾、融资渠道与农村产业融合发展之间的矛盾、农村公共服务与农村产业融合发展之间的矛盾。结合农村产业融合发展困境与矛盾，本章确定黑龙江省农村产业融合发展路径，其宏观路径重点是首先提高农村产业融合发展行为的水平，其次是提高农村产业融合发展经济社会效应。其具体路径为：农林牧渔业结构优化调整、农产品精深加工、农林牧渔服务业、休闲农业和信息技术引领的高技术渗透，以及国家自由贸易试验区和农业对外开放合作试验区对产业融合的创新驱动。最后提出了实现黑龙江省农村一二三产业融合发展的多元化主体格局，即龙头企业、农民合作社、家庭农场、供销合作社、社会工商资本和政府的引领与支持。

7　黑龙江省农村一二三产业融合发展路径现实选择

基于黑龙江省从农业大省向农业强省转变的需求，结合理论联系实际分析，上述章节从五个方面确定了黑龙江省农村一二三产业融合发展路径，即农林牧渔业结构优化调整、农产品精深加工、农林牧渔服务业、休闲农业和信息技术引领的高技术渗透。本章结合黑龙江省农业资源环境条件，对农村产业融合发展的五大路径选择进行具体阐述。

7.1　农林牧渔产业布局优化调整的路径选择

农村一二三产业融合发展的根本是以农业为基础，向第二产业、第三产业延伸拓展，实现产业要素融合的过程。没有农业发展的基础，农村产业融合发展就失去了根基。实现基于农村产业融合发展的黑龙江省农林牧渔业产业结构调整路径，需要从四个子路径突破，即种植业产业结构调整、畜牧养殖业产业结构调整、渔业产业结构调整和山特产品产业结构调整，形成如图 7-1 所示的农林牧渔业结构优化的路径图。

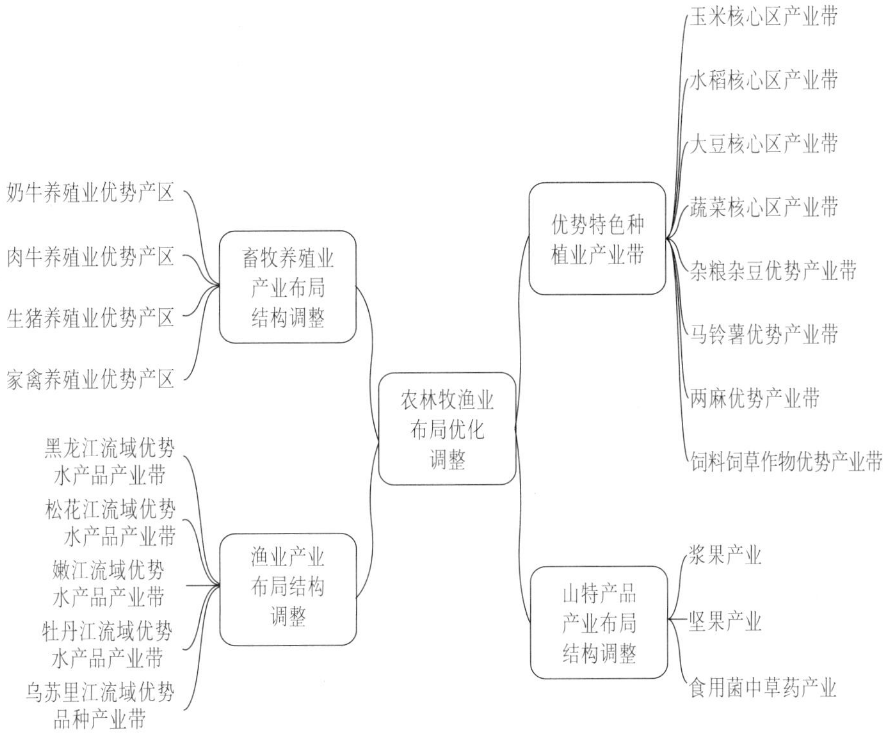

图7-1　农林牧渔业布局优化调整路径图

7.1.1　集聚发展优势特色种植业产业带

黑龙江省农业生产结构最突出的问题是“一粮独大”，粮食作物种植面积占比较大，粮食作物中又以玉米规模最大。2015年全省粮食作物种植面积达到1 428.3万公顷，其中玉米达到736.1万公顷，占比51.5%。2018年全省粮食作物种植面积1 421.5万公顷，其中玉米631.8万公顷，占比44.4%。蔬菜、鲜食玉米、食用菌、杂粮杂豆等特色作物种植基地比较分散，特色种植业优势区域没有形成，直接影响农村产业融合发展，尤其是限制了农产品精深加工集聚发展。

黑龙江省具有地域辽阔，气候、土壤、品种资源丰富多样的特点和优势，决定了基于农村产业融合发展的种植业路径选择为：坚持市场需求导向和农民传统种植习惯相结合，集聚发展特色农产品优势产业带，大力发展优质粮食、杂粮杂豆、马铃薯、绿色蔬菜等8大高效特色农业主导产业，为农村一二三产业融合发展提供高品质农产品。

1. 玉米核心区产业带

加工型玉米产业带的重点地区应位于松嫩平原第一、二、三积温带的25个县（市、区），这些地区的土壤、温度等条件适合建设含有高淀粉、高赖氨酸的玉米优势产区。玉米核心区产业带所包括地区如下：

（1）哈尔滨市：呼兰区、阿城区、双城区、宾县、依兰县、巴彦县、木兰县、五常市。

（2）齐齐哈尔市：龙江县、泰来县、甘南县、富裕县。

（3）大庆市：肇州县、肇源县、林甸县、杜蒙县。

（4）绥化市：北林区、庆安县、明水县、兰西县、望奎县、青冈县、安达市、肇东市和海伦市。

鲜食玉米的重点发展地区应在哈尔滨市的宾县、木兰县、五常市、巴彦县，以及绥化市的海伦市、望奎县、北林区等地，此类地区的地缘优势适合建设优质的甜、糯玉米生产区。

2. 水稻核心区产业带

高端优质水稻产区应按照目前的农业生产习惯分布在嫩江流域、松花江流域和三江平原的21个市县和4个农场管理局。水稻核心区产业带所包括地区如下：

（1）哈尔滨市：五常市、巴彦县、方正县、通河县、木兰县、呼兰区。

（2）佳木斯市：桦川县、汤原县、同江市、富锦市、佳木斯市郊区。

（3）齐齐哈尔市：泰来县。

（4）鸡西市：虎林市、密山市、鸡东县。

（5）双鸭山市：宝清县。

（6）鹤岗市：绥滨县、萝北县。

（7）绥化市：庆安县、北林区。

（8）抚远市。

（9）农垦总局：建三江、宝泉岭、红兴隆、牡丹江管理局。

3. 大豆核心区产业带

高蛋白非转基因大豆的主要生产区域应分布在第三积温带下限、第四积温带和第五积温带的10个市县和2个农场管理局。大豆核心区产业带所包括地区如下：

（1）齐齐哈尔市：克山县、克东县、拜泉县、讷河市。

（2）黑河市：逊克县、北安市、嫩江县、五大连池市。

（3）绥化市：绥棱县、海伦市。

（4）农垦总局：九三、北安管理局。

4. 蔬菜核心区产业带

应依托大中城市、沿边市县、产业基础和特色优势明显的地区，发展城市自销型、外贸出口型、北菜南销型、特色优势型等类型各异的蔬菜产业带。

（1）大中城市自销型：在哈尔滨市、齐齐哈尔市、牡丹江市、佳木斯市和大庆市等大中城市郊区重点发展设施型蔬菜农业，重点在冬季和春季为北方城镇居民提供新鲜、精细类型蔬菜，建立城市圈蔬菜产业带。

（2）外贸出口型：以东宁市、绥芬河市、密山市、虎林市、饶河县、抚远县、富锦市、萝北县、嘉荫县、逊克县和黑河市等毗邻边境的市县为主，重点发展黄瓜、洋葱、番茄、胡萝卜和甘蓝等适合出口韩国、日本、俄罗斯等国家的蔬菜，建立沿边市县蔬菜出口产业带。

（3）北菜南销型：以甜玉米、大蒜、大白菜、油豆角、胡萝卜、秋番茄等优质蔬菜品种为主，在哈尔滨市的双城区、阿城区，绥化市的北林区、安达市，牡丹江市的海林市、宁安市，齐齐哈尔市的林甸县、富拉尔基区等产业基础较好的地区建立优质北菜南销产业带，在夏秋两季南方蔬菜缺口较大时填补市场空缺。

（4）特色优势型：发挥大兴安岭、伊春、农垦总局、森工等特色产业集聚基础较好的优势，打造黑木耳、蘑菇、猴头、山野菜、甜瓜、油豆角等特色优势产业带，为绿色有机食品加工提供优质原材料，延长特色农产品产业链，实现“以特增收”的目标。

5. 马铃薯优势产业带

黑龙江省是国家重要的马铃薯种薯和商品薯生产基地，要按照不同区域的资源禀赋条件分别建立马铃薯特色优势产业带。

（1）马铃薯种薯产业带：大兴安岭地区，黑河市的五大连池市、北安市、嫩江县和逊克县，绥化市的望奎县、绥棱县、海伦市和北林区。

（2）加工型商品薯产业带：齐齐哈尔市的克山县、克东县、依安县、拜泉县、龙江县、讷河市和富裕县，绥化市的望奎县、绥棱县、海伦市，大兴安岭地区。

（3）鲜食型商品薯产业带：在哈尔滨市、齐齐哈尔市、牡丹江市、佳木斯市和大庆市的城市圈内重点发展鲜食蔬菜型马铃薯产业。

6. 杂粮杂豆优势产业带

在黑河、大庆、齐齐哈尔等昼夜温差较大的干旱、半干旱市县种植绿豆、芸豆、高粱、谷子、花生、葵花、豌豆、黑豆、红小豆等杂粮杂豆，提高农作物收益比较优势。

7. 两麻优势产业带

黑龙江省是国家最重要的亚麻和汉麻生产基地。两麻优势产业带的分布调整如下：

（1）亚麻种植产业带：绥化市兰西县、明水县、青冈县和望奎县。

（2）汉麻种植产业带：黑河市的孙吴县，大庆市的肇州县，齐齐哈尔市的克山县，哈尔滨市的呼兰区。

8. 饲料饲草作物优势产业带

黑龙江省人均耕地面积居全国首位，是世界三大黑土带之一，发展畜牧业具有得天独厚的资源优势和自然条件。

（1）羊草种植产业带：齐齐哈尔市的龙江县、泰来县、富裕县、甘南县，大庆市的肇州县、肇源县、杜尔伯特蒙古族自治县、林甸县，绥化市的青冈县、安达市、兰西县、明水县。

（2）紫花苜蓿种植产业带：哈尔滨市的双城区、巴彦县、通河县，绥化市的肇东市、安达市、明水县、兰西县、绥棱县，黑河市的孙吴县、北安市、黑河市郊区，齐齐哈尔市的龙江县、泰来县、富裕县、依安县、甘南县，牡丹江市的穆棱市、宁安市。

（3）青贮玉米：哈尔滨市的巴彦县、通河县、双城区，齐齐哈尔市的龙江县、泰来县、富裕县、甘南县、依安县，牡丹江市的穆棱市、宁安市，大庆市的杜尔伯特蒙古族自治县、肇州县、肇源县、林甸县，黑河市的孙吴县、北安市、黑河郊区，绥化市的安达市、明水县、肇东市、兰西县、绥棱县。

7.1.2 畜牧养殖业产业布局结构调整

畜牧业是黑龙江省的优势产业，黑龙江拥有全国最大的奶粉和婴儿配方奶粉产业基地；肉牛产业特色鲜明，拥有全国数量最大的纯种和牛群体，存栏纯种和牛近万头；有望奎、巴彦等22个国家级生猪调出大县，广东温氏、河南牧原、江西正邦等国内生猪产业前10强企业均在此投资落户。为发挥出黑龙江省畜牧养殖产业的优势，布局结构调整如下：

1. 奶牛养殖业优势产区

选择奶牛存栏量大、单产水平和良种化程度高、规模养殖发展迅速、环境承载能力强、发展基础条件好的双城、林甸、克东、杜蒙、肇东、安达、富裕等地区以及农垦系统部分农场为奶业发展优势产区。饲料饲草作物选择优质高效的全株青贮玉米和紫花苜蓿，发展农牧种养循环经济。积极进行奶牛品种改良和产出能力测定，提升奶品单产水平，注重泌乳期管理保健。因地制宜，发挥资源优势，拓展乳肉共用品种。鼓励乳品龙头企业与奶业合作社建立密切的利益联结机制，引导龙头企业向奶业上下游产业链延伸。

2. 肉牛养殖业优势产区

肉牛发展优势产区选择在牛源充足、能繁育的母牛存栏多、良种化程度高、饲料资源丰富、环境承载能力强、发展基础条件好的龙江县、甘南县、宾县、孙吴县等地区和农垦系统部分农场。引进优良品种进行高端肉牛改良，扩大肉牛种群规模，提高肉牛营养和口感品质，增加养殖效益。发挥黑龙江省山区、半山区林草资源优势，扩大种牛存栏量，稳定肉牛种群数量，提高质量安全水平。

3. 生猪养殖业优势产区

生猪发展优势产区确定在基础条件好、生猪繁育体系完整、粮食产量稳定、环境承载能力强、发展基础条件好的巴彦县、肇东市、北林区、望奎县、汤原县、龙江县、富裕县、桦南县等地区和农垦系统部分农场。在巩固发展优势产区的同时，积极开辟北部和东部产区。重点加快生猪品种改良，大力发展三元杂交商品猪和高端森林猪、无抗猪规模化生产。加快转变发展方式，在高起点、高标准、规模化、低成本基础上，实现养猪行业增产增效。承接生猪产能转移，发挥资源优势，建设一批种养结合、起点高、满足国内市场需求的生猪生产基地。

4. 家禽养殖业优势产区

选择家禽存栏量大、良种化程度高、繁育体系健全、饲料资源丰富、环境承载能力强、发展基础条件好的肇东、双城、呼兰、肇州、林口、林甸等地区和农垦系统部分农场为家禽发展优势产区。在巩固发展优势产区的同时，积极开辟大城市周边产区。坚持市场导向，因地制宜发展蛋鸡、肉鸡、蛋鸭、肉鸭和肉鹅等产业，满足肉用、蛋用、毛用等需求。

7.1.3 渔业产业布局结构调整

根据黑龙江省渔业水域自然生态条件和鱼类资源状况，围绕已认证地理标识鱼类和黑龙江省地产名优鱼类，构建增养殖集约化、品种特色化、布局科学合理、全产业链的特色优势水产品产业带。2018年，黑龙江省水产养殖面积589.1万亩，水产品产量57.3万吨。其中，养殖产量51.8万吨，捕捞产量5.5万吨。渔业产值实现94.28亿元。渔民人均纯收入14 328元。为了更好地发挥渔业产业优势，布局结构调整如下：

1. 黑龙江流域优势水产品产业带

以冷水性土著野鲤、达氏鳇、史氏鲟、哲罗鱼和细鳞鱼等特色鱼类为主要养殖品种，建立以抚远、同江、绥滨、逊克、爱辉、呼玛为重点的优势产业带。发挥沿边渔业生态环境优良的特点，扩大有机绿色水产品供给。推进现代种业建设，配套完善鲟鳇和鲑鳟苗种生产基地。积极发展淡水养殖和地产鱼类精深加工，建设产地水产品加工基地，打造一条集养殖、加工、销售为一体的绿色有机水产品产业带。

2. 松花江流域优势水产品产业带

哈尔滨市郊区、绥化市北林区、佳木斯市郊区、肇东县、方正县、宾县、巴彦县、富锦市等市县以鳜鱼、泥鳅、鲶鱼、黄颡鱼、银鮍和松浦鲤为主要养殖品种，建立集约化、规模化养殖的优势产业带。鼓励北方稻田渔业综合立体养殖，加大池塘标准化改造力度，建立现代渔业园区，大力发展休闲渔业，培育壮大龙头企业，加强苗种生产企业建设，推广健康养殖技术和生态养殖模式，为全省渔业生产发展提供苗种支撑和技术引领。

3. 嫩江流域优势水产品产业带

在杜尔伯特蒙古族自治县、嫩江县、讷河县、泰来县、肇源县等县市建立以泥鳅、中华绒螯蟹、大银鱼和鳙鱼为主要养殖品种的优势产业带。加强基础设施建设，建立现代渔业园区，确保水产品安全有效供给。在大中城市周边发展一批优势突出、特色鲜明的生态渔业基地。在低洼盐碱地丰富的地区，探索发展耐盐碱渔业。加大增殖放流力度，充分利用大水面渔业资源优势，发展绿色有机湖泊水库渔业。

4. 牡丹江流域优势水产品产业带

在牡丹江市郊区、宁安市、穆棱市、绥芬河市、林口市等市县建立以虹鳟、金鳟、哲罗鲑、细鳞等冷水鱼类为主要品种的优势产业带。稳步发展标准化健康养殖、稻田综合种养。以海林为重点发展池沼公鱼增殖。以牡丹江市郊区、穆棱和东宁为重点建设野生河蟹苗种繁育和商品蟹养殖基地。重点保护牡丹江干支流、镜泊湖、莲花水库及绥芬河生态环境。养护大马哈鱼、红尾鱼、滩头鱼等鱼类资源，积极发展湖泊水库增殖渔业。

5. 乌苏里江流域优势品种产业带

以鲟鳇、兴凯湖大白鱼、黑龙江野鲤等名特鱼类为主要养殖品种，建立以鸡西市、密山、虎林、饶河为重点，以湖泊、水库增殖为主要生产方式和以密山、鸡东池塘标准化健康养殖为侧重的优势产业带。重点保护鲟鳇、兴凯湖大白鱼和大马哈鱼等特有鱼类及流域内的水域生态环境。建设特色鱼类加工和苗种繁育基地，努力培育区域内有拉动力的龙头企业。

7.1.4 山特产品产业布局结构调整

黑龙江省林区野生动植物资源共有2 200余种，其中药用植物600余种、食用菌30余种、山野菜300余种、坚果和浆果40余种、野生动物500余种，资源精深加工潜力巨大。在黑龙江林区无污染的生态环境下生产的有机绿色森林食品，必将满足消费者健康、营养、安全的消费需求，市场空间巨大，市场前景广阔。

1. 浆果产业

建立马林果、沙棘、蓝靛果、蓝莓和红豆的培育、采集、加工全产业链，并重点支持浆果深加工企业。黑森集团、威虎山饮品公司、东宁市禄源酒业、大兴安岭超越公司、北极冰、伊春越橘庄园、伊春忠芝集团等30余家龙头企业已经上市或兼并重组，扩大了企业规模，实施品牌战略，开拓国内外市场，提高知名度和市场占有率。

在滨绥铁路沿线，以阿城、尚志、海林为中心，建设树莓、黑穗醋栗、蓝靛果产业带。在松花江沿线，以延寿、鹤岗、桦川为中心，建设树莓、黑穗醋栗、山葡萄、沙棘、蓝莓产业带。以小兴安岭南坡和伊春腹地为中心建设有机浆果产业带，主要有沙棘产业化基地、黑穗醋栗产业化基地、蓝莓产业化基地、五味子产业化基地、笃斯越桔产业化基地。以龙江县、甘南县、泰来县为中心区域，建设沙棘生态开发产业带，进行营养保健食品、膳食补充剂、饮料及化妆品等系列产品开发，如沙棘胶囊、沙棘膏、沙棘油乳剂、沙棘油等。

2. 坚果产业

重点发展红松子、山榛子等北方特色坚果产业，加大坚果林的培育力度，筛选品种，扩大种植范围。在延伸产业链方面，支持顺风、汇源、中盟等龙头企业，开发坚果仁、坚果油、坚果粉、坚果酱等高附加值产品、保健品等。做大做强"汇源""佰年松宝""宏泰"等坚果品牌，采取绿色营销、整体营销、"互联网+"等市场营销手段，提高市场占有率，做大产业规模。

松子产业带主要分布在哈尔滨的木兰县、通河县，伊春的市辖区、铁力市，佳木斯的桦南县、汤原县，牡丹江的穆棱市、宁安市、林口县、海林市，黑河的爱辉区，大兴安岭的漠河县、塔河县。榛子产业带主要分布在伊春市辖区、嘉荫县、铁力市，佳木斯的桦南县，牡丹江的穆棱市、海林市、林口县、宁安市，黑河的爱辉区、嫩江县、逊克县。核桃产业带主要分布在哈尔滨的方正县、通河县，伊春市辖区、铁力市，牡丹江林口县、穆棱市。

3. 食用菌中草药产业

加强食用菌产业基地建设。在牡丹江、大兴安岭、小兴安岭、黑河、鹤岗重点布局发展食用菌产业，打造以原生态、纯天然、绿色、有机为特点的木耳、猴头、元蘑、滑菇等绿色食品知名品牌。在齐齐哈尔建设以栽培平菇、金顶侧耳、双孢蘑菇、大球盖菇等草腐菌为主的食用菌产业带。

大力发展北方地道药材的栽培、采集、引种、加工和销售，推动中草药产业基地化、标准化、模式化发展，建设国家级绿色食品基地、林药生产加工基地。在哈尔滨的依兰县、通河县、尚志市，齐齐哈尔的甘南县、泰来县、富裕县，鸡西的鸡东县、密山市、虎林市，大庆的郊区、肇源县、杜尔伯特蒙古族自治县，伊春市下辖区、铁力市，牡丹江的林口县、东宁市、海林市，黑河的孙吴县、逊克县、嫩江县、五大连池市，大兴安岭的呼玛县、漠河县等市县重点建设中草药基地。

7.2 农产品精深加工产业结构调整的路径选择

黑龙江省农村一二三产业融合发展的瓶颈因素是农产品加工业，农产品加工对农村产业融合发展水平的年平均障碍度超过了50%。农产品加工上连生产领域，下接消费领域，是农村产业融合的关键环节。实现黑龙江省农产品加工业路径的突破，需要从八个子路径着手，即玉米精深加工产品差异化、水稻深加工全产业链发展、大豆精深加工转型升级、马铃薯深加工产品综合化、乳业深加工产品高品质化、蔬菜精深加工产品系列化、杂粮杂豆加工产品多元化、渔业精深加工产品国际化，形成如图7-2所示的农产品精深加工产业结构调整的路径图。

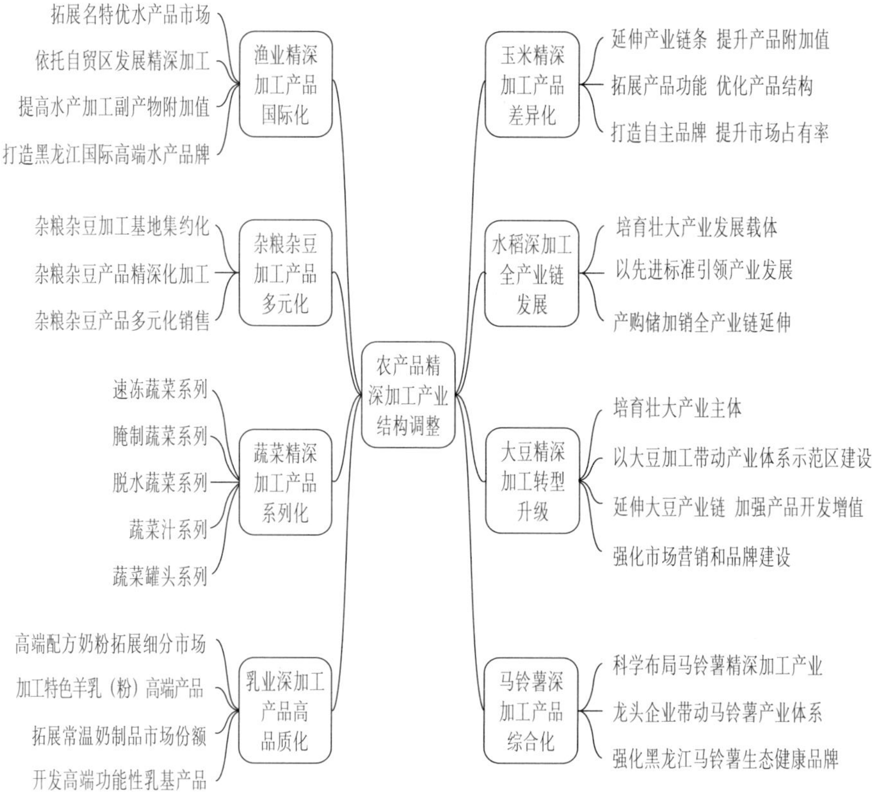

图7-2 农产品精深加工产业结构调整路径图

7.2.1 玉米精深加工产品差异化

黑龙江省是全国玉米生产第一大省，2012年以后，玉米种植面积年均在600万公顷左右，年均产量约为4 000万吨，约占全国产量的14%。黑龙江省现有玉米深加工企业31家，年加工能力约1 370万吨。其中，年加工能力30万吨以上的企业有18家，60万吨以上的企业有10家，年加工能力超过100万吨的企业有4家。2016年，黑龙江省规模以上玉米深加工企业实现主营业务收入约181亿元。

虽然黑龙江省玉米深加工产业总体分布集中度相对较高，但与国内玉米深加工先进省份相比，仍然存在着深加工能力不足、大型加工企业偏少、产品层次较低、深加工产业链不长等问题。玉米精深加工路径选择为：

延伸产业链条和提升产品附加值，引导玉米深加工企业做强做大。推动企业加快技术改造和创新升级，依据市场需求调整产品方向，提高企业市场核心竞争力。引导企业强化市场营销，扩大国内外市场占有率，形成一批行业内有影响力的龙头企业集团。

拓展产品功能，优化产品结构，加快玉米深加工项目建设。推动有条件的地方建设玉米深加工产业专业园区，完善园区基础设施和配套服务功能，为项目落地提供载体和平台。深化“放管服”改革，加快玉米深加工项目前期工作，保障加工规模，尽早建成投产。重点围绕淀粉系列、酒精系列和功能性系列研发玉米下游产品，延长产业链，重塑产品结构，突出不同区域、不同企业的专业化方向，实施产品功能差异化发展。

（1）淀粉系列产品。以特种变性淀粉为重点，拓展精细化工、食品、纺织和造纸行业市场需求。

（2）酒精系列产品。重点通过技术改造和产品质量升级，鼓励进一步提升酒精产品品质，研发生产高品质酒精系列，满足医药和美容化妆行业需求。抓住国家车辆新能源改革契机，开发乙醇燃料产品。

（3）玉米功能性产品。玉米功能性产品的加工重点是新型发酵制品和发酵衍生新品种，如食品工业和医药工业用的淀粉糖系列产品，适用于特种人群食用添味剂的多元醇系列产品，高分子聚合物及生物降解材料等。

打造自主品牌，提升市场占有率。加强自主创新，培育适合黑龙江省土壤、气候的抗逆性强、高产稳产、耐病、耐低温的优良玉米新品种。在提升玉米品种品质的同时，根据市场玉米深加工需求，培育适合精深加工的，具有高质量、高附加值的特色品种。积极研发生产具有高附加值的玉米产品，注重创建玉米加工产品自主高端品牌，提高产品知名度，开拓国内外市场，提升玉米深加工产品市场占有率，扩大黑龙江省玉米加工产业规模。

7.2.2 水稻深加工全产业链发展

2017年黑龙江省水稻种植面积约为400万公顷，占我国粳稻种植面积的50%，占全省粮食播种面积的30%；水稻总产量315亿公斤，占我国水稻总产量的15%，占全省粮食总产量的52%。全省水稻加工企业1 421家，水稻年加工能力约4 565万吨，具备规模以上加工能力的有507家，年加工产能30万吨以上的骨干企业51家。

虽然黑龙江省水稻产业规模可观，但优质优价生产经营措施体系不完善，资源优势尚未切实转变为市场竞争和经济效益优势。一是区域性品种差异竞争力迥异。松嫩平原南部的长粒香型水稻品种市场竞争力强，北部区域和三江平原的普通圆粒品种市场竞争力较弱，外观和口感与苏北等南方粳米差异小，与南方中晚籼米相比品质优势也不明显，加之远离销售地区运费较高，市场竞争力弱。二是水稻加工企业产业集约化水平较低。对水稻产业链带动力强的骨干龙头企业数量不足，年加工水稻能力10万吨以下的中小型企业占90%以上。三是稻米整体上竞争力与国际水平差异明显。标准化、集约化、高端化的大米品牌数量不足，优质大米产业链短、盈利水平偏低，水稻加工产业升级转型迫在眉睫。水稻深加工发展的路径选择为：

培育壮大产业发展载体。积极调整优化稻米产业结构和区域布局，稳定增加优质水稻种植面积，引导精深加工产能向水稻优势主产区和重要物流节点集聚。结合贯彻落实国家大力实施“优质粮食工程”的部署，统筹建设“四大载体”。一是创建示范县（市）。以松花江、嫩江沿岸和三江灌区的第一、二、三积温带水稻主产县（市、农场）为重点，推动“黑龙江大米”示范县和高端“专精特”大米加工基地建设。二是在水稻主产区建设国家和省级稻米产业加工示范园区。三是以龙头企业为纽带，联合农民合作社和中小型加工企业，密切分工协作，协同发展，统一品牌，统筹营销，壮大市场竞争实力。四是推进“优质粮食工程”项目建设。启动黑龙江省“优质粮食工程”，支持示范县和示范企业建设相关产业项目，强化产业发展项目支撑。

以先进标准引领产业发展。突出优质、安全、绿色导向，对标国际先进标准，加快建立黑龙江稻米种植、加工、储存和质量安全检验监测、产品追溯、产品标识和品质评价等产业相关标准和技术规程。鼓励企业推行更高质量标准，建立企业标准领跑激励机制，为发展“三品一标”等产品品牌和企业自主品牌提供支撑。

产购储加销全产业链延伸。以水稻加工产业推动稻米“产购储加销”一体化，构建从田间到餐桌的全产业链。一是引导加工企业与农民合作社等新型农业经营主体开展产销对接，在品种种植、订单预购、收储加工、物流配送等方面进行全方位合作。推动水稻适时收割、湿稻谷低温干燥、原料稻谷分品种分等级准低温储存、适度加工，提高高等级大米出米率和稻谷资源利用率。二是支持水稻加工企业拓展产品精深加工链条，发展主食营养米饭、营养工程米和营养方便粥等系列方便大米食品，打造绿色有机营养稻米产业链。三是推动稻米资源综合利用和多角化经营。实现水稻加工副产品梯次利用，向深度开发米糠蛋白、米糠多糖、生物质发电、精细化工等领域拓展和延伸。

7.2.3 大豆精深加工转型升级

大豆产业既是黑龙江省的传统产业，又是独具优势的产业。黑龙江省素有“大豆之乡”的美誉，是中国最重要的大豆主产区。非转基因大豆是黑龙江省独具的优势，是促进农民增收、加快经济发展的支柱产业。黑龙江省2018年大豆种植面积356.8万公顷，产量657.8万吨。现有大豆加工企业113户，省内年加工能力112.4亿公斤，主要集中在哈尔滨、佳木斯、双鸭山以及黑河等地区。2016年黑龙江省大豆实际加工量12.3亿公斤，实现销售收入68.6亿元。

国际领先水平的大豆加工企业以高技术、高效益和高产量为特征，美国和日本的企业居于国际领先水平。黑龙江省主要差距为：一是产业发展方向定位、市场需求和大豆资源状况不匹配。黑龙江省非转基因大豆高营养、高蛋白等优势没有充分发挥，大豆加工产业以油脂加工为主，主导产品与进口转基因大豆加工产品结构趋同，被迫在食用油脂等传统产品市场低价恶性竞争。二是产能严重过剩。加工产能远远大于大豆产量，特别是传统油脂产能低水平重复建设、总量过剩，企业开工率和产能利用率低。三是企业规模小实力弱。全省加工企业多数是10万吨以下小企业，企业产业化、标准化、集约化生产经营水平低，抵御国外低价转基因大豆及其加工产品冲击的能力弱。四是没有建立附加值高的大豆加工全产业链。国际上非转基因大豆深加工率平均在90%，产品达到150多种。黑龙江省企业研发投入和能力不足，深加工率不足15%，85%的大豆加工企业以油脂加工为主，主要加工品是豆油、豆粕等10余种初级产品，产品结构单一、副产品利用率不高、产业链延伸程度有限。五是非转基因品牌认知度不高，没有体现出价格优势。目前我国尚没有确立转基因与非转基因大豆产品的价格差别机制，非转基因大豆价格优势没有体现出来。大豆精深加工发展的路径选择为：

培育壮大产业主体。鼓励和支持年大豆加工能力5万吨以上的龙头企业和名优特产品规模企业，加快技术改造、扩大规模、增强竞争力。支持大豆重点产业化龙头企业开展兼并、联合和重组，实现强强联合、优势互补，组建企业集团，引导加工产能向大豆主产区、优势区和物流节点集聚。培育销售收入10亿元以上的重点企业，发挥引领示范带动作用。

以大豆加工带动产业体系示范区建设。结合推进重要农产品保护区和优质粮食工程建设，在黑河、齐齐哈尔、绥化、哈尔滨、佳木斯、双鸭山等6个主产市和嫩江县、五大连池市、海伦市等10个年产大豆10万吨以上的主产县（市），采取提高门槛推进精准招商，建设粮食及农副产品精深加工综合产业基地等方式，重点支持基础较好、潜力较大的市县完善地产非转基因大豆产业体系，开展非转基因大豆产业示范县和示范企业建设，培育大豆加工产业示范园区，在全省规划建设大豆产业园区，发育大豆产业集群，引领带动大豆产业经济健康发展。

延伸大豆产业链，加强产品开发增值。充分发挥量大质优的大豆资源优势和产业化龙头企业重要载体作用，强化大豆精深加工科学技术研究创新突破和先进实用技术推广应用，一是改造提升“老字号”。加强精选食品豆市场营销，加快改造完善小包装高档食用油、专用粕（饼）和豆腐、豆干、豆粉、豆奶、蛋白肉等传统产品生产物质装备和工艺，突出非转基因大豆食品安全营养特色优势，提高质量保障和便捷高效营销配送能力。二是深度开发“原字号”，延伸产业链，提升附加值。在大豆食品方面重点开发发酵类和非发酵类产品；在功能性产品方面重点开发大豆肽粉、活性蛋白粉和改性大豆蛋白；在保健食品方面重点开发异黄酮和磷脂类产品；在新型食品基料方面重点开发大豆肽粉、活性蛋白粉和改性大豆蛋白等系列产品。三是培育壮大"新字号"。开发绿色安全方便营养的大豆调理品种、快餐品种、早餐品种、方便食品和休闲食品。

强化市场营销和品牌建设。开拓大豆产品销售市场，带动产业转型升级。推进"互联网+"新营销方式，支持品牌企业与电子商务平台广泛开展合作，发展新型经营业态和商业模式，扩大网络销售，提高营销效率，提升价值链。发展食品物流产业，培育大型第三方食品物流企业，推进大豆食品冷链物流系统建设，构建跨区域冷链物流配送网络，增强配送服务能力。加强品牌建设，通过质量提升、自主创新、培育创建、特色产品认定等，大力发展"三品一标"产品，集中培育一批具有较强竞争力的全省和全国性大豆产品名牌。

7.2.4 马铃薯深加工产品综合化

黑龙江省马铃薯栽培历史悠久，资源优势突出，经过多年发展，马铃薯已成为继大豆、玉米、水稻之后的第四大农作物。2016年，黑龙江省拥有各类马铃薯加工企业1 500户，规模以上企业39户，占总户数的2.6%。全省马铃薯加工能力达到400万吨左右，实际加工量达到100万吨。产业链条也在不断延伸，一些骨干企业开发出市场紧缺的马铃薯雪花、颗粒全粉，专用变性淀粉等，并利用加工淀粉的废液、废渣提取蛋白等产品。

黑龙江省马铃薯加工企业面临的主要问题是：一是专用加工薯原料不足。市场对马铃薯加工原料尤其是高品质加工专用薯原料的需求旺盛，而黑龙江省专用加工薯品种缺乏，种植面积小，品质不稳定。原料保障不足，严重影响加工企业生产经营效益。二是加工企业规模小。全省规模以上马铃薯加工企业只有39户，仅占加工企业总户数的2.6%，年加工能力在40万吨以上的仅有8户，个别主产区没有大型加工企业。三是自主创新能力弱。国际上，马铃薯平均加工转化率已达60%，有的国家已超过80%，而黑龙江省仅有14%，且加工产品多属于中低端，全粉和变性淀粉等高附加值产品少，经济效益不高。马铃薯精深加工发展的路径选择为：

科学布局马铃薯精深加工产业。根据全省各地马铃薯产业基础、区位条件和发展潜力，科学定位重点开发产品。齐齐哈尔市重点加快发展以淀粉为原料的水晶粉丝、粉条、精制粉皮、中药保健粉丝；大力发展薯条、薯片、有机淀粉、全粉、变性淀粉；开发马铃薯休闲食品、主食、副食等配餐和方便食品；搞好薯渣饲料、汁水蛋白副产品的综合利用。黑河市、大兴安岭地区重点加快发展速冻马铃薯薯块、薯条（片）、粉丝、粉条、精淀粉、全粉、变性淀粉。绥化市、哈尔滨市重点发展精淀粉、全粉、蛋白、膳食纤维、生物饲料等。哈尔滨市、佳木斯市、牡丹江市城郊重点提升商品薯储藏能力，发展商品薯的生产、包装、销售再加工等。

培育骨干龙头企业，发挥示范引领作用。加快推进马铃薯深加工项目建设，发挥马铃薯加工龙头企业的引领带头作用，引导一批龙头企业参与马铃薯产业发展，形成规模优势。深入开展"马铃薯产业项目建设工程"，集中精力建设一批马铃薯产业化项目，完善马铃薯主产区产业体系建设。

强化黑龙江省马铃薯品牌建设。培育一批质量过硬、社会认知度高的知名品牌，扩大市场占有率。一是引导龙头企业强化品牌意识，加快马铃薯产业体系建设、国际质量体系、标准体系认证，逐步与国际标准接轨，打造一批国内外知名品牌。二是整合品牌。通过政府引导、市场化运作，重点解决全省马铃薯主产区品牌多、小、弱，难以进入大型超市等问题，提升黑龙江省马铃薯产品市场竞争力和占有率。三是推广品牌。进一步加大宣传力度，组织龙头企业参加国内外农产品展销推介会，宣传黑龙江省农产品的安全牌、营养牌和生态牌。

7.2.5 乳业深加工产品高品质化

黑龙江省地处世界黄金奶牛带，资源优势突出，加工历史悠久，发展基础较好，是新中国机械化乳品加工的发源地。黑龙江省乳制品加工产业集中度高、集聚效应明显，加工体系较为完善，规模以上企业加工能力现居国内第2位。东北农业大学拥有国内乳品行业唯一的国家级乳品工业技术开发中心、质量监督检验中心、标准化中心和信息中心。2016年黑龙江省生鲜乳产量545.95万吨，乳制品企业发展到76家，其中规模以上企业51家，实现主营业务收入379亿元，占全国的10.82%。

虽然黑龙江省乳制品工业居国内领先地位，但仍存在诸多问题：如龙头企业少、规模小、层次不高；品牌影响力弱；销售模式导致成本过高，产品价格明显高于国外；乳制品加工业与一产养殖业良性互动不足；养殖用地设施设备成本高等。黑龙江省乳制品产业的供给能力与国内日渐增长的高品质消费需求不相适应，行业整体综合竞争实力不强。乳业深加工发展的路径选择为：

细分市场，开发高端配方奶粉。一是高端婴幼儿配方乳粉。依托飞鹤乳业建立的婴幼儿配方乳粉母乳化数据库，引领国内第五代婴幼儿奶粉研发生产。鼓励支持龙头企业大力开发有机婴幼儿配方乳粉等创新产品。二是功能性中老年配方乳粉。依托龙头企业，针对中老年人群的营养需求，通过强化植物甾醇酯、益生菌、钙、B族维生素、乳清蛋白、DHA等营养素和功能成分，开发配方化、功能化和高端化的中老年配方奶粉，争取将产品的国内市场占有率提升至30%。三是特殊医疗配方和营养配方乳粉。依托龙头企业，针对病理状况下具有特殊营养需求的人群，以及正常生理状况下具有特殊营养需求的人群，如儿童、孕产妇、老年人等，开发具有针对性的特殊医疗配方和高端营养配方乳粉，侧重发展按需定制，积极抢占新兴市场和差异化市场空间。

加工特色羊乳（粉）高端产品。依托龙头企业，研发纯羊液态奶、系列特色羊奶粉和高端纯羊婴幼儿配方奶粉。通过乳清脱盐，生产出完全符合婴幼儿奶粉标准的高品质脱盐羊乳清。

拓展常温奶制品市场份额。依托省内龙头企业，加快发展高端常温液奶和酸奶制品，拓宽产品销售半径，努力进军南方市场。及时调整液奶的产品结构，适度发展巴氏鲜乳、酸奶以及具有不同功能特性的益生菌乳饮料，促进“龙江人喝龙江奶”，积极开拓本地市场。

开发加工高端功能性乳基产品。依托龙头企业的奶酪开发项目，开发出适合我国消费者口味的干酪产品，特别是用于焙烤行业的再制干酪。依托飞鹤乳业乳基料加工关键技术研究与产业化，对干酪副产物乳清进行综合利用，自主生产脱盐乳清制品、乳清浓缩蛋白和乳清蛋白肽等功能型高附加值乳基料，加速实现其在国内配方粉以及功能性乳制品中的广泛应用，全力将黑龙江省打造成国内重要的以乳为基料的食品原料产业基地，积极抢占进口替代空间。

7.2.6 蔬菜精深加工产品系列化

黑龙江省不仅是粮食生产大省，也是绿色蔬菜生产大省，得天独厚的资源优势和自然条件，造就了黑龙江蔬菜的优良品质，也赢得了广大消费者的青睐。蔬菜加工业规模也得以不断扩大，呈现较快发展态势，由简单的整理包装、窖藏保鲜向半成品加工、速冻保鲜、罐头、饮品、腌制品、脱水产品、营养休闲食品、即食性食品等领域发展。加工工艺也由整理包装、窖藏、腌制、晒干等简单工艺向萃取技术、生物技术、发酵技术等深加工方向发展。蔬菜产业加工的专业化、智能化、规模化水平逐步提升，产业链条不断延伸，已成为农业农村经济发展的新支撑点。2016年，黑龙江省蔬菜总播种面积达41万公顷，总产量1 141.6万吨，实现总产值220亿元；蔬菜加工企业97家，其中主营业务收入2 000万元以上的企业46家，实际加工总量达275.6万吨，总销售额达到419亿元。

黑龙江省蔬菜加工企业与国内外领先水平的差距表现在：一是加工企业规模且小数量不足。很多南方加工企业来黑龙江省寻找原料生产基地，投资建厂。2017年，黑龙江省蔬菜加工企业总数达到129家，不足山东省的5%。二是产品精深加工不够。腌渍、速冻等初级加工产品占90%，属低级增值，同质化严重。年精深加工量仅占5.6%，蔬菜产品附加值占总销售额比例低于全国16个百分点。三是品牌效应不突出。蔬菜加工企业多处于产业链上游环节，面向消费者的终端品牌少且知名度不高，缺乏像“老干妈”式的在全国具有影响力的代表性品牌，与全省蔬菜产业发展整体趋势严重不符。四是配套服务能力弱。蔬菜加工相关机械制造、冷链运输、科技创新等配套服务能力不足。2016年，全省蔬菜冷藏保鲜车辆保有量不足1万辆。蔬菜加工机械制造企业数量少、科技含量低、质量稳定性差。新产品开发能力不强，加工设备简陋，加工工艺落后，营养素提取、生物技术、智能化生产等高新工艺技术应用程度较低。五是政策扶持不足。2017年黑龙江省出台的蔬菜金融贷款政策，一定程度上解决了大型冷冻保鲜设施建设资金不足问题，但尚无针对蔬菜精深加工产业的专项扶持政策。

蔬菜初加工重点需发展两大系列产品：一是速冻蔬菜系列，速冻玉米、豆角、青椒、南瓜、花椰菜等。速冻蔬菜加工区主要依托大中城市郊区、海伦市、宾县、北林区、鸡西市、宁安市等市县，发展韭菜、油豆角、菜花、南瓜、鲜食玉米等速冻蔬菜加工。二是腌制蔬菜系列，腌制酸菜、辣白菜、萝卜条、芥菜、苤蓝等。腌制蔬菜加工区主要依托哈尔滨市、齐齐哈尔等大中城市郊区和蔬菜重点基地，建立酸菜、辣白菜、酱菜等腌制蔬菜加工区。

蔬菜精深加工需重点发展三大系列产品：一是脱水蔬菜系列，研制蔬菜脆片、冻干蔬菜、蔬菜粉等。脱水蔬菜加工区主要依托宾县、木兰县、兰西县等，发展干辣椒、茄子干、豆角干、萝卜干等干制蔬菜。二是蔬菜汁系列，加工胡萝卜、芹菜、番茄、白瓜子等复配浓缩汁和蔬菜功能性饮品。三是蔬菜罐头系列，开发盐渍山野菜、辣椒酱、番茄酱、酸黄瓜等罐装蔬菜。蔬菜罐头、蔬菜汁/粉加工区重点依托肇东市、兰西县、宾县、林口市、宝清县、桦南县等市县，发展鲜食玉米、黄瓜、南瓜、青刀豆、胡萝卜、番茄、辣椒、白瓜子等蔬菜罐头、菜汁/粉、饮品等。

7.2.7 杂粮杂豆加工产品多元化

近年来，黑龙江省依托传统种植习惯和独特环境优势，加大种植业结构调整力度，大力发展谷子、绿豆、红小豆等优势特色杂粮杂豆产业，种植面积不断增加，品质不断提升，销售模式不断创新，农民持续增收。2016年，黑龙江省杂粮杂豆种植面积574万亩，总产94万吨，分别占全国的6.6%和6.7%。黑龙江省107个杂粮杂豆加工企业的加工能力达到160万吨，通过大米网电商平台、私人订制、集团众筹等模式，打造了古龙小米、宝清红小豆等一批杂粮杂豆品牌。

黑龙江省杂粮产业的主要问题表现在：一是产业集聚不够，标准化和规模化程度不够。二是大型领军龙头企业少。三是加工产品多数是简单包装，精选包装和精深加工少，产业链条短。四是品牌营销创新较弱，质优价不高。杂粮杂豆深加工发展的路径选择为：

杂粮杂豆加工基地集约化。重点在泰来县、甘南县、依安县等地发展芸豆、绿豆、花生加工；在肇州县、肇源县等地发展小米、高粱加工；在肇东市、青冈县、明水县等地发展小米、高粱、绿豆加工；在双城区、阿城区、巴彦县等地发展高粱、大黄米、小米、花生加工；在勃利县、宝清县、虎林市等地发展绿豆、黑豆、红小豆加工。

杂粮杂豆产品精深化加工。基于杂粮杂豆加工企业包装简单和精深加工弱、产业链短的现状，有针对性地提高包装标准，实行分级精选，特色包装。立足消费者需求，开发杂粮杂豆系列营养保健食品，重点发展杂粮杂豆原浆饮料、杂粮粥、八宝粥、糖纳豆、芽豆、杂粮营养糊粉、杂粮糕点、杂粮休闲食品以及预熟杂粮等主食伴侣食品。

杂粮杂豆产品多元化销售。根据杂粮杂豆产品特点，创意策划、包装及销售，打造杂粮精致化、品牌化、口碑化。发展“互联网+杂粮”，加强与阿里巴巴、京东、天猫、淘宝、黑龙江大米网等大型电商平台以及实体企业合作，采取线上线下融合、网上商城与实体商店联结的模式，开展众筹营销、定制配送以及代销联销，不断扩大产品销售半径及覆盖区域，提高产品知名度和品牌价值。

7.2.8 渔业精深加工产品国际化

黑龙江省具有得天独厚的名特优鱼类资源优势，驰名中外的品种有兴凯湖大白鱼、三块鱼、哲罗鱼、大马哈鱼、细鳞鱼、乌苏里白鲑、达氏鳇、史氏鲟、银鲫等。黑龙江省毗邻日本海、鄂霍次克海、白令海峡，具有水产品加工贸易的地缘优势。目前发达国家水产品加工率达到80%，而中国只有38%，水产品加工产业潜力巨大。黑龙江省渔业深加工发展的路径选择为：

拓展名特优水产品市场。黑龙江省拥有以史氏鲟、达氏鳇为代表的地方特色名优水产品种，鉴于鲜活水产品运输、储藏的局限性，应重点发展名优特色鱼类冷冻冷藏水产品加工、鱼糜制品、腌制鱼类、水产品罐头加工，通过水产品加工拓展地方名特优水产品市场。

依托自贸区发展精深加工。2019年8月国务院批准了黑龙江省建立哈尔滨、黑河和绥芬河自由贸易试验区，总面积达119.85平方公里。应充分发挥黑龙江省的地缘优势，开发其丰富的渔业资源，利用自由贸易试验区政策红利，面向国际市场，开展深海鱼油、胶原蛋白、氨基酸和蛋白肽等高端保健产品加工。

提高水产加工副产物附加值。水产品加工业产生大量加工副产物，如鱼皮、鱼骨、鱼头、鱼鳞、鱼内脏等。此外，黑龙江省湖泊、泡沼、水库、江河中低值、低品级的野杂鱼、虾类、贝类资源极其丰富。可以利用风味蛋白酶、低温碱性酶对蛋白质的特殊分解作用，生产多肽和氨基酸等高级营养物质，加工新型调味料、保健食品和婴幼儿营养食品，大幅度提高加工副产物和低值鱼类的附加值，同时解决水产品加工副产物造成的环境污染问题。

打造黑龙江国际高端水产品牌。黑龙江省拥有世界珍稀的鱼类品种鲟鱼和鳇鱼，鲟鱼和鳇鱼的鱼子酱价格在国际市场上堪比黄金，俗称“黑金”。黑龙江省具备控制国际鱼子酱市场的特殊优势，即鲟鱼和鳇鱼只有在黑龙江省的特殊地理气候条件下才能发育成熟，并且发源于黑龙江省的鲟鱼人工养殖技术已经十分成熟。黑龙江省应充分利用鲟鳇鱼的特殊资源优势，从苗种供应和鱼子酱加工两个方面满足国内、国际的市场需求，打造自有的知名国际品牌。

7.3 农林牧渔服务业产业路径选择

黑龙江省作为全国农业第一大省，农林牧渔服务业的发展潜力巨大，对农村产业融合发展至关重要。农林牧渔服务业贯穿了农业产前的品种、农药、化肥、农膜、农机、燃料等农资供应服务，产中的农业科技推广服务，产后的储运、包装、营销等增值服务，以及与农业产业链相关的信息提供、教育培训和金融保险等服务。农林牧渔服务业产业涵盖范围广，对黑龙江省农村产业融合发展障碍度为17%，是排名第二位的产业融合障碍因子。根据农村产业融合延长产业链和价值链的需求，实现其路径选择需要从七个子路径突破，即培育多元化农林牧渔服务业主体、加强农业生产主体市场信息服务、完善农业生产资料流通服务体系、构建农业生产技术综合服务体系、推进农业资源专业化利用服务体系建设、拓展农业机械社会化服务体系、强化农产品初加工一条龙服务，形成如图7-3所示的农林牧渔服务业产业体系路径图。

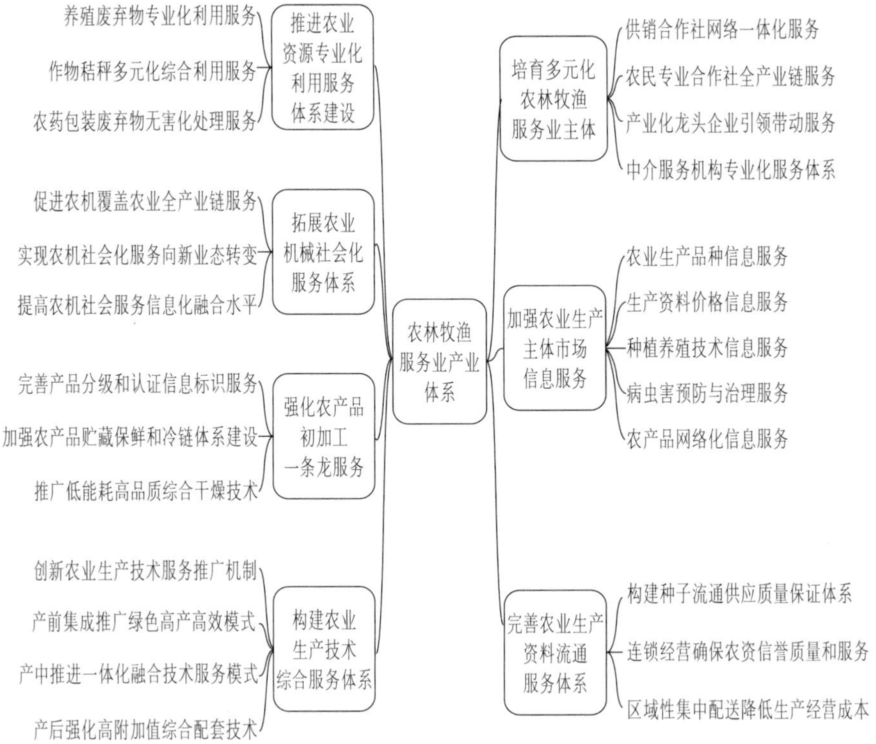

图7-3 农林牧渔服务业产业体系路径图

7.3.1 培育多元化农林牧渔服务业主体

按照市场需求，遵循竞争有序、专业化服务、多元化主体的原则，培育各类主体的农林牧渔服务业功能，发挥不同主体的优势。

发挥供销合作社遍布县、乡、村服务网络的优势，为农林牧渔业提供统一服务；发挥农民专业合作社覆盖农业全产业链的优势，为农林牧渔提供产前、产中和产后服务，以及与农业生产经营相关的技术、信息和设施建设运营等农林牧渔服务业活动；发挥产业化龙头企业服务带动作用，通过基地和订单方式为农民提供农业生产全程服务；发挥各类中介服务机构专业性服务功能，以技术、资金、服务等生产要素为纽带，为农林牧渔服务打造一体化服务体系，推动服务链条纵向延伸和横向拓展。

7.3.2 加强农业生产主体市场信息服务

农业生产信息服务要围绕生产者经营决策需要，健全农业生产信息采集、分析、发布和服务体系，用市场信息引导农业生产主体合理安排农业生产、调整优化种养结构、降低生产成本、避免自然灾害影响、提高农产品产量和质量。

在品种信息服务方面，建立农业品种信息数据库，为农业生产者提供不同地区农业品种研究、生产、示范、推广等环节的信息服务；提供生产资料价格信息服务，包括农作物和牧草种子、水产养殖苗种、家畜家禽幼崽价格信息，农药、兽药、农膜、化肥价格信息，饲料及其添加剂价格信息，农业机械和渔业机具价格信息服务等；在种养殖技术信息方面，主要包括农作物、家畜家禽和水产养殖新品种技术服务信息，农作物测土配方施肥技术服务信息，新品种养殖技术服务信息，养殖业废弃物无害化处理服务信息，秸秆还田技术服务信息等；在病虫害防治信息方面，完善黑龙江省各地区的常见病虫害数据库，包括害虫的分类地位、形态特征、生态习性和传播途径，以及各类农作物病害的典型特征和传播特性，同时建立病虫害专家防治支持系统，为农民提供各类病虫害的预防、治理措施，病虫害化学和生物防治方法，并通过影像资料进行具体宣教展示；在市场流通信息方面，利用互联网构建国内、国际农产品生产和流通信息网络，确保农业生产主体适时掌握每种农产品生产量、交易数量和价格行情。

7.3.3 完善农业生产资料流通服务体系

农业生产资料供应是构建现代农业生产体系的物质基础和重要保障，农业生产资料流通的方式、水平和规模直接反映了农业现代化水平和农村一二三产业融合程度。

构建种子流通供应质量保证体系。提高种子经营资质，促使经营者提升选购优良品种专业能力；加强种子销售检验，把好优良种子质量关；建立种子管理服务体系，对种子购进、检验、销售、售后实施有效监管制度。

连锁经营确保农资信誉质量和服务。黑龙江省是全国第一农业大省，传统的农资经营品种单一、经营分散，农民受到文化水平限制，对农资难辨真伪。农业生产资料连锁经营，可以实现品牌统一、质量统一、价格统一、服务统一，确保农资信誉质量、专业性服务、规模化经营，促进优质农资产品高效流通。

区域性集中配送降低生产经营成本。农业生产资料集中配送，是对农药、化肥、地膜、种子、饲料、燃料、农业机械等进行分拣、包装、加工、分放、配送等作业，并按要求运送到目的地的物流活动。农业生产资料集中配送可以重组农业资源，通过规模经济效益降低农业生产成本，减少农户库存。农业生产资料集中配送的同时，还可以解决废弃农药包装物的回收与无害化处理，以及配送回程运送农产品，解决农产品销售物流问题。

7.3.4 构建农业生产技术综合服务体系

围绕农业生产的产前、产中、产后服务，加快构建和完善以生产服务、科技服务为主体的农业生产技术综合服务体系。

创新农业生产技术服务推广机制。发挥农业技术推广部门的主导作用，加强与市场化、经营性服务组织的融合互动，通过人员派驻、共建平台、联合指导等方式为新型服务主体进行个性化、精准化、全程性指导服务。建立农业技术人员、科研院所、新型经营主体、返乡人才、本土技术骨干协同参与的农业技术推广联合体，达到科技推广成果集成、试验示范引领的推广目标。

产前集成推广绿色高产高效模式。为确保农产品质量安全，促使农业提质增效，减少农业资源环境污染，要开展减化肥、减农药、减除草剂的“三减”工作，为农户提供测土配方施肥服务，推进肥料统一配送统一施放服务，指导科学施用有机肥替代化学肥料服务。支持农业服务主体开展秸秆还田、耕地深翻等服务。

产中推进一体化融合技术服务模式。根据各地土壤成分特性，各种作物生理周期特点，把灌溉施肥、灌溉施药、高效节水融合为一体化高产高效技术，把液肥、药液通过一体化控制系统，以喷灌或者滴灌，均匀、定时、定量浸润作物主要根系土壤，保持土壤疏松和适宜的含水量。按作物不同生长期需水、需肥、需药规律，定时把水分、养分、药物按比例提供给农作物，达到节水、增收、优质高效的目的。

产后强化高附加值综合配套技术模式。鼓励各类农业产业服务主体提供农产品质量检验检测、预选分级、初步加工、包装仓储、物流配送、电子结算、质量追踪等综合配套技术服务，指导农民开展主体注册、信息采集、产品赋码、扫码交易、开具产品合格证等技术服务业务，推进农产品产超对接、农社对接、线上线下对接，实现农产品优质优价、提升高附加值的目标。

7.3.5 推进农业资源化利用服务体系

农业废弃物具有量大面广、持续产生的特点，对城乡环境污染影响极大。农业废弃物的资源化利用，可解决人居环境脏乱差问题，事关乡村振兴战略的实施，也是全面实现小康社会的需求。

养殖废弃物专业化利用服务。一是鼓励有条件的中小规模养殖户就地对养殖废弃物堆积沤肥，通过发酵处理生产有机肥，达到资源循环利用目的。二是由专业化服务机构、农民合作社提供养殖废弃物、病死畜禽收集、转化、利用服务。建立专业化收集、转化、利用服务网络，配备相应收集、运输、暂存和冷藏设施，配套加工设施设备，规模化生产有机肥、无机碳、工业油脂等副产品。建设农村沼气沼肥工程系统，通过原料收集存储、预处理、厌氧消化，实现沼气高值高效利用。

作物秸秆多元化综合利用服务。通过原料化、肥料化、饲料化、基料化、燃料化对秸秆实现多元化综合利用服务。一是畜牧养殖企业和饲料加工企业通过专业秸秆收割、转运，对秸秆进行青（黄）贮，通过蒸汽膨化等设施设备，采用秸秆膨化、裹包微贮、压块（颗粒）等饲料化技术生产优质粗饲料产品。二是鼓励新型农业服务经营组织配置秸秆粉碎、深松机耕设备，对秸秆实施就地还田，变废为宝。三是鼓励专业化企业收集秸秆，经过粉碎、混合、挤压、烘干等工艺，制造块状、颗粒型、可直接燃烧的新型生物质清洁燃料。四是由新型农业服务主体利用秸秆收集、粉碎、发酵设施设备，生产木耳、蘑菇等食用菌基料，以及育秧、育苗基料，发展资源循环利用型农业。五是鼓励市场化经营主体购置秸秆打包、收集、板材挤压等设施设备，生产建筑行业急需的板材和墙体建筑材料，促进秸秆资源循环利用。

农药包装废弃物无害化处理服务。一是在蔬菜生产基地、绿色有机农产品供应基地、高标准农田示范基地，依托农业合作社等社会化服务组织提供专业化农药配制及送药服务，专业性配药服务可实现精准配置农药，减少残留农药污染；对农药包装物进行集中分类回收存贮；对农药残液进行无害化生物降解处理。二是对农药废弃包装物进行分类回收、清洗处理，再次作为农药包装重复利用，或者为造粒工艺提供再生原料，重新用于农药包装物生产或其他用途。

7.3.6 拓展农业机械社会化服务体系

随着我国农业现代化进程加快，黑龙江省农业也进入了发展新阶段，根据社会分工发展规律，农业生产规模化和机械化是必然趋势，农机社会化服务重点也从耕种、收获环节向深耕、播种、灌溉、植保、收获和新业态服务方向发展。

促进农机覆盖农业全产业链服务。农业机械化作业要从传统的耕地深翻、作物播种、粮食收割向特色经济作物、畜牧养殖、水产养殖领域拓展，向专业化植保、集中插秧、粮食产地烘干、秸秆粉碎归田等农业全产业链延伸，在全省特色产业带分布地区，依托农业机械服务主体建设一批“全程机械化+综合农事”的农机服务中心，为农户提供“一站式”农业产业全程服务。

实现农机社会化服务向新业态转变。随着农村一二三产业融合发展推进，在传统大田粮食生产基础上不断衍生出农业新业态，如生态农业、设施农业、休闲农业、节水型农业等。农业新业态对农业机械社会化服务提出了新挑战，农机作业服务主体要在技术推广、技能培训、机具维修、配件供应、信息服务等方面重新构建支撑农机社会化服务的体系。

提高农机社会服务信息化融合水平。鼓励农机社会化服务主体通过“全国农机直通车”网络交换平台实现跨省、跨地区农机社会化服务效率；加快基于北斗定位系统的耕地测量、信息采集配套工作，为农机精准施肥、播种、灌溉和用药提供科学指导；加快实施“互联网+农业机械化”，为农机作业监测、远程生产调度、设备维修诊断、机具变量作业、大田精准耕作提供技术保障。

7.3.7 强化农产品初加工一条龙服务

农产品价格需求弹性小，上市产量集中，市场消费分散，导致产品价格波动大、市场风险高，农民无法应对市场变化，增产不增收。农产品初加工一条龙服务可以通过减损、提质、增效提高农民参与市场能力，是农业生产和市场衔接的纽带，是促进农产品商品化和价值增值的重要环节。

完善产品分级和认证信息标识服务。支持农产品生产企业、农民专业合作社统一实行农产品分类、分级、清洗、分割、冷冻，并提供装袋、装盒、密封、装箱等服务。通过标签、标牌、说明书，采用文字、符号、数字、图案等形式标明农产品品类、生产地域、生产商、销售商，并说明获得无公害农产品、绿色农产品、有机农产品等认证状况，向消费者传递农产品生产信息和质量安全信息。

加强农产品贮藏保鲜和冷链体系建设。支持农产品批发市场、农产品流通企业、家庭农场、农民合作社等经营主体建设一批立足特色农产品产业带分布区、紧密衔接市场、设施功能完善、经济效益显著的农产品仓储保鲜冷链设施；因地制宜建设温控贮藏、机械冷藏、气调贮藏、减压贮藏等多种贮藏保鲜设施，延长农产品保鲜期，使其错峰供应市场，从而提高附加值。

推广低能耗高品质综合干燥技术。干燥是农产品初加工的一种重要方式，可以将农产品中的水分降低到一定程度，延长保质期。应根据不同农产品的物料特性采取恰当的干燥方式，减少能源消耗，提升农产品品质。根据农产品加工要求的色泽、口味、营养、贮藏和携带便利性等要求，分门别类采用热风干燥、真空冷冻干燥、变温压差膨化干燥、微波干燥、微波与热风联合干燥等方式，延长农产品保存时间，提高附加值。

7.4 休闲农业产业结构布局调整路径选择

休闲农业整合农村生产、文化、生活和生态要素，通过农业多功能拓展催生新业态，促进农村一二三产业融合发展。黑龙江省休闲农业资源丰富，森林覆盖率为47.21%，居全国第2位；草原面积广阔，综合植被覆盖率为75%；湿地面积占全国的14.3%，国际重要湿地数量占全国首位；四大水系中有黑龙江、乌苏里江、绥芬河三条跨境河流，有兴凯湖、镜泊湖和五大连池三大湖泊；东北黑土区是世界上三大黑土带之一，黑龙江省拥有近1 208万公顷的黑土耕地，约占东北黑土地带总面积的44%。拓展休闲农业可以最大限度地整合黑龙江省的自然资源，促进黑龙江省农村由单纯的农业生产向休闲、生态、康养、度假、观光和创意等多功能性拓展。黑龙江省休闲农业发展可以从以下四个子路径实现突破，即打造自然生态康养观光产业带、构建冰雪特色旅游产业体系、传承关东民俗和弘扬四大精神游、发挥沿边优势开展边境风情游，形成如图7–24所示的休闲农业产业结构布局调整路径图。

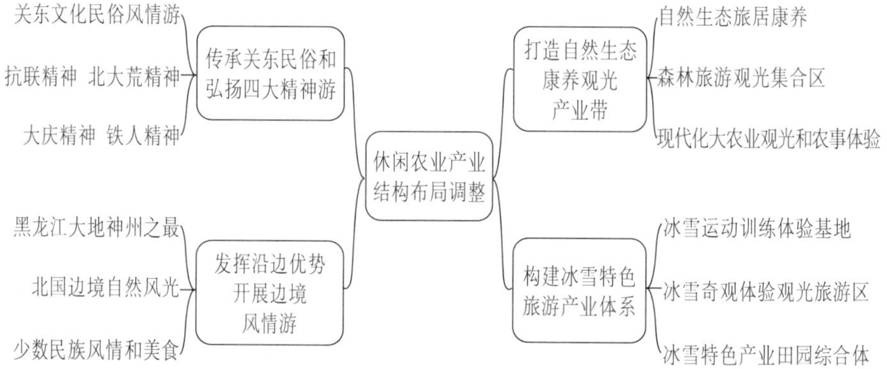

图7–4 休闲农业产业结构布局调整路径图

7.4.1 打造自然生态康养观光产业带

黑龙江省属中温带，四季分明，夏季气候凉爽宜人，特殊的地理位置造就了类型齐全的自然资源景观。代表性的有最长的国际界江——黑龙江，最大的湿地资源——三江平原湿地，最大的国际界湖——兴凯湖，最奇特的火山堰塞湖——镜泊湖，最广阔的浩瀚林海——大小兴安岭，以及最美的雪域景观——雪乡。黑龙江省的旅游资源数量多、品质高、保护好、特色鲜明，具有很高的开发价值。

依托自然生态资源促进旅居康养产业发展。根据全省旅游资源分布状况，重点布局大小兴安岭森林氧吧康养区、三江平原农业特色康养区、五大连池药浴康养区、中西部温泉疗养康养区、镜泊湖兴凯湖休闲观光康养区，并依托自然生态环境、乡村田园景观、宗教文化资源和绿色安全饮食，引进医疗保健等机构为游客提供科学、人性化的享老服务，延伸康养旅游服务产业链条。

构建森林旅游观光集合区，加快发展中部森林旅游经济板块。全面建设以黑龙江凤凰山、亚布力旅游度假区、中国雪乡、虎峰岭、柴河威虎山九寨为代表的森林核心旅游景区，完善标识系统、解说系统、救护系统、通信系统、咨询系统、展示系统等配套设施，开发独具特色的旅游观光产品，扩展森林观光旅游的深度和广度。

发展现代化大农业观光和农事体验游。黑龙江省一望无际的大农田、现代化的农业生产、高科技农业示范园区为现代化大农业观光和农事体验提供了最佳的旅游资源。黑龙江省是全国农业第一大省和中国最重要的粮食主产区，拥有国家级的现代化大农业示范区，是中国农业机械化的发源地。“万亩大地号”是先进的水稻种植示范基地，也是亚洲最大的连片水稻种植区，单根田垄长度达到了3.7公里。黑龙江省的农用航空公司拥有一百多架农-5B、运-5、PC-6、运-11，运-12、R-22、R-44等机型，还有很多植保无人机，是世界最大的农用航空公司。黑龙江省休闲旅游农事体验活动潜力巨大：种植体验方面，通过在黑土地进行深耕、播种、除草、施肥、灌溉、防虫、治病等生产劳动体验，获得农业生产知识，体验农民生产生活方式；养殖体验方面，通过畜牧、水产等生产过程的养殖劳动，体验动物喂养、挤奶、捕鱼等活动，让游客与动物互动的过程中获得养殖知识；收获体验方面，通过玉米、水稻、小麦等农作物的收获，以及蔬菜、蓝莓、草莓等果蔬的采摘获取收获知识，体验丰收的喜悦；加工体验方面，通过土特产品、农村作坊、乡村手工艺等特色加工活动，以及水稻、玉米、酒业等精深加工实践，获取加工知识，体验加工生活。

7.4.2 构建冰雪特色旅游产业体系

黑龙江省具有独一无二的冰雪特色旅游资源，有冰雪体验、冰雪观光、冰雪娱乐、冰雪运动、冰雪文化、冰雪演艺、冰雪度假等丰富的冰雪特色旅游产品，在冰雪旅游娱乐性、运动性、体验性和参与性方面拥有独具特色的优势，适合打造冰雪旅游融合产业体系。

加强冰雪运动训练体验基地建设。以哈尔滨——亚布力为轴心建设国际冰雪赛事基地、中国滑雪之都、国际滑雪旅游名镇。普及滑雪、滑冰、冰壶、冰球等冰雪运动，承办雪地汽车拉力赛、雪地马拉松、雪地足球、冬泳等国际国内赛事活动，倡导雪原穿越、雪地露营、雪山滑翔、雪谷滑索和冰雪极限挑战等项目。另外，冰钓运动在北美、北欧、日本和韩国是一项十分普及的活动，黑龙江省也可以开发独具高寒特色的冰钓产业。我国休闲渔业规模已经突破千亿元，而冰钓活动对地域环境要求较高，只能在寒冷地区的湖泊水库中开展。黑龙江省应把冰钓运动开发为一项独具特色的旅游产业，在主要湖泊水库建设冰钓基地，把“黑龙江冰钓”运动打造成世界知名品牌。

开辟冰雪奇观体验观光旅游区。打造提升以亚布力——雪乡为核心的龙江冰雪精品旅游核心区，加快建设外延至凤凰山、威虎山的重点冰雪旅游集合区；大力提升和改善亚布力旅游基础设施和服务接待能力，构建凤凰山雪谷、亚布力滑雪旅游度假区、亚布力锅盔山景区、中国雪乡、柴河雪村等观光运动旅游度假景区体系；开启伊春原始红松雪原、逊克雾凇、黑河寒区汽车测试基地、北极寒夜奇观等中国极寒特色冰雪旅游带，推进冰雪旅游、冰雪文化和冰雪运动建设。

打造冰雪特色产业田园综合体。发挥亚布力知名冰雪品牌优势，打造亚布力冰雪特色田园综合体。亚布力冰雪产业田园综合体是包含农业、林业、加工、制造、餐饮、民宿、贮藏、保鲜、金融、商业、旅游及房地产等行业的三产融合体和城乡复合体。冰雪产业田园综合体的文化内涵融合亚布力地区以冰雪为灵魂的风土民情、乡规民约、民俗演艺，让人们体验冰雪文化背景下的农耕活动和乡村生活礼仪，以亚布力区域冰雪品牌建设推动地区产业融合发展。冰雪产业田园综合体可通过以亚布力地区传统特色草莓品种、树莓、黑莓、坚果等农产品加工为纽带引领休闲农业和乡村旅游发展。冰雪产业田园综合体以冰雪装备制造业等创新要素驱动区域产业集聚发展，形成自主品牌的滑雪板、滑雪服、防护器具、冰雪设施设备、冰雪索道等冰雪运动产品，形成冰雪装备产业集群。

7.4.3 传承关东民俗和弘扬四大精神游

黑龙江独有的关东民俗和四大精神也是不可复制的旅游资源，具体发展路径如下：

传承体验关东文化民俗风情游。黑龙江流域是汉族、俄罗斯、犹太民族三大文明融合区域，还生活着达斡尔族、鄂伦春族、赫哲族、朝鲜族、满族、鄂温克族等十几个少数民族，形成了独有的关东文化和民俗风情。典型代表活动及工艺品有包冻饺子、北极村夏至节、鄂伦春狩猎、马拉爬犁、朝鲜族掷柶游戏、东北大鼓、东北地方戏、东北珍珠球游戏、达斡尔族萨满舞、宁古塔满绣、民间纸扎、萨满神话、狍皮服饰、冬季捕鱼、桦树皮手工艺、鱼皮画、麦秸画、海伦剪纸等。可将休闲旅游与历史建筑、文化展馆、民俗体验、文化演艺相结合，体验独特的北国风情，领略热情奔放的东北民风。

传承红色基因，弘扬抗联精神。抗联精神与长征精神、延安精神、井冈山精神等优秀传统革命精神是一脉相承的，是东北抗日联军在十四年艰苦卓绝的抗战岁月中铸就的钢铁精神。可以重点建设柴河夹皮沟、鹤北赵尚志将军牺牲地、桦南七星峰抗日联军密营遗址、东方红神秘珍宝岛、绥棱白马石、兴隆鸡冠山、海林杨子荣剿匪纪念地、清河槟榔寨等红色经典旅游目的地。

艰苦开拓，无私奉献的北大荒精神。北大荒人以艰苦奋斗的意志、勇于开拓的勇气、顾全大局的胸怀、无私奉献的境界、战天斗地的大无畏精神，在莽莽荒原上开垦出了一望无垠的良田，并率先实现了我国农业现代化，担当起了国防安全、粮食安全、生态安全和能源安全的重任。“献了青春献终身，献了终身献子孙”是北大荒精神最真实的写照。领略北大荒精神的主要旅游地是北大荒现代农业园、北大荒开发纪念馆、北大荒农机博览园、雁窝岛湿地、天下第一农场等。

无私奉献，胸怀全局的大庆精神。大庆精神是广大石油战线的职工发挥优良革命传统，继承中华民族吃苦耐劳精神，形成的一整套优良传统和作风。其核心内涵是“为国争光、为民族争气的爱国主义精神，独立自主、自力更生的艰苦创业精神，讲究科学、‘三老四严’的求实精神，胸怀全局、为国分忧的奉献精神”。

吃苦耐劳，为国分忧的铁人精神。铁人精神是新中国成立初期在困难的时候、困难的地方、困难的条件下，以石油工人王进喜为代表的石油工人的崇高思想、优秀品德和精神风貌的高度概括，是“爱国、创业、求实、奉献”的大庆精神的典型化、人格化。铁人精神无论在过去、现在和将来都有着不朽的价值和永恒的生命力。大庆精神和铁人精神旅游的标志地主要有代表中国石油历史里程碑的“松基三井”，代表铁人精神的“萨-55井”，爱国主义精神教育基地“铁人王进喜纪念馆”“铁人广场”等地。

7.4.4 发挥沿边优势开展边境风情游

利用边境口岸旅游风景区和历史文化遗址，沿东宁、密山、虎林、饶河、抚远、同江、萝北、嘉荫、逊克、黑河、呼玛、漠河一线打造中俄边境游。观光森林、湿地、界湖、界江和第二次世界大战历史遗址，与大自然亲密接触，感受边境地区原始森林风貌和历史文化。

感受黑龙江大地神州之最游。黑龙江省拥有100多个国际国内之最，其中很多独具特色的景观分布于边境沿线，包括世界最长国际界河——黑龙江、世界最大玄武岩瀑布——吊水楼瀑布、中国东极——乌苏镇、中国北极——漠河村、中国最大世界第二大高山堰塞湖——镜泊湖、世界最大东北虎繁育基地——横道河子虎林园、中国第一个国家公园——汤旺河国家公园、神州第一龙发掘地——嘉荫恐龙国家地质公园、日本侵略战争中亚洲最大的军事要塞——东宁要塞等。

领略独特的北国边境自然风光。代表性的旅游景观游有漠河北极光、呼玛开江冰排、茅兰沟森林公园、龙江三峡、三江口、乌苏镇哨所、黑瞎子岛、东极广场、乌苏里江湿地、珍宝岛、第二次世界大战终止地、绥芬河中东铁路起点、绥芬河外国领事馆、中东铁路运输博物馆、兴凯湖、镜泊湖、东北虎豹国家公园等。

体验沿边少数民族风情和美食。沿边最具特色的旅游项目有赫哲族民俗村、鄂伦春开江节、渤海鞣鱼皮工艺品，以及众多美食，如东北三宝、刹生鱼、塔拉哈、炒鱼毛、绥芬河三块鱼、镜泊湖红尾鱼、兴凯湖大白鱼、抚远大马哈鱼、鲟鱼、鳇鱼、狗鱼、哲罗鱼、乌苏里白鲑和晶莹剔透的大马哈鱼子、俗称黑金的鲟鱼子。

7.5 信息技术渗透产业融合路径选择

大数据、物联网、云计算和区块链等现代信息产业技术可渗透入农业产业全产业链中的各个环节。农村产业融合的突出问题是农产品安全和农民增收问题，主要原因是在农业生产、流通和消费环节中，生产者和消费者分散、弱小，无法实现信息对称、无法直接对接、无法决定价格。基于区块链技术的物联网和云计算可以实现农业产业链的深度融合。区块链的底层核心技术可以实现信息分布式记录以及所记录信息不可篡改、不可删除，该技术应用于农业生产中后可保证农作物从种子选取到运输销售的每个环节均有记录、可追溯。区块链技术应用于农业领域之后可使农民方便快捷地选择生产资料品类和供应，消费者可以自主选择品质优良的农产品，解决农产品安全问题，农民也可以实时了解农产品全产业链供求信息的市场行情，最大限度提升农产品附加值，确保粮食增产、农民增收。区块链+农业将促进农业领域前所未有的融合发展。

黑龙江省信息产业渗透促进农村产业融合发展可从五个子路径实现突破，即完善智慧农业信息监测管理系统、农业全产业链精准管理、创新农业金融保险服务、保护产业质量安全和知识产权、促进农村产业深度融合发展，形成如图7-5的信息技术渗透农村产业融合路径图。

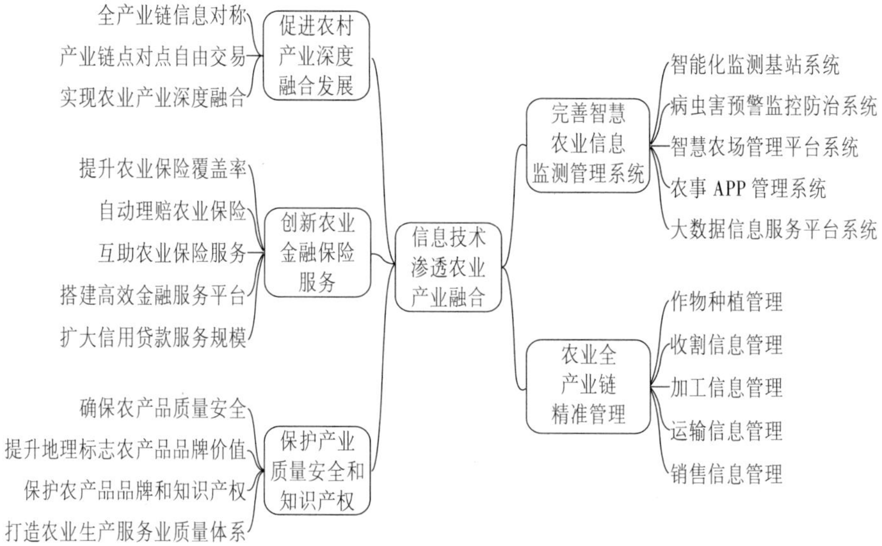

图7-5 信息技术渗透农村产业融合路径图

7.5.1 完善智慧农业信息监测管理系统

基于物联网的智慧农业系统需要完善的软件和硬件系统支撑，具体实现路径如下：

智能化监测基站系统。该系统建成后，监测信息通过物联网实时上传到云端，再从云端反馈到手机终端，并可自动采集空气温度、空气湿度、大气压强、光照强度等种植环境数据，同时通过Lora（远距离无线电）技术实现与农田设施的远程实时联动。利用物联网传感及成像技术自动采集气象、土壤、图像、地理位置等农业种植端信息，为农业生产主体提供全面、精准、低成本的物联网监管，为采购商提供身临其境的采购体验。

病虫害预警监控防治系统。通过建立病虫害数据与气象、土壤、图片GPS定位信息同步关联，构建系统病虫害模型，实现病虫害分布迁徙预警。害情评估后，采取黑光诱集、高压电网、自动喷洒等措施进行有效防治。

智慧农场管理平台系统。通过GIS/GPS技术对农场进行数字化展示，为用户实现农场地块规划管理、环境监控、关联数据对比、农作物长势评估、全景图像等功能，建立数字农场。通过智慧农场管理平台，农业主体可制订生产计划，对生产资料投入、农产品库存、农场人员实施管理，并实时监控任务完成情况；可联动控制农产设施，自动进行灌溉、施肥、开棚等操作；可提供专家诊断平台，支持农技知识查询服务，专家提供远程在线指导。

农事APP管理系统。农事APP可在移动端数据看台和管理界面帮助农业主体足不出户实现农作物远程监控、实时监管。可以随时随地根据种植情况及时推送指导咨询，提供农技知识查询、市场行情分析等服务；监测田间图像、气象、虫害和土壤情况；对灌溉、施肥、打药、除草等农事进行规划和登记记录；自由组合查询关联数据，及时评估农场状态。

大数据综合信息服务平台系统。建立基于智能化监测基站系统的省、市、县农业大数据综合信息服务平台，集农作物数据监测、数据分析、图像检测、产品溯源、电商交易于一体，为省、市、县各级政府农业监管部门提供监管决策平台，实现三农大数据管理、生产性服务调整管控、精准扶贫项目实施情况监管、农业生态环保项目监督治理、乡村振兴重点项目推进与监管、农业产业结构分析与规划、农产品质量安全监管和区域农产品品牌打造。

7.5.2 农业全产业链精准管理

利用区块链技术建立覆盖涉及农产品的农户、播种、管理、收割、加工、运输和零售的全程监控系统，实现农产品溯源信息的整理、分析、评估和预警，完善农产品的全产业链监管。

作物种植管理。建立农作物生命周期数据块，数据块记录农户、种子、地块、化肥、农药和灌溉等数据信息，实现农产品生命周期信息的透明化。物联网数据采集+区块链溯源体系可以通过数据平台和管理APP追踪农田现场数据，包括农作物从播种到收割前整个生命周期中的土壤、养分、水、温度、光照以及病虫害防治的信息，并上传到云端，监控灌溉、土壤、害虫和其他因素，完整地反映和追踪农作物生长过程中的生理数据信息，并与该作物历史区块数据比较确认，实时地对农作物生长环境和状况进行监控。根据降水量提供精确的灌溉，根据土壤质量变化进行定制化施肥，根据疫情采取有害生物控制措施等，确保农作物生命周期内健康良好的生长发育环境。

收割信息管理。建立农作物生理信息数据块，包括农作物生长需要的养分、积温、湿度、光照以及各个生长阶段营养成分含量等，利用区块链智慧农业平台对不同地块收割时机进行精准管理，实现农产品品质最优化管理。

加工信息管理。建立农产品加工流程数据块，记录每一批次农产品加工全过程的信息数据，让消费者和监管部门随时了解加工流程，比如是否采用添加剂、采用何种食品添加剂、添加剂量是否安全等信息。在农产品出现质量问题时，可以及时追溯加工流程所有环节，实现食品安全保障。

运输信息管理。利用物联网技术实时采集农产品运输过程信息并记录到区块链分布式数据系统中，保证农产品运输环节的安全。

销售信息管理。通过植入区块链技术，消费者可以即时对农产品进行溯源追踪，获取自己购买农产品的产地、地块、农户、种子、农药、化肥、采摘、加工和运输等全过程数据信息，真正实现了消费者可以买到健康安全的农产品。

基于区块链技术的农产品全过程安全溯源让消费者可以购买到安全放心的食品，提高了农产品的品牌价值，增加了农产品加工企业的效益，直接带动农民实现增收。

7.5.3 创新农业金融保险服务

农业保险深度和服务反映了金融对农业风险防范支撑的水平，也反映了农业现代化的实现程度。

提升农业保险覆盖率。农业保险主要存在两方面的问题，一是投保门槛高，而且出现农业灾害后，理赔手续复杂、周期长、灵活性差；二是农业保险参保率低，参保品种少，骗保概率较高。区块链技术与保险的结合可以解决信息不对称问题，实现农业保险的智能化，降低保险管理成本、减少道德风险。区块链技术还可以创新农业保险模式，实现农业保险形式的多元化。

自动理赔农业保险。基于区块链智能合约技术的农业保险，在农作物遭受灾害，触发保险赔偿机制后，无须等待投保人申请，就自动从承保人账户划拨赔偿款给农户或农业企业。

互助农业保险服务。基于区块链的分布式数据系统，农户可以建立适合于自身的点对点互助保险机制，在没有资金池的前提下达到互助理赔的目标。

搭建高效金融服务平台。由于农户分散性强、规模化程度不高，没有信用抵押机制，导致农户贷款一直是比较难解决的问题。区块链技术的信息高度透明和历史数据不可篡改性，为农村金融服务提供了很好的平台。

扩大信用贷款服务规模。传统的贷款流程必须提供相应的信用信息，需要银行、保险和信用机构协作进行，但经常存在信息缺失、信息不完整、信息使用成本高等问题。区块链技术使用分布式信息记录模式，用户信息记录于网络内每个节点中且始终不可篡改，透明度高、使用成本低。承保机构可以十分方便快捷地直接调取保户的区块链数据信息，确认信用记录，无须提供抵押或者第三方担保直接为农业主体提供信用贷款，支持主导产业和区域特色产业发展。

7.5.4 保护产业质量安全和知识产权

信息产业技术为农业产业体系质量安全和知识产权保护提供了保障。

确保农产品质量安全。区块链和大数据等信息产业技术可以融合形成“产品质量码”，将产品生产流通环节的信息全部收录，且不可篡改，为产品质量安全提供保障。同时基于区块链技术的农产品追溯系统，解决了消费对于产品的信任危机。通过在每一个销售环节上开放供应链信息，使消费者能够追踪农产品生产、加工、运输、贮藏历史，并向消费者提供农产品所有信息，保证农产品供应链的透明度和信任度，打造农产品质量安全体系。

提升地理标志农产品品牌价值。地理标志农产品产自特定地域，其产品特征决定于特定的自然生态环境和历史人文因素，自然环境资源的局限性决定了其稀缺性；环境要求苛刻、生产工艺复杂、品质优良，其价格具有优势性；其独特的基因遗传、品味、文化，使地理标志农产品消费成为一种时尚和身份象征。区块链技术可以通过“戳记”杜绝假冒地理标志农产品的行为。“品质戳”可以保证地理标志农产品种子、施肥、收割过程的质量检测真实性，“时间戳”可以对地理标志农产品生产中的每个时间点进行检测并保证其结果不可篡改，“地理戳”保证了地理标志农产品生产基地、生产过程的可靠性。

保护农产品品牌和知识产权。区块链的分布式信息记录和原始信息不可篡改特征从根本上保护了农产品的品牌和知识产权。通过物联网卫星定位系统，区块链的数据块可以如实记录农产品的地理标志、品牌持有者信息，品牌农产品种植、采摘、加工、贮运和销售的全过程，彻底消灭了假冒伪劣产品的市场渠道，保护品牌知名度。

打造农业生产服务业质量体系。农业生产服务业是服务于农民，与农业息息相关的产业，主要涉及种子、农药、化肥等农业生产资料和农机、农产品加工、农业技术、农产品营销等服务。农业生产服务业市场巨大，成为大量不法商贩的造假目标，假冒农资产品不时充斥市场，给农业生产造成损失。基于大数据的区块链技术对所有农资厂商数据进行分布式存储，打造市场化、体系化、闭环式的质量保障体系，打通农资供应质量全流程数据，给农户提供了安全、自主的选择平台，也提升了政府对农资产品质量的安全监管能力。

7.5.5 促进农业产业深度融合发展

信息技术渗透农业领域，把农业生产、管理、服务、加工、储藏、运输、销售、消费、产品质量追踪、质量安全监管等融合为一个有机体系，实现产业深度融合发展。

全产业链信息对称。农村产业融合发展是农业由大变强、增产增收问题的关键所在。传统的农业产业链互相独立，没有形成完整的产业链条。基于区块链的信息产业技术使农产品的生产、销售、定价、流通和消费以及农业生产服务、政府监管变得更加公开透明，农业生产主体、服务主体、消费主体、政府监管主体实现了信息完全共享。

产业链点对点自由交易。信息产业技术把农户、龙头企业、各类农业新型主体、农业生产服务主体、批发商、零售商、超市、专业批发市场、消费者融合为一个更为直观、相互信任的完整体系，实现产业信息完全对称，使每个主体都可以各取所需、自主选择，实现产品或服务的点对点自由交易。

实现农业产业深度融合。大数据和区块链技术把农产品种植、管理、收割、加工、贮存、运输和销售以及农业生产服务融合为完整的农业产业体系，将农户、生产商、服务商、分销商、批发商和零售商全部连接到一起，形成农业产业的完全融合。同时将产品、服务商、供应商、消费者联系在一起，实现了更加高效、透明、安全的农产品市场交易。专业化的农业产业链覆盖了农产品的生产、流通、销售和服务的各个环节，形成了品牌化、标准化、有机绿色的农产品保障体系，从根本上确保了农产品质量，实现了农业提质增效、产业由弱变强、农民增产增收的目标。

7.6 国家级试验区创新驱动产业融合路径选择

2017年7月，农业部下发《农业部关于认定首批境外农业合作示范区和农业对外开放合作试验区的通知》，认定黑龙江省东宁市为全国首批农业对外开放合作试验区。2019年8月，国务院下发《国务院关于印发6个新设自由贸易试验区总体方案的通知》，批准设立中国黑龙江自由贸易试验区，自贸试验区总面积119.85平方公里，分设哈尔滨、绥芬河、黑河三个片区。农业对外开放试验区和自由贸易试验区为黑龙江省农业供给侧结构性改革以及解决农村一二三产业融合发展创新驱动、转型发展提供了重要平台。

黑龙江省国家级试验区创新驱动产业融合从四个子路径实现突破，即以农产品加工贸易带动产业融合发展、扩大农业产业负面清单外贸易、创新涉农金融国际化服务产业、发展开放试验区农业总部经济，形成如图7-6所示的国家级试验区促进农村产业融合路径图。

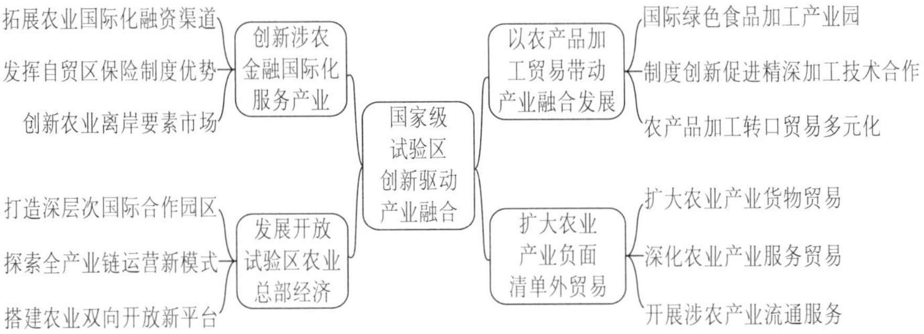

图7-6 国家级试验区促进农村产业融合路径图

7.6.1 以农产品加工贸易带动产业融合发展

充分利用自由贸易试验区对进出口加工型企业的优惠政策，以农产品精深加工带动农村一二三产业融合发展。

建设国际绿色食品加工产业园。充分利用保税加工政策，发挥园区集聚作用，引进国内外粮食制品、肉制品和水产制品等各领域的知名企业，带动农产品加工产业转型升级，并配套建设跨境电商平台，立足国际国内两个市场，形成加工、贸易、配送等综合服务的产业集聚园区。

制度创新促进精深加工技术合作。黑龙江省农业由大到强、实现产业深度融合的瓶颈因素取决于农产品精深加工。农产品精深加工重点急需突破的技术领域主要包括：玉米食品工业化、玉米发酵饲料、玉米氨基酸发酵提取关键技术及产业化；功能性乳制品、原料肉品质改进加工关键技术及产业化；高端富营养水稻制品及加工副产物综合利用、大豆生物集成技术加工及产业化。自贸区通过引进国内外领军人才、高端科技人才、科研团队等人才队伍，以及一流院校、科研院所、企业研发机构等各类农业科技创新主体，实现农产品高端加工技术的引进与合作，带动黑龙江省农产品加工产业技术升级换代。

农产品加工转口贸易多元化。自贸区除充分利用黑龙江省农业资源外，还要积极开发相邻国家质优价廉的农产品资源，如俄罗斯的小麦、玉米、大豆和水产品，发挥自贸区的技术创新加工优势，深加工成高营养的方便主食、休闲食品、儿童和老年特色产品，转口到“一带一路”沿线国家，并扩展到欧美和非洲，实现农产品转口贸易多元化的目标。

7.6.2 扩大农业产业负面清单外贸易

市场准入负面清单制度是以清单方式列出在中国境内禁止和限制投资经营的行业、领域、业务等，未列入清单的行业各类市场主体皆可依法平等进入。要充分利用自由贸易试验区负面清单的“非禁即入”政策，扩大农业产业负面清单外的贸易活动。

扩大农业产业货物贸易。一是扩大进出口国内外种植、养殖农产品，实现国内外农产品市场对接；二是引进国外先进的农业生产资料，如国外的名特优新品种、智慧农机具、生物农药、低残低毒高效农药、绿色高效有机肥、农产品加工先进设备等；三是开展灵活多样的涉农货物贸易形式，在转口贸易的基础上开展走出去为主的输出贸易，贸易形式可以是现货或者期货，交易方式可以是市场交易或者线上电商交易。

深化农业产业服务贸易。一是许可国内外服务主体独资或合作设立涉农中介、商业代理、农事信息、专利转让、行业规划、农业投融资服务、农产品营销策划、法律法规咨询和律师代理等服务机构；二是允许国内外机构从事涉农人才培训、资格认证、国内外交流、人才引进和涉农会务活动，在对外开放的同时，推动国内农业资本、技术和农技人员走向世界；三是国内外休闲农业对接服务，引进国际大型旅游公司对休闲农业进行包装开发、市场运作，带给游客不同国家特色和地域特点的民俗文化体验。

开展涉农产业流通服务。一是在自由贸易试验区设立保税展示交易中心，推广农业新技术、新工艺、新农机具、新产品，扩大农业对外开放合作；二是配套建设农业仓储物流、农产品免税店、电商交易平台，整合国内外农产品资源，把黑龙江省农产品融入国际农产品贸易体系，提升农产品国际竞争力。

7.6.3 创新涉农金融国际化服务产业

自由贸易试验区的突出特点是金融国际化，为涉农金融国际化服务提供了广阔空间。

拓展农业产业国际化融资渠道。许可外资设立独资或者合作金融机构，对资金需求量大的涉农项目实行投资股本化、融资债券化，允许自贸区内金融机构的汇率和利率市场化运作。鼓励自贸区企业利用自由贸易账户进行国际融资，拓展重大农业产业化项目融资渠道。

发挥自贸区保险制度优势。利用国际保险机构产品服务优势，把国外先进金融工具、管理经验、国际资本引进国内，创新适用中国农业保险市场的保险业务，增加农业保险品种，完善农业灾害保险机制，构建农业产业风险管理体系。

创新农业离岸要素市场。鼓励国内涉农企业利用自贸区人民币项目兑换政策，发展离岸金融和建立农业离岸要素市场，在农业生产资源丰富的俄罗斯、巴西、阿根廷、澳大利亚、新西兰和非洲等地开展农产品种植、养殖、加工等活动。经营方式采取独资、合作、订单收购等灵活多样的模式。

7.6.4 发展开放试验区农业总部经济

国家批准设立的首批农业对外开放合作试验区，唯有黑龙江省东宁市对外开放合作试验区具备毗邻俄罗斯、朝鲜、韩国和日本等农业资源丰富、市场经济发达国家的地缘优势，其余都是内地合作试验区。黑龙江省可发挥沿边农业产业价值吸引力，聚合国内外农业产业资源，形成独具特色的农业总部经济区域。

打造深层次国际合作园区。重点打造依托设施农业、农产品加工、现代农机装备、名特优种养殖业、智慧农业、电子商务等优势产业，以及面向国际开放的国家级现代农业产业试验园区、国际农产品交易中心、农业综合创新培训中心、国际农产品冷链物流基地，集聚龙头企业在农业技术创新、农产品贸易、农业产业经营管理领域开展深层次国际合作。

探索全产业链运营新模式。按照农业对外开放合作试验区的功能定位，为龙头企业配套完善公用保税仓储、冷链物流、保税展示交易及配送、跨境电商等功能，充分发挥总部基地在农产品设计、研发、生产、营销、品牌、物流方面对农业产业的导向和资源配置作用。在生产、交易、监管、金融、保险、结算等环节实行全产业链运营新模式。

搭建农业双向开放新平台。抓住“一带一路”发展战略和俄罗斯远东开发机遇，打造“一带一路”农产品贸易大通道，建设境外农业合作示范区，推进境内外农产品加工基地建设。放大农业对外开放试验区的区位、政策、产业和资源等集成优势，统筹利用国际国内两个市场、两种资源，发展以境外农业合作转型升级为特色的总部经济。

7.7 本章小结

本章针对黑龙江省农村一二三产业融合发展的五大路径进行具体路径的现实选择分析。农林牧渔业产业布局优化调整方面包括种植业特色产业带布局调整，畜牧养殖业产业布局结构调整，渔业产业布局结构调整以及山特产品产业布局结构调整。农产品精深加工产业结构调整方面包括玉米精深加工产品差异化，水稻深加工全产业链发展，大豆精深加工转型升级，马铃薯深加工产品综合化，乳业深加工产品高品质化，蔬菜精深加工产品系列化，杂粮杂豆加工产品多元化以及渔业精深加工产品国际化。农林牧渔服务业产业体系建设方面包括培育多元化农林牧渔服务业主体，加强农业生产主体市场信息服务，完善农业生产资料流通服务体系，构建农业生产技术综合服务体系，推进农业资源专业化利用服务体系建设，拓展农业机械社会化服务体系及强化农产品初加工一条龙服务。休闲农业产业结构布局调整方面包括打造自然生态康养观光产业带，构建冰雪特色旅游产业体系，传承关东民俗和弘扬四大精神游及发挥沿边优势开展边境风情游。信息技术渗透农村产业融合方面包括完善智慧农业信息监测管理系统，农业全产业链精准管理，创新农业金融保险服务，保护产业质量安全和知识产权及促进农业产业深度融合发展。国家自由贸易区和农业开放合作试验区驱动产业融合方面包括农产品加工贸易带动产业融合发展，扩大农业产业负面清单外贸易，创新涉农金融国际化服务产业，发展开放试验区农业总部经济。

8 黑龙江省农村产业融合案例分析

8.1 案例1——中国（黑龙江）自由贸易区绥芬河片区提升农村产业融合发展路径分析

黑龙江省作为中国第一农业大省，应尽快通过农村产业融合路径实现向全国第一农业强省地位的转变。同时，作为第一农业大省，在农村产业融合发展和农业改革开放领域也应该做出表率，走在全国的前列。通过第5章黑龙江省农村产业融合发展障碍因素分析发现，农产品加工技术落后是影响黑龙江省农村产业融合发展的主要障碍因子，2017年其单项指标的障碍度高达49.57%。为提升全省农村产业融合水平，加速实现农业强省的战略目标，学习借鉴新加坡、迪拜自由贸易港（区），建立以自由贸易试验区农产品加工为主的产业布局，带动提升全省农村产业融合实现跨越式发展已迫在眉睫。

8.1.1 中国（黑龙江）自由贸易试验区的建设背景

1. 自由贸易试验区建立背景分析

经过15年的艰苦谈判，2001年11月10日中国终于加入世贸组织，成为世贸组织新成员，摆脱了贸易歧视的被动局面，享有了与其他世贸组织成员的同等待遇和权利。但是，近年来美、澳、日、欧等发达国家和地区先后参与和主导发起了TPP（跨太平洋伙伴关系协定）、TTIP（跨大西洋贸易与投资伙伴协议或美欧双边自由贸易协定）、PSA（多边服务业协议）等新一轮多边贸易谈判，宗旨是搁置和取代WTO，建立覆盖领域更为广泛、贸易规则更为深刻的多边贸易组织，并全部排除中国参与其中。

为适应新一代高规格的全球贸易和服务规则，我国开始建立自由贸易试验区，先行试验国际经贸新规则、新标准，积累新形势下参与双边、多边、区域合作的经验，为与美国等发达国家开展相关谈判提供实证样本和参考依据，进而为我国参与国际经贸规则的制定提供有力支撑。

建设自由贸易试验区是新时期中国对外开放的战略举措。2013年，我国在上海设立首家自由贸易区。6年多的改革实践证明，我国自由贸易试验区在政府职能转变、自由贸易化、金融开放创新以及行政管理体制改革方面取得了一系列的显著成效。为进一步深化改革开放，加快制度创新，国家先后设立覆盖东西南北中的包括中国（黑龙江）自由贸易试验区在内的21个自贸区，明确了全面改革开放的战略布局。建设新时代自由贸易试验区，以制度创新为核心，加快商品、服务、人才、资本、信息等自由流动，有效激发了区域经济发展活力，日益成为我国开放型产业发展的重要载体，正推动我国开放不断深入。

2.中国（黑龙江）自贸区建设的经济社会背景

黑龙江省在对外改革开放战略中具有不可替代的地缘优势。黑龙江省是中国纬度最高的省份，国境线长度2 981.26公里。北部有黑龙江，东部有乌苏里江与俄罗斯隔江相望，还有兴凯湖、绥芬河与俄罗斯相邻。与朝鲜半岛、日本列岛隔海相望。黑龙江省位于东北亚区域腹地，是亚洲与太平洋地区陆路通往俄罗斯和欧洲大陆的重要通道，是中国沿边开放的重要窗口，现已成为我国对俄罗斯及其他国家开放的前沿。

2019年，黑龙江省实现地区生产总值13 612.7亿元，第一产业增加值3 182.5亿元，增长2.4%；第二产业增加值3 615.2亿元，增长2.7%；第三产业增加值6 815.0亿元，增长5.9%。三次产业结构为23.4∶26.6∶50.0。全省人均地区生产总值实现36 183元，比上年增长4.7%。全省实现农林牧渔业增加值3 267.4亿元，按可比价格计算，比上年增长2.5%。全省粮食产量7 503万吨，连续11年位列全国第一。全省实现进出口总值1 865.9亿元，比上年增长6.7%，加工贸易进出口96.2亿元，增长2.2%。全省外资投资新设立企业158个，比上年增长25.4%。

2019年全省社会发展持续增长。全省主要运输方式共完成货运量6.7亿吨，比上年增长6.8%。全省共接待国内外旅游者21 665.2万人次，比上年增长19.0%；实现旅游业总收入2 683.8亿元，增长19.6%。全省共取得各类基础理论成果331项，应用技术成果1 241项，软科学成果52项。全省城镇常住居民人均可支配收入30 945元，比上年增长6.0%；农村常住居民人均可支配收入14 982元，增长8.5%。

3.中国（黑龙江）自贸区建设的改革开放背景

黑龙江省历史上对外贸易具有悠久的历史，与俄罗斯有近3 000公里的边境沿江、沿边、沿线对外开放的地缘优势，中俄两国城市和乡村有的隔江相望，有的水陆相连，有的公路相通，有的铁路相接。早在300多年前中俄两国边民就开展了互通有无的边境贸易活动，新中国成立初期黑龙江省通过铁路、航空、水运、陆路全面开展过双边贸易活动。

改革开放后，国家批准黑龙江省设立了25个一类贸易口岸，居全国之首，其中航运口岸15个（哈尔滨、黑河、抚远、萝北、佳木斯、逊克、桦川、嘉荫、绥滨、孙吴、富锦、呼玛、同江、饶河、漠河），陆路口岸4个（绥芬河、虎林、密山、东宁），空运口岸4个（哈尔滨、牡丹江、佳木斯、齐齐哈尔），铁路口岸2个（哈尔滨内陆港、绥芬河站）。开通了7条国际铁路客货运输线路、22条水上国际客货运输航线、25条国际航空运输线路、41条陆地冰上客货运输线路，与美国、俄罗斯、日本、韩国等20多个国家和港澳地区相通。黑龙江省与俄罗斯省级政府（俄方的滨海边疆区、哈巴罗夫斯克边疆区、犹太自治州、阿穆尔州和外贝加尔边疆区）领导人建立了定期会晤机制，定期就双方文化交流、经贸合作、口岸建设、贸易便利化、友好交往进行磋商，为外贸开展、边民互相往来、文化交流提供了便利条件。

2019年国务院又设立了中国（黑龙江）自由贸易试验区，包括哈尔滨片区、绥芬河片区、黑河片区，总面积119.85平方公里。

改革开放以来，黑龙江省对外贸易规模持续扩大，贸易结构不断优化，贸易伙伴遍及六大洲，涉及200余个国家和地区，“一带一路”沿线62个国家与黑龙江省开展了贸易活动。开通了哈尔滨至欧洲、俄罗斯、白俄罗斯专列，开辟了哈尔滨—绥芬河—俄罗斯陆海联运通道。

黑龙江省悠久的贸易历史，丰富的对外改革开放经验，为建立中国（黑龙江）自由贸易试验区奠定了雄厚的基础。

8.1.2 中国（黑龙江）自贸区绥芬河片区功能及农村产业融合现状

1. 中国（黑龙江）自贸区绥芬河片区区位布局

中国（黑龙江）自贸区绥芬河片区总面积为19.99平方公里，实施范围为：东至国门边境线，南至黑龙江进出口加工园规划十八街，西至国家森林公园，北至向阳街、滨绥铁路。

国务院批复的中国（黑龙江）自贸区绥芬河片区功能为：重点发展木材、粮食、清洁能源等进口加工业和商贸金融、现代物流等服务业，建设商品进出口储运加工集散中心和面向国际陆海通道的陆上边境口岸型国家物流枢纽，打造中俄战略合作及东北亚开放合作的重要平台。

2. 中国（黑龙江）自贸区绥芬河片区农产品加工现状

自由贸易区对农村产业融合发展的带动作用主要体现在农产品加工。农产品加工技术落后是阻碍黑龙江省农村产业融合发展的主要因素。农产品加工是中国（黑龙江）自贸区绥芬河片区的主要功能之一。根据作者现场调研，2019年批复自贸区以来，绥芬河片区粮食进口和加工产业发展迅速，与建立自贸区前相比，自贸区进口粮食同比增长60.77%，粮食加工数量同比增长268%。

绥芬河自贸片区已经进驻四家农产品加工企业，见表8-1。

表8-1　**中国（黑龙江）自贸区绥芬河片区农产品加工企业概况**

公司名称	成立时间	注册资金（万元）	主营业务	年加工能力（万吨）	年产值（万元）	年利润（万元）
黑龙江自贸区绥芬河片区三颗麦国际贸易有限公司	2020-03-11	100	米面制品、食品生产加工及销售	0.3	7 500	1 500
绥芬河市驰宇食品有限公司	2015-11-13	2 000	米面制品、食品加工销售	0.4	10 000	2 000
绥芬河市保达农牧产品加工有限公司	2018-04-23	2 000	农牧产品深加工、进出口贸易	6	12 000	1 200
绥芬河良运农产品开发有限公司	2014-09-01	8 000	农副食品制造、食用油脂加工、农产品销售、农产品初加工	70	220 000	14 000

黑龙江自贸区绥芬河片区农产品加工企业初步完成了产业布局，加工品种主要有：大豆、玉米、菜籽、小麦、俄罗斯荞麦、苦荞麦、沙棘粉和南瓜粉挂面。

3. 中国（黑龙江）自贸区绥芬河片区农产品加工存在的问题

一是缺乏农产品精深加工，仍以初加工为主。三颗麦国际贸易有限公司简单地将俄罗斯面粉加工成挂面返销俄罗斯；驰宇食品有限公司只是将俄罗斯小麦制成面粉，没有后续配套的食品加工产业链；保达农牧产品加工有限公司进口俄罗斯玉米后，也是简单地加工为压片玉米，销售给国内饲料加工厂和养殖户；良运农产品开发有限公司的大豆、菜籽主营业务，以压榨油脂产品为主，没有进行大豆生物技术产品等高端豆制品加工。自贸区需进一步引进国际领先的加工设备、加工技术，促进农产品精深加工，为全省农产品加工起到示范引领作用。

二是农产品加工企业数量有限、规模不够。4家农产品加工企业中，年加工能力不足万吨的有2家，6万吨的1家，70万吨的1家，没有加工能力超过百万吨的企业。自贸区急需引进大企业、大项目入驻园区，拉动周边和全省农村产业融合快速发展。

三是自贸区政策创新不足，对国内外加工企业吸引力不足。自贸区急需在人才引进、财税支持、投融资便利化、政府职能转变等方面进行政策创新，增加招商引资吸引力。

四是自贸区对区域经济和全省农村产业融合引领提升作用不明显。自贸区农产品加工企业在技术、设备、规模和政策创新方面还需提档升级，以国际领先的加工技术、设备和政策为全省农村产业融合起示范带动作用。

8.1.3 绥芬河自由贸易片区提升农村产业融合路径政策建议

1.突出农产品精深加工产业布局重点

（1）构建智能技术引领的稻米精深加工产业链

黑龙江省是中国水稻产量最高的省份，2019年水稻产量占全国的14%，其中三江平原水稻产量占黑龙江省水稻总产量的60%。绥芬河自由贸易片区毗邻黑龙江东部的三江平原，因此，黑龙江自贸区绥芬河片区水稻加工产业链对全省乃至全国农产品加工产业具有积极的示范引领作用。

第一，推进高品质水稻制品加工及副产物综合利用产业化。推广应用水稻“科学适度加工”技术，避免传统水稻的过度加工，造成大米营养物质损失。自贸区水稻要做到“科学适度加工”，去除残留农药与重金属的皮层，保证食品安全。开展高品质大米制品加工关键技术研究，提高非发酵类米制休闲方便系列食品品质，并建立米制食品工业化生产技术标准，推动自贸区稻米加工产业化及示范生产。研发稻米高营养方便主食、休闲食品、儿童食品、老年食品，开发不同产品包装、保鲜和贮藏技术，集成创新全套生产设备，以自贸区示范带动我国稻米加工产业提档升级。

第二，建立自贸区智慧化稻米加工生产线。首先是生产设备智能化，对各道工序的运行、控制设备分别植入传感系统、控制执行系统、伺服系统。其次是稻米加工智慧化决策、执行和管理，中心智能云平台不断对各道工序进行协调与优化，达成协同智能控制效果；系统在设备管理与监视、故障管理与诊断、流量管理与优化方面具有自管理能力。

（2）以非转基因大豆加工重构大豆产业发展格局

中国是世界大豆主要消费国家，每年消费大豆1.1亿吨，占全球大豆消费量的30%。黑龙江省是中国大豆最大生产省份，也是世界最大非转基因大豆生产基地，年产量占全国的45%，占全国大豆扩种面积的70%，同时，绥芬河片区毗邻的俄罗斯远东地区也是世界最大的非转基因大豆种植基地。在黑龙江自贸区绥芬河片区建立非转基因大豆精深加工产业，对提升黑龙江全省农村产业融合水平乃至重构全国大豆产业发展格局都有十分重要的意义。

第一，自贸区大豆加工精深产业具备优质的原料保障。《中俄在俄罗斯远东地区合作发展规划（2018—2024年）》以及中美贸易摩擦为黑龙江自贸试验区绥芬河片区境外发展大豆种植基地、境内布局大豆精深加工提供了难得的历史机遇。黑龙江省和俄罗斯远东地区可以保障自贸区优质非转基因大豆加工原料供应，尤其是俄罗斯大豆拥有生态种植、非转基因、高蛋白质的特性，在国际市场拥有很强的竞争力。

第二，建立自贸区国际先进大豆生物加工技术和产品开发体系。一是自贸区建设国际先进的可复制推广的大豆生物加工技术产业化示范，创立生物解离油脂、蛋白同步分离关键技术并进行集成与示范。二是大豆仿肉食品加工技术集成与新产品开发，引进研发大豆仿肉精细制造关键技术和大豆仿肉制品风味调控关键技术。三是功能型大豆副产物综合利用关键技术与产业化，开发高纯度大豆低聚糖、高生物利用度水溶性异黄酮和质构稳定的功能性豆渣膳食纤维产品，实现大豆资源的高值化加工与利用。

2. 优化自贸区人才引进和发展环境

为外籍和港澳台专业技术人才创造宽松的发展环境。赋予自贸区对外籍、港澳台人才的直接管理权；开展专业技术人员职业资格国际化认证；为外国留学生在自贸区创业就业开辟绿色通道，发放工作签证；允许外籍专业技能人才在自贸区就业；建立自贸区专业技能人才培训基地。

实施自贸区急需人才激励政策。根据专业技术人才在本行业影响力、专业技术水平、工作年限、社会影响力等条件对自贸区人才进行层次评级，根据层次评级给予高层次人才、高端人才和紧缺人才一次性安家费、住房等财政直接补贴，吸引全球不同行业、不同层次人才入驻。针对外籍高层次、高端、紧缺人才政策，可在给予国内人才补贴政策基础上按一定比例上浮。对自贸区内企业连任二年以上的高级人才个人所得税地方留存部分，按照一定比例直接返还，或是通过住房等其他补贴进行返还。

实施科技成果转化激励政策。入驻自贸区的高层次、高端和紧缺人才，为企业做出重大科技、产品创新等成果转化贡献的，根据成果转化情况进行评定等级奖励。

搭建人才服务专业化平台。自贸区可通过年度财政专项预算，搭建吸引全球高层次人才、紧缺人才的网络平台和入驻配套服务平台，为人才入驻提供国际化专业服务。

3.创新转变自由贸易区政府服务职能

创新自贸区监管体制机制。自贸区内涉及省级事权管理的，全部下放自贸区自行审批管理；在自贸区实行“一窗全权受理、后台分类审批、综合窗口出件”的工作模式，实施“多证合一、一照一码”的综合改革措施；推行“互联网+政务服务”模式，拓展“一部手机，一网通办”功能；实行动植物及其产品检疫审批负面清单制度；做好自贸区国际会议、赛事、展演、展览监管，简化展品检疫审批管理；建立以信用监管为核心，配合负面清单管理制度的事中事后监管体系。

推进自贸区投资自由化便利化。允许自贸区根据实际情况出台招商引资促进政策；激发市场投资主体活力，遵照“非禁即入”原则，实行外商投资负面清单管理制度；完善外商投资服务管理体系，实行项目进度跟踪服务机制，确保外商投资合法权益；统一内外商投资机构资质要求；支持外资设立农产品加工教育培训和职业技能培训机构；健全自贸区国际商事调解和仲裁制度建设；完善自贸区知识产权服务体系建设。

4.实施“零关税、低税率、简税制”自贸区税收政策

自由贸易试验区内实行零关税。自由贸易试验区关税制度要一步到位，对在自贸区内卸载、分装、加工、贮藏、销售农产品无须办理报关手续，无须缴纳关税，进行转口贸易的免征出口关税。

自由贸易试验区内免征增值税。自由贸易试验区内农产品加工企业进口国外产品和设备，免征进口环节增值税；国内其他地区运进农业自贸区的农产品，自贸区内农产品加工企业之间的交易适用零税率。

激励企业创新研发的所得税优惠政策。通过优化企业所得税政策促进企业研发，提升企业活力。执行投资抵免、加速折旧、特别折旧、准备金提取、盈亏相抵等间接优惠政策；构建政府与创新企业间共担风险、共享利润的所得税机制；加大对企业创新投入与相关风险的税收补偿力度。

执行自贸区内企业再融资税收优惠政策。通过税收优惠减免企业再融资成本，鼓励自贸区企业扩大规模，降低融资风险，提升企业资金来源保障。农产品加工企业利润再投资于自贸区内项目的，可以在一定会计核算期内抵减投资金额应缴所得税，对已缴所得税可以给予退还。

8.2 案例2——黑龙江省冷水鱼提升产业融合路径分析

黑龙江省冷水资源和冷水鱼类品种资源十分丰富，把资源优势转化为经济优势的空间巨大。本节结合黑龙江省经济社会发展重点课题《实施农业强省战略中黑龙江冷水鱼发展对策研究》（编号20309）课题研究内容，对冷水鱼产业融合路径提升进行分析研究。以鲑鳟鱼类为例，目前国际市场年产量340万吨，国内年产量只有4.7万吨，仅占1.4%；国内市场年需求量为20万吨左右，仅能满足市场需求的23.5%；黑龙江年产60吨，占国内产量的0.13%，仅能满足市场需求的0.03%。国内鲟鱼和鳇鱼商品鱼年产量为9万吨左右，黑龙江省年产量为零。素有“黑黄金”美誉的鱼子酱产品，目前国内年产量为300吨，黑龙江省年产量只有10吨，占国内产量的3.3%。

8.2.1 黑龙江省冷水鱼养殖产业化优势分析

1.冷水鱼类养殖水资源丰富

（1）内陆河流水资源概况

黑龙江省主要有黑龙江、松花江、乌苏里江、绥芬河四大水系。流域面积50平方公里以上的河流2 881条，总长度为9.21万公里；流域面积100平方公里及以上河流1 303条，总长度为6.55万公里；流域面积1 000平方公里及以上河流119条，总长度为2.4万公里；流域面积10 000平方公里及以上河流21条，总长度为1.03万公里。

（2）边境河流水资源概况

黑龙江省国境线长2 981公里，其中涉水边界2 723公里，占全省国境线的91%，主要包括黑龙江1 861公里、抚远水道1公里、乌苏里江454公里、松阿察河215公里、兴凯湖70公里、白棱河17公里、绥芬河2公里、瑚布图河103公里，总体称为“六河一湖一水道”。

（3）湖泊水资源概况

黑龙江省境内有兴凯湖、镜泊湖、连环湖、五大连池等大小湖泊6 026个，现有常年水面面积1平方公里及以上的湖泊253个，其中，淡水湖241个，咸水湖12个，水面总面积3 500平方公里（不含跨国界湖泊境外面积），较大湖泊有65个，占湖泊面积的74%。水面超过10 000万亩的湖泊还包括达里加湖（又称大力加湖）、向阳湖（又称喇嘛寺泡）、扎龙湖等。

（4）水库水资源概况

黑龙江省有各类水库1 031座（库容超过10亿立方米的大Ⅰ型水库3座、库容超过1.0亿立方米的大Ⅱ型水库25座、中型水库101座、小Ⅰ型水库467座、小Ⅱ型水库435座），总库容268.40亿立方米。其中，兴利库容总量为148.48亿立方米，占全省总库容的55%，占全省地表水总量的21.7%。

2.经济鱼类品种资源丰富

（1）鱼类资源概况

黑龙江省分布有鱼类21科73属113种，其中鲤科鱼类占54%，为

61种；鲑科鱼类占8.8%，共10种；鳅科8种，鲿科、虾虎鱼科各4种，杜父鱼科3种，七鳃鳗科、鲟科、鲶科、胡瓜鱼科、茴鱼科、鲈科及塘鳢科各2种，狗鱼科、青鳉科、鮨鱼科、鳢科、鳕科、斗鱼科、银鱼科、刺鱼科和鲻鱼科各1种。

（2）特色名贵鱼类品种

黑龙江省鱼类资源特色明显。一是经济性鱼类资源丰富。黑龙江省鱼类资源丰富，自古以来素有“三花五罗，十八子，七十二杂鱼”之称，闻名全国。二是名贵鱼类资源丰富。代表性鱼类有兴凯湖大白鱼、史氏鲟、达氏鳇、大马哈鱼、镜泊湖红尾鱼，以及世界独有的唯一生活在海水中的洄游鲤科鱼类——三块鱼。三是冷水性和喜冷性鱼类品种多。代表性种类有红点鲑、乌苏里白鲑、哲罗鱼、细鳞鱼、黑龙江茴鱼、江鳕、怀头鲇和乌苏里鮠等特色品种。

3.冷水鱼养殖产业基础优势

（1）黑龙江——中国冷水鱼产业发源地

中国冷水鱼产业化养殖发源于黑龙江省。1959年朝鲜赠送中国5万粒虹鳟鱼发眼卵和6 000尾虹鳟鱼稚鱼，由中国水产科学研究院黑龙江水产研究所在海林县横道河子镇建立了中国第一个虹鳟鱼试验站。经过4年试验，1963年培育成亲鱼并在国内首次实现虹鳟鱼人工繁殖成功。1965年黑龙江水产研究所又在宁安县渤海镇建设虹鳟鱼试验场，1968年实现虹鳟鱼发眼卵规模化生产，并向国内黄河流域一些省份供应虹鳟鱼发眼卵。

改革开放后，黑龙江水产研究所把渤海虹鳟鱼试验场扩建为中国第一个综合性冷水鱼试验站，从国外引进的优质冷水性鱼类有虹鳟、金鳟、山女鳟、大鳞鲑、白点鲑和大西洋鲑等，研发养殖的土著冷水性鱼类有哲罗鱼、细鳞鱼、黑斑狗鱼、江鳕等品种。冷水鱼试验站主要开展鲑鳟鱼类的人工繁殖、池塘驯化、资源保护、遗传育种、饵料加工、鱼病防治和健康养殖等技术研究，并提供冷水性鱼类的苗种和养殖技术服务。

（2）冷水鱼产业化企业起步早

黑龙江省冷水鱼养殖产业化领先于全国，在鲟鳇鱼养殖方面代表性的企业有抚远市东龙鲟业有限公司、抚远市史氏鲟国家级原种场、抚远市鲟鳇鱼繁育养殖有限公司、抚远市鲟龙渔业有限公司、抚远市华夏东方鲟业有限责任公司、黑河华之宝鲟鱼有限公司、黑龙江农垦勤得利农场宝鲟渔业公司。在虹鳟鱼养殖方面代表性企业为宁安市钻心湖虹鳟鱼场。

4.冷水鱼养殖人才和技术优势

（1）高校和科研院所人才集聚优势

新中国成立初期，黑龙江省就设立了国家级的中国水产科学研究院黑龙江水产研究所，该研究所重点任务是围绕渔业科技创新和渔业产业高质量发展，开展淡水渔业特别是冷水性鱼类的公益性、基础性研究和应用技术研发，着力解决渔业发展中关键重大科技问题，为我国渔业技术进步和产业发展提供支撑。目前已经建立起水产养殖技术、遗传育种与种质资源、水产生物技术、渔业资源保护与利用、渔业生态环境与水产品质量安全等8大研究领域23个专业研究方向的学科体系，为我国寒冷地区渔业的可持续发展提供技术保障，并在全国冷水性鱼类研究领域处于引领地位。

此外，东北林业大学和黑龙江科技大学的科研团队，20多年来一直致力于高寒地区渔业资源开发利用基础理论和产业化应用推广研究，取得多项突破性成果。代表性成果是实现了高寒地区河蟹产业化养殖零的突破，实现了高寒地区河蟹养殖产业化。

（2）冷水鱼养殖产业化技术优势

早在20世纪60年代初，黑龙江省科研人员就突破了虹鳟鱼的人工繁殖技术，实现了产业化推广应用。

1957年，黑龙江水产研究所就在国内首次成功实现了史氏鲟人工繁殖，该技术为产业化养殖奠定了基础。

1988年，黑龙江省国营农场总局勤得利农场实现了鲟鳇鱼苗种产业化生产，为鲟鳇鱼规模化养殖和放流提供了保障。

1992年，黑龙江省水产研究所在国内首次研发了全人工规模化养殖鲟鱼技术，为中国鲟鳇鱼养殖产业开辟了先河。

2000年，黑龙江省特产鱼类研究所成功繁殖了野生达氏鳇，并培育出优良杂交种“鲟龙1号”（俗称大杂交：达氏鳇♀×史氏鲟♂）。中国鲟鱼子酱生产早期主要以史氏鲟为主，近年来由于鲟龙1号（达氏鳇×史氏鲟）具有个体大、怀卵量大、鱼子酱品质好与价格高等优点，且国内有大量鲟龙1号达成熟年龄，鲟龙1号已取代史氏鲟成为中国鲟鱼子酱生产的主要品种。

2002年，黑龙江水产研究所在世界上首先突破了鲟鱼活体取卵人工繁殖技术，我国鲟鱼养殖完全摆脱了对野生资源和进口苗种的依赖。

2009年，黑龙江水产研究所的“鲟鱼繁育及养殖产业化技术与应用”项目获国家科技进步二等奖，直接促进了我国鲟鱼规模化集约化养殖产业的形成。

2011年，黑龙江水产研究所又组建了国家冷水性鱼类工程研究技术中心。

5.冷水鱼苗种产业天然优势

冷水鱼类的性腺完全发育需要一个低温期的刺激，低温环境是鱼体营养物质向性腺中转化的必要条件，卵黄的积累发生在冬季和早春时节。

黑龙江省冬季严寒的季节有助于冷水鱼类性腺发育成熟，鱼卵质量好、苗种成活率高，为黑龙江省冷水鱼苗种产业化发展提供了良好的基础。

6.冷水鱼产业经济效益好

冷水鱼养殖是资源依托型产业，黑龙江省既有适宜工厂化、高度集约化的水库坝下流水养殖资源，也有适宜家庭小规模零散养殖的山涧溪流资源。既是农民致富的养殖项目，也是产业化规模化发展的朝阳产业。冷水鱼养殖项目周期短，经济效益高。黑龙江省五常市的虹鳟鱼养殖期为6个月，山涧溪流投入产出比为1：1.9，水库底排水投入产出比为1：1.5。

8.2.2 黑龙江省冷水鱼养殖产业化劣势分析

1.纬度高、气温极端、生长周期长

黑龙江省地处寒温带，冬季是全国平均气温最低的省份，夏季普遍高温，剧烈的温度变化超出了冷水鱼正常适宜的生长需求。黑龙江省冬季低温，1月平均气温在-30.9℃～-14.7℃之间，极端温度达到-52.3℃；夏季高温，7月平均气温在20℃～29℃之间，极端气温达到41.6℃。典型的代表性鱼类虹鳟鱼的最适宜生长温度为14℃～17℃，鲟鳇鱼为18℃～23℃。黑龙江省的极端气候特征，无法满足冷水鱼类全季节生长发育要求，直接阻碍了冷水鱼产业发展。

2. 自然水域不适合养殖

天然河流径流量年变化幅度大，存在明显的丰枯周期，径流量极不平衡，受季节等因素影响，冬夏流量相差悬殊，夏季7月和8月份占径流量的50%以上，部分河流冬季干涸见底。湖泊多为浅水型（镜泊湖等除外），平均水深不超过10米，大部分湖泊蒸发渗透量大，干旱年份水面及水位波动大。大部分湖泊都有5～6个月的冰封期，水面冰层厚度0.7～1.5米。水资源量季节分布的极端不均衡和冬季1.0米左右厚度的冰层，导致自然水域不适合冷水鱼产业化养殖。

黑龙江省现有1 031座水库，水库总库容268.40亿立方米，占地表水资源总量的40%，是黑龙江省冷水鱼资源开发利用的集中领域。

3. 体制机制障碍影响水资源利用效率

新中国成立以来，我国水资源管理和渔业发展一直归属不同部门管理。

国家规定，水利部门的职能配置为：负责保障水资源的合理开发利用；负责生活、生产经营和生态环境用水的统筹和保障。水利部门只负责防洪、灌溉、发电和饮用水源管理，水资源的渔业利用问题没有纳入其职责范围。

农业农村部门职能配置为：负责种植业、畜牧业、渔业、农垦、农业机械化等农业各产业的监督管理；保护和合理开发利用渔业资源，指导水产健康养殖和水产品加工流通，组织水生动植物病害防控。农业农村部门对可用于渔业发展的优质水资源情况不掌握，无法把占地表水40%的水资源纳入渔业整体发展规划。

显而易见，水利部门负责水资源开发利用，农业农村部门负责渔业资源开发利用，导致水资源开发利用规划未能包含渔业资源发展规划，造成水资源开发利用的极大浪费。同时渔业开发利用规划不能涵盖最有开发利用价值的人工水库的渔业资源利用，直接限制了渔业产业的可持续发展。这个问题对水资源时空分布不均匀的高寒地区的黑龙江省来说显得尤为重要，水资源管理和渔业发展的体制分割以及缺乏有效的合作和沟通机制，导致冷水鱼产业发展落后于全国。

8.2.3 黑龙江省打造千亿级冷水鱼产业发展重点领域

1.黑龙江省冷水鱼苗种产业链

（1）鲑鳟鱼苗种产业链

据黑龙江水产研究所的调查，为满足国内市场对虹鳟鱼商品鱼的需求，发眼卵的供应量每年应达到2.8亿粒，可实现年产值1.4亿元。国际虹鳟鱼发眼卵年需求量为50亿粒，年产值为25亿元。

建设满足国内虹鳟鱼发眼卵的苗种基地，需要12万尾亲鱼，占地面积仅需40亩左右。黑龙江省129座大中型水库中的任何一座水库均能满足生产供应国内发眼卵市场的需要，10%的大中型水库就可以满足国际市场对发眼卵的需求。

鲑鳟鱼苗种可对接国家海洋牧场战略。国家正在沿海实施“蓝色粮仓”海洋牧场战略，但在种质资源方面完全依赖于美国。为避免发生类似“华为芯片”的悲剧，黑龙江应承担起国家海洋牧场战略的种质资源保障任务。

（2）鲟鳇鱼苗种产业链

鲟鱼起源可追溯到亿万年前的白垩纪时期，有着“水中活化石”的美誉，是现代硬骨鱼类的共同祖先。远在西周时期，中国便有关于鲟鱼的文献记载，分别从名称、形态特征、生活习性、经济利用以及药用价值等方面，进行了详细的描述，为今天的鲟鱼研究提供了极为宝贵的参考资料。

国内鲟鳇鱼苗种年需求量平均8 000万尾，可实现产值1.6亿元。

2.黑龙江省冷水商品鱼产业链

（1）三文鱼商品鱼产业链

目前市场上大规格的虹鳟鱼作为三文鱼基本替代了原产挪威的三文

鱼（大西洋鲑）。

国内市场小规格的虹鳟鱼价格为30元/公斤，主要消费市场为酸菜鱼、水煮鱼和火锅。

国内市场大规格的虹鳟鱼价格为54元/公斤，主要作为三文鱼进行销售。

国内年需求虹鳟鱼20万吨，其中作为三文鱼销售的市场规模为88亿元；作为小规格商品鱼销售的市场规模为11亿元，行业总产值可达100亿元。

据测算，流量达到0.1立方米/秒即可年产鲑鳟鱼类100吨，年需水资源量300万立方米。满足国内虹鳟鱼市场需求产量的年水资源量为60亿立方米，不足全省水库蓄水量的1/10，而且全部是防洪调节、灌溉、发电用水的重复利用，对水资源没有任何消耗。

（2）鲟鳇鱼商品鱼产业链

目前国内鲟鳇鱼市场规模为年需求量9万吨，价格为40元/公斤，年产值可达36亿元。

中国人的消费习惯是喜欢有头有尾的整鱼，适合团餐上桌，因此，国内市场消费的鲟鱼商品鱼规格90%以上均为2龄鱼，平均规格为1公斤/尾。中国独特的商品鲟消费市场，有利于资金的快速回笼，以及企业的整体商业化运作。商品鲟鱼的养殖量占全国鲟鱼养殖总产量的比例高达80%。

（3）雄性鲟鳇鱼商品鱼市场

鲟鱼一般在3龄左右才能分辨出雌雄，因雄性鲟鳇鱼不能用来生产鱼子酱，淘汰的雄性鲟鳇鱼可当作商品鱼出售，适合作为鲟鳇鱼火锅原料。

淘汰的雄鱼个体平均3～5公斤/尾，售价40元/公斤，国内年淘汰50万尾左右，可实现年产值1亿元。

3.黑龙江省鱼子酱产业链

1987年，西方国家以极低的价格购买中国黑龙江的鲟鱼子酱，美国加利福尼亚州沙皇鲟鱼子酱公司和日本东京丸一株式会社分别在黑龙江抚远县和勤得利农场加工鲟鱼子酱并传授技术，黑龙江的鲟鱼子酱当时成为出口创汇的产品，由此拉开了中国鲟鱼子酱加工生产的序幕。2006年以前，中国出产的所有鱼子酱均为捕捞野生鲟鱼加工获得，作为CITES（濒危野生动植物物种国际贸易公约）缔约国之一，中国野生鱼子酱国际贸易也接受CITES配额管理。2001—2003年，中国野生鱼子酱的出口配额维持在5.94吨/年。随着野生鲟鱼资源的减少，2004—2006年，CITES暂停对中国野生鱼子酱发放配额。2007—2008年，重新放开的配额也仅维持在3吨/年。自2009年至今，因野生鱼子酱黑市贸易问题以及野生鲟鱼资源保护的严峻性，CITES进一步收紧了野生鱼子酱及鲟鱼其他制品的配额发放。

随着鲟鱼养殖产业链的延伸，全人工养殖的鲟鳇鱼成为鱼子酱产业的生产主体，中国鲟鱼子酱销售也由国内市场拓展到国际市场。

2018年，中国鲟鱼子酱出口量128.5吨，出口额3 052万美元，其中对欧盟、美国、俄罗斯的出口份额分别为42.64%、29.95%和11.70%。

鱼子酱产业存在十分广阔的发展空间，自20世纪80年代以来，世界范围内野生鱼子酱的供应量急剧减少，受限于鲟鱼生长的自然规律，人工养殖鱼子酱产量的增长尚无法弥补野生鱼子酱供应急剧减少留下的市场缺口，鱼子酱的市场需求一直比较旺盛。历史上，世界鱼子酱的最大年消费量曾达到1 988吨。第六届世界鲟鱼养护大会统计数据表明，世界鱼子酱市场每年缺口近900吨，如果计算替代鱼子酱的类鱼子酱产品的消费量，鱼子酱产量缺口更为巨大。因此，目前鱼子酱市场呈现供应量稀缺，终端市场价格较高的局面。目前国内鱼子酱年消费量为170吨左右，消费年增长率高达50%，2025年国内鱼子酱市场消费量将达到1 200吨，2030年将达到9 000吨。

按鱼子酱平均价格估算，国际市场鱼子酱年产值可实现80亿元，2025年国内鱼子酱年产值可实现50亿元，2030年可实现360亿元。

4.黑龙江省鲟鱼深加工产业链

（1）鲟鱼肉及其他副产品

用于加工鱼子酱的鲟鱼个体一般为20~50公斤，鱼子占体重的10%~15%，鲟鱼子酱加工产生大量的鲟鱼胴体、鱼骨、鱼头及内脏等副产品。按2018年鱼子酱的产量测算，可产生副产品1 000~1 200吨。但中国一直没有形成鲟鱼肉消费市场，企业一般将鲟鱼副产品冷冻销售至东北三省和出口俄罗斯等市场。

（2）高值化加工产品

近年来一些养殖和餐饮企业积极探索，坚持以国内市场为导向，深挖潜在价值，探索全鱼利用，不断提高鲟鱼高值化加工利用率，并取得一定成效。主要开发产品有：调味、热熏、干制品及皮革制品。黑龙江福成厚餐饮管理有限公司把鱼文化与餐饮融合，年营业额超过千万元。

（3）大健康产业系列产品

为推进健康中国建设，中共中央、国务院实施了《“健康中国2030”规划纲要》。目前课题组合作单位与中国中医科学研究院合作研发了八款鲟鳇鱼养生食品、药食同源中药材组方，预计可实现年产值百亿元。

① 缓解老年性痴呆（鱼子、健脾补肾）

② 缓解老年小便失禁、夜尿频症（鱼蛋白粉、补肾缩尿）

③ 缓解老年小便不利、下肢水肿（鱼蛋白粉、补肾利水）

④ 抗衰老、延年益寿（鱼子、补肾填精、延缓垂体萎缩）

⑤ 美容养颜护肤（鱼皮、胶原蛋白、健脾补肾、活血养血）

⑥ 提高免疫力、预防过敏（鱼蛋白粉、补肺健脾）

⑦ 提高免疫力、抗肿瘤（鱼蛋白粉、补肾健脾）

⑧ 改善性功能（鱼子、补肾填精，提高性激素水平）

5.黑龙江省冷水鱼冰钓产业

“绿水青山就是金山银山，冰天雪地也是金山银山。”“十四五”期间，黑龙江省继续推进绿水青山、冰天雪地生态价值转换，叫响“北国好风光、尽在黑龙江”旅游品牌，不断推动旅游强省建设提档升级。

冷水鱼产业完全可以为“特色旅游”做出重要贡献。黑龙江省1 031座水库形成的400多万亩养鱼水面全部适宜开展各种类型的游钓活动。美国的钓鱼活动十分普及，平均每人每年钓鱼30天，钓鱼爱好者占全国总人口的25%。奥地利约有120万钓鱼爱好者，占全国总人口的15%。挪威拥有40多万钓鱼爱好者，占全国总人口的10%。瑞典钓鱼爱好者有70多万，占全国总人口的8%。冰钓在北美和北欧是一项十分普及的活动。芬兰每年仅参加冰上钓鱼的就达50多万人，占全国总人口的10%。

由于冰钓活动只能在寒冷地区的水库中开展，黑龙江省应该把独具特色的冰钓作为一项旅游经济产业来抓。除正常的游钓活动外，重点抓好独具高寒特色的冰钓活动，把“龙江冰钓”打造成世界知名品牌。

8.2.4 黑龙江省冷水鱼产业发展障碍破解措施

1.解决冷水鱼生长需要的适宜水温

虹鳟鱼的最适宜生长温度为14℃～17℃，鲟鳇鱼为18℃～23℃。黑龙江省冬季长达6个月，水温一般为4℃，与冷水鱼类正常生长要求的水温相差10℃以上，冷水鱼类只能维持生命的基础代谢，生长停滞，造成冷水鱼产业生产成本过高，缺乏市场竞争力。

根据黑龙江省自然资源实际状况，保持冷水鱼类最佳生长水温有如下三种技术途径：

（1）地源热泵技术提升养殖水温

地源热泵是提取土壤热量的技术，通过输入少量的高品位能源（如电能）实现由低品位热能向高品位热能转移的过程。通常地源热泵消耗1千瓦的能量，可以得到4.4千瓦以上的热量或冷量。

（2）水源热泵技术提升养殖水温

黑龙江省拥有中大型水库129座，水库水体自身蕴藏了巨大的热能资源。冷水鱼产业在依托水库水资源的同时，还可以采用水源热泵技术提取水体热量，为冷水鱼养殖水体提高水温，给冷水鱼正常生长创造适宜环境。

（3）生物质能源技术提升养殖水温

黑龙江省是全国第一农业大省，2019年全省秸秆产量超过了1.0亿吨，为提高冷水鱼冬季养殖水温提供了保障。秸秆生物质通过液化或固化等方式制造成燃料可直接供热。充分利用黑龙江省秸秆生物质能源，在实现冷水鱼产业化水温调控目标的同时，又解决了大量秸秆在田间焚烧造成的严重污染问题。

2.建立水资源和渔业管理部门协调机制

建立水利部门和农业农村部门协调机制，实现水资源和渔业资源数据共享。只有把拥有优质水资源的水库渔业发展纳入国民经济发展总体规划，才能为黑龙江省冷水鱼产业发展奠定基础。

3.解决鱼子酱生产原料活体获取问题

鲟鱼发育成熟怀卵年限为5~7年，鳇鱼为15~18年。为获取鱼子酱原料，目前鱼子酱生产行业采取“杀鸡取卵”的模式，破坏了生物多样性和生态平衡，也造成了极大的资源浪费和经济损失。目前中国每年生产鱼子酱300吨左右，需要宰杀10万尾左右亲鱼，每年造成直接经济损失为14亿元人民币。目前，黑龙江科技大学正协同抚远东龙鲟业有限公司、西安康桥博士生物科技有限公司进行《冷水鱼资源产业化可持续利用集成技术创新》研究，旨在通过活体取卵技术，实现亲鱼资源的可持续利用，达到保护生物多样性和避免资源浪费的目标。

8.2.5 黑龙江省冷水鱼产业相关保障措施

经过近20年的发展，中国冷水鱼产业生产技术体系已完全建立起来，养殖加工技术已达到或超过国际水平，具备了做强做优的产业基础。中国冷水鱼产业转型升级主要取决于鲟鱼子酱及加工制品在国际、国内两个市场上的营销拓展强度和消费增长速度。为促进中国冷水鱼产业的健康持续发展，提出以下几点建议：

1.成立推进冷水鱼产业发展领导小组

为加快黑龙江千亿级产值冷水鱼产业发展，建议成立由主管副省长任组长，省农业农村厅、发改委、水利厅、财政厅、税务局、工商联、文化和旅游厅、省委宣传部、省广播电视局和省市场监督管理局任成员的千亿级冷水鱼产业化领导小组。打破水资源和渔业资源分割管理的障碍，实现水资源和渔业资源数据共享，把优质的、可全年利用的水库水资源开发利用纳入渔业发展总体规划，以人工水库的可调节水资源确保冷水鱼产业发展。

2. 加强产业规划引领和布局

建议根据2019年农业农村部等十部委联合发布的《关于加快推进水产养殖业绿色发展的若干意见》，编制《黑龙江省冷水鱼产业发展规划》，加强产业发展布局和发展路径的战略设计，积极创造冷水鱼产业发展政策条件。立足省情实际，制定出台冷水鱼产业发展税收优惠政策、财政补贴政策，创新水库养殖水体、鱼类在产品等抵押融资政策，打造全产业链的冷水鱼产业发展金融服务政策支持体系。

3. 建立千亿级冷水鱼产业技术支撑体系

为有效支撑和保障黑龙江省千亿级冷水鱼产业持续快速高效发展，建议以东北林业大学、黑龙江科技大学相关专业为依托，整合黑龙江水产研究所、哈尔滨市农业科学院等专家，组建千亿级冷水鱼产业技术支撑专业团队，实现科研院所技术力量强强联合，为千亿级冷水鱼产业发展提供强有力的技术支撑和人才保障。重点攻克产业化可持续发展技术难题，比如冷水鱼产业链高端产品为鱼子酱，鲟鳇鱼成熟怀卵分别为5～7年和15～18年，目前国内外鱼子酱生产全部是“杀鱼取卵”。该产业模式既破坏了生物多样性和生态平衡，也极大增加了产业成本。黑龙江科技大学承担的鱼子酱活体取卵攻关项目，可降低产业成本，提高黑龙江省鱼子酱产业在国内外的核心竞争力。

4. 打造千亿级冷水鱼产业联合体发展平台

充分发挥政府宏观调控和市场价格调节作用，建议以市（地）政府为依托，充分发挥龙头企业引领作用，打造黑龙江省千亿级冷水鱼发展平台，在养殖技术服务、产品精深加工、订单销售服务和发展冷水鱼协会等产加销和市场对接方面，在创建网上销售平台、提供市场供求信息和产品销售市场维权等方面提供服务，引领和助力冷水鱼产业高质量发展。

8.3 案例3——中国（兴凯湖）农产品加工产业自贸区实现路径分析

产业振兴是乡村振兴的重中之重，黑龙江省作为中国第一农业大省，要坚持精准发力，立足特色资源，关注市场需求，发展优势产业，促进一二三产业融合发展。新时代黑龙江省农业面临由农业大省向农业强省的转型，加快转变农村发展方式势在必行，进一步深化农村产业融合的理论和实践研究，建立以农产品精深加工为引领、全面改革开放的农村产业融合自由贸易试验区是实现乡村振兴的迫切要求，也是化解农村“双重挤压”和“双重约束”的有效手段。

8.3.1 中国（兴凯湖）农产品加工产业自贸区定位布局

1.农产品加工产业自贸区指导思想

以习近平新时代中国特色社会主义思想为指导，全面贯彻党的十九大和十九届二中、三中、四中全会精神，统筹协调推进农村产业融合与乡村振兴和脱贫攻坚、全面建成小康社会的总体布局，坚持制度创新、高质量发展、稳中求进的工作总基调，以农业供给侧结构性改革为主线，主动服务和融入国家重大战略，更好服务对外开放总体战略布局，解放思想、大胆创新，以农产品加工产业融合自由贸易试验区推进黑龙江省农业产业融合加速发展，引领我国农业改革开放进入更高层次开放新格局。

2.农产品加工产业自贸区实施范围

中国（兴凯湖）农产品加工产业自由贸易试验区设置在黑龙江省密山市当壁镇，实施范围20平方公里，因毗邻兴凯湖，故命名为“中国（兴凯湖）农业产业融合自由贸易试验区”。自贸试验区土地开发利用须遵守土地利用、生态环境保护、城乡规划法律法规，符合土地利用总体规划和城乡规划，并符合节约集约用地的有关要求。

密山市当壁镇是中俄交界的重镇，坐落在兴凯湖畔，南与俄罗斯的图里洛格水陆相连，是国门口岸的所在地。当壁镇自1926年开始中俄贸易活动，并日渐繁荣。1988年国务院正式批准密山市建立当壁镇对俄贸易口岸。

密山市地理位置优越，是以绿色食品加工、外贸进出口、旅游服务业为主的综合型城市，拥有国家一类客货两用陆路口岸，曾经是我国重要的军工产业基地，更是艰苦创业的北大荒精神的发祥地，毗邻俄罗斯，是黑龙江省为数不多的出海通道。

密山市生态环境得天独厚，森林覆盖率高，绿色产业蓬勃发展，生态旅游资源独特，是黑龙江省重要生态旅游城市。境内兴凯湖是中俄界湖，总面积4 380平方公里，其中中方面积1 080平方公里。多年来，密山市坚持生态旅游兴市战略，打绿色牌，走生态路，着力在旅游产业发展上求突破，目前已经形成以山水生态游、农家休闲游、红色纪念游、异国风情游为特色的旅游经济发展新格局。

3.农产品加工产业自贸区发展目标

以制度创新为核心，以可复制可推广为基本要求，全面落实中央关于加快沿边开放、推动东北全方位振兴、建成东北亚开放重要窗口的要求，着力深化农业产业结构调整，打造对俄罗斯及东北亚区域农业产业融合的中心枢纽，推动形成面向国内外的农业产业融合辐射中心、开放前沿。经过三至五年改革探索，对标国际先进规则，形成更多有国际竞争力的农业产业制度创新成果，推动农业产业融合发展质量变革、效率变革、动力变革，努力建成贸易投资便利、交通物流通达、要素流动自由、金融服务创新完善、监管安全高效、生态环境质量一流、辐射带动作用突出的高标准高质量农业产业融合自由贸易园区。

4.农产品加工产业自贸区功能划分

中国（兴凯湖）农产品加工产业自由贸易试验区发展重点之一是加强与黑龙江及俄罗斯远东农业产业融合联动发展，依托国内国外两种资源、两个市场，重点发展农产品精深加工，同时发展陆海空物流、数字经济、总部经济等产业，建设面向东北亚和欧洲的互联互通枢纽，推进对外农产品加工及贸易、跨境农业产业合作、跨境电商等产业体系构建，全力打造面向国内及国际的农村产业融合创新合作示范区、沿边开放先行区，引领拉动黑龙江省农村产业融合发展，提升黑龙江省农业强省建设水平，为我国农业改革开放提供可复制推广的制度创新和可行模式。

中国（兴凯湖）农产品加工产业自由贸易试验区产业融合功能定位是农产品精深加工，其产业布局为：一是三江平原有机水稻加工；二是境外俄罗斯远东地区大豆种植基地建设，境内自贸区非转基因大豆深加工；三是中俄界湖兴凯湖水产品加工和黑鱼子酱加工。

8.3.2 中国（兴凯湖）农产品加工产业自由贸易区的战略意义

1. 为农业深度改革开放探索创新模式

习近平总书记指出："农业基础稳固，农村和谐稳定，农民安居乐业，整个大局就有保障，各项工作都会比较主动。"自实施家庭联产承包责任制以来，农民的生产积极性得到了极大的调动，农业生产效率有了大幅提高，粮食总产量实现了快速增加。1978年我国粮食总产量突破30 000万吨，2018年粮食总产量达到65 789万吨。当前农业的主要矛盾，已经由总量不足转变为结构性矛盾，表现为阶段性的供过于求和供给不足并存。面对纷繁复杂的国际国内形势，我国农业农村发展问题备受瞩目，强化农业供给侧结构性改革既是农业发展的必然举措，也是新形势下提升我国农业竞争力的必然选择。

目前我国农业发展中的突出矛盾表现在：

一是生产技术水平和基础设施落后，交通、水利、电力、信息工程建设有待加强，农村资本市场缺乏吸引力，社会资本配置难以引向农业生产领域，导致农业技术发展滞后，设施落后，生产成本过高，直接造成农业产品供给竞争力的下降。二是农业生产区域结构不合理，缺乏差异性生产与特色生产，对品种、品质和品牌建设重视不够，导致总量有余，优质农产品不足。三是农业生产偏重产量，优质农产品较少，一二三产业融合度不高，农业生产忽视了与市场的衔接，不能满足消费者更高的需求。四是农村人才流失严重，农业生产与变革缺少改革与创新的主体和优势，新型农民经营规模不大，典型示范带动作用有限。五是受国际市场影响，粮食市场出现阶段性、结构性、区域性过剩，粮价下跌，种粮效益下降，打击农民种粮的积极性。六是片面追求低水平的耕地面积扩张，强调农产品数量优先增长，以满足国内粮食需求和实现国家粮食安全战略目标，并大量使用农膜、化肥和农药等化学生产资料提高农产品的供给量，导致农业生态环境呈恶化趋势，对我国农业生态环境的可持续发展构成了严重威胁。

建设中国（兴凯湖）农产品加工产业自由贸易试验区，可以为解决农业领域国内结构性矛盾冲击、国际农产品市场挤压探索新路径，为农业领域深化改革开放探索创新模式。

2.推进黑龙江由农业大省向农业强省跨越

十几年来，黑龙江省一直保持我国粮食大省的地位。2005年以来的13年间，中国粮食产量增长了1.37倍，黑龙江粮食产量增长了2.06倍，粮食增长率是全国的1.5倍；我国粮食年平均增长率为3.1%，黑龙江省为8.8%，是全国的2.84倍。2005年黑龙江省粮食产量占全国总产量的7.4%，2019年增长到11.3%，2021年占11.54%。连续11年居全国粮食产量第一位。

但是，黑龙江省虽然是全国农业大省，却不是农业强省。

首先，黑龙江省农村产业融合水平十分低下。第一产业增加值所占生产总值比重直接反映了一个国家或地区农村产业融合程度，目前发达国家农业产业高度融合的主要特征是一产增加值占生产总值比重小于2%。但是，黑龙江省第一产业增加值占地区生产总值的比重由2007年的12.96%上升到2018年的18.34%，上升了41.5%，同期全国平均水平下降了31.7%，可见，黑龙江省的产业融合程度一直处于较差的状态，10年间的融合度不升反降，农业产业融合水平在全国31个省区市排名由2007年的第17名下降到2018年的第30名。

其次，黑龙江省农产品加工水平极端落后，导致农村产业融合进程缓慢，农村一二三产业融合发展受阻。2017年，全国主要农产品加工率平均为65%，黑龙江省仅为33%，低于全国32个百分点。在全国13个粮食主产省份中，黑龙江省农产品加工主营收入仅为同样是粮食大省河南省的4.5%，山东省的2.2%，农产品加工企业主营收入排名第12位，在粮食主产省份中排名倒数第二。

最后，黑龙江省农产品加工严重阻碍了一二三产业融合发展。2013—2017年黑龙江省农产品加工总产值与农业总产值比值对农村产业融合的障碍度五年平均值达到43.12%，尤其是2017年，障碍度高达49.57%。

中国（兴凯湖）农产品加工产业自由贸易试验区坐落于三江平原腹

地，其重要产业支柱之一是水稻精深加工。黑龙江省水稻年产量已经突破300亿公斤，居全国第一，其中三江平原水稻占全省产量的60%，但主要以供应原粮为主，水稻加工能力严重不足。中国（兴凯湖）农产品加工产业自由贸易试验区可以充分利用自贸区的优惠政策，依托三江平原雄厚的水稻资源，吸引国际工商资本，带来世界先进的农产品精深加工技术，引进国际一流的农产品加工设备，借鉴发达国家的管理经验，以水稻深加工带动全省农产品加工提档升级，破除黑龙江省农产品加工障碍困境，引领黑龙江省农村产业融合发展进入新阶段，实现黑龙江省由农业大省向农业强省的跨越。

3.以农产品加工产业自贸区确保国家粮食战略安全

习近平总书记强调："手中有粮、心中不慌在任何时候都是真理。"从1840年至1949年的110年间，中国人均粮食一直为200公斤左右。2019年中国人均粮食占有量达到了476公斤，虽然新中国成立后70年人口增加了近10亿，但人均粮食是新中国成立初期的2.38倍，超过人均粮食安全水平20%。

但是，受制于农业资源禀赋短缺、农业人力资本投资不足、农业经营规模不够经济等因素，我国粮食安全的基础仍有待进一步巩固增强，保障粮食安全的任务还十分艰巨。目前我国粮食安全水平基本上是依赖环境污染和自然资源消耗为代价实现的。首先，中国农业化肥和农药使用量一直居高不下，农业环境污染问题堪忧。2017年中国粮食总产量占世界粮食产量的17%，但是化肥和农药消耗量却分别占27.4%和42.9%。其次，中国农业用水比例偏高。农业用水在发达国家的比重是40%，在发展中国家的比重是60%~65%，2017年中国农业用水比重占全社会用水量的61.4%，仍然处在发展中国家的水平。过度消耗水资源的粮食生产模式，造成华北平原每年地下水位下降0.5～1.0米，形成全世界最大的地下水漏斗区。黑龙江省是中国最重要的水稻主产区，年产量居全国首位，但其65%的水稻是依赖抽取地下水生产的，水稻生产的可持续性不容乐观。最后，中国人均耕地面积偏少。由于城市化水平提升、工业化推进、经济发展以及人口增长等因素的驱动，中国耕地总面积居世界第4位，但人均耕地面积排名却为第126位，不足世界平均水平的50%，粮食安全保障缺乏持久性。

中国（兴凯湖）农产品加工产业自由贸易试验区第二支柱产业就是充分利用俄罗斯远东地区丰富的耕地资源，进行农产品精深加工，尤其是中国对外依赖度极高的大豆的深加工，通过转口贸易和对内销售，供应国际国内两个市场。俄罗斯远东地区耕地面积320万公顷，每年种植利用的仅有43.8%，还有一多半的耕地急需开发利用。利用中国（兴凯湖）农产品加工产业自贸区的优惠政策，鼓励引导中方企业合理开发利用俄罗斯远东地区丰富的耕地资源，可以有效缓解我国粮食产量与人均耕地面积不足、农业资源环境污染和自然资源过度开发利用之间的矛盾，确保国家粮食战略安全。

4.以农产品加工产业自贸区构建我国生态安全屏障

新中国成立以来，尤其是改革开放以后，中国农业发展取得了举世瞩目的成就，以7%的耕地解决了占世界22%的人口吃饭问题。但是，以农业高产稳产为导向的集约化发展模式，给生态环境、食品安全和可持续发展也带来了潜在威胁。大量使用农药、化肥、地膜等化学生产资料，大量畜禽废弃物、秸秆等不合理利用，过度机械化耕作，造成耕地贫瘠、肥力下降、地下水超采、土壤污染加剧、农产品质量堪忧。最终造成农业生态环境承载力逐步降低、农业生态功能持续退化、食品安全没有保障。

中国（兴凯湖）农产品加工产业自由贸易试验区产业布局主要是三江平原水稻加工、俄罗斯远东地区大豆加工和兴凯湖水产品加工，以此带动黑龙江农业产业融合和提高农业生态安全水平。

中国（兴凯湖）农产品加工产业自贸试验区承担着提升农作物种植质量安全等级的重任。自贸区水稻加工采用国际化加工标准和世界一流农产品检验检测设施设备，迫使三江平原水稻从整地、育苗、插秧、施肥、防病、灌溉、收割、贮藏等各个生产环节均按有机食品标准作业和管理，全面提升作物生态安全水平。农业自贸试验区只有实现与国际标准的有效对接，才能有效突破国际技术性贸易壁垒，抵御国外农产品对我国农产品市场的冲击，从根本上提升我国农产品加工制品的市场竞争力和农业生态安全水平。

中国（兴凯湖）农产品加工产业自贸试验区承担着保障我国大豆产业安全和缓冲我国耕地生态压力的重任。我国是世界大豆消费量最大的国家，占世界大豆贸易量的60%，大豆外贸依赖度高达85%。通过在远东地区建立非转基因大豆种植基地，在境内兴凯湖自贸试验区建立大豆深加工基地的大豆产业战略布局，我国取得在国际上的非转基因大豆话语权，保障大豆食品安全，同时缓解我国人均耕地偏少、土地过度利用、生态环境承载力降低的矛盾，为农业生态环境修复提供缓冲期，为农业生态安全提供保障。

8.3.3 中国（兴凯湖）农产品加工产业自贸区产业集聚类型

1.构建优质品种智能技术引领的稻米精深加工产业链

黑龙江省是中国水稻产量最高的省份，2019年水稻产量占全国的14%，三江平原水稻产量占黑龙江省水稻总产量的60%。因此，中国（兴凯湖）农产品加工产业自贸试验区水稻加工产业链对全国农产品加工产业具有积极的示范引领作用。

（1）选育寒地优质抗逆水稻新品种，满足水稻加工产业链需求

针对黑龙江省优异水稻种质匮乏，稻瘟病重、抗逆性差、易倒伏，整精米率高、低垩白、食味良的品种缺乏等问题，根据自贸区水稻精深加工需求，开发寒地优异水稻种质资源，选育优质抗逆水稻新品种，并进行大面积示范与推广，提升水稻育种自主创新能力，以自贸区示范为黑龙江省水稻育种、繁育、推广等提供科技支撑。

（2）高品质水稻制品加工及副产物综合利用产业化

首先，推广应用水稻“科学适度加工”技术。我国传统的水稻加工工艺都是过度加工，过度加工是现在水稻加工行业的普遍现象，甚者胚乳被碾去一到两层，这不仅增加了加工损耗，更造成大米中营养物质的全面损失。农业自贸区水稻要做到“科学适度加工”，研究糙米生理活性物质富集与利用技术，分析水稻糠层和胚中营养物质的成分和含量，高效富集生理活性物质，对水稻进行“科学适度加工”：碾去外皮层，碾破糊粉层，除去糊粉粒，完整保留厚壁细胞的细胞壁，最大比例地保留胚部。“科学适度加工”的水稻达到了国际标准

要求：去除了残留农药与重金属的皮层，保证了食品安全；去除了易于变质的糊粉粒，延长保质期；完整保留了厚壁细胞壁，保证了稻米最佳口感；保留了大量膳食纤维、富含B族维生素的亚糊粉层、胚芽中的γ-氨基丁酸以及米胚中的其他营养物质；提高了得米率与整精米率。其次，开展高品质大米制品加工关键技术研究，提高非发酵类米制休闲方便系列食品品质，并建立米制食品工业化生产技术标准，推动自贸区稻米加工产业化及示范生产。最后，研发稻米高营养方便主食、休闲食品、儿童食品、老年食品，开发不同产品包装、保鲜和贮藏技术，集成创新全套生产设备，以自贸区示范带动我国稻米加工产业提档升级。

（3）建立自贸区智慧化稻米加工生产线

首先，实施生产设备智能化，对各道工序的运行、控制设备分别植入传感系统、控制执行系统、伺服系统，形成在线工艺检测系统、分布式传感器集群、分布式执行器集群、分布式智能控制器。其次，构建稻米加工智慧网络，前端连接生产设备，中间则是工业总线，工业总线通过网络边界交换网关与局域网通信，局域网上则连接有负责在线稻米工艺检测的人工智能检测机器人与中心智能云平台。最后，实现稻米加工智慧化决策、执行和管理。中心智能云平台对在线工艺检测系统的实时数据进行分析、判断，并形成决策信息；伺服系统、控制执行系统执行平台控制指令，对生产设备进行精细化调制；中心智能云平台不断对各道工序进行协调与优化，达成协同智能控制效果；系统在设备管理与监视、故障管理与诊断、流量管理与优化方面具有自管理能力。

2.以远东非转基因大豆重构我国大豆产业发展战略

中国是世界大豆主要消费国家，每年消费大豆1.1亿吨，占全球大豆消费量的30%。黑龙江省是中国大豆最大生产省份，也是世界最大非转基因大豆生产基地，年产量占全国的45%，占全国大豆扩种面积的70%。利用俄罗斯远东丰富的耕地资源建设非转基因大豆种植基地，为中国（兴凯湖）农业产业融合自由贸易试验区提供大豆原料，可以重塑世界大豆产业格局、保障中国大豆产业安全。

（1）自贸区在境外建立大豆产业基地具有千载难逢的机遇

一是俄罗斯出台了远东地区中俄合作开发利用国家支持政策。2018年11月7日，《中俄在俄罗斯远东地区合作发展规划（2018—2024年）》获得两国批准通过，规划全面界定了俄罗斯远东地区支持外国投资者的国家政策以及为中国投资者提供的机遇，支持向中国出口农业原料和粮食，鼓励中国企业在远东地区开展农业全产业链活动。二是远东地区耕地资源极其丰富，黑龙江省有成熟的开发利用经验。据黑龙江省商务厅对俄贸易合作部门的统计，俄罗斯远东地区农业用地面积高达800余万公顷，其气候、土壤等自然条件与黑龙江省相似，黑龙江省的农业种植技术易于在远东地区复制推广；目前，黑龙江省已经参与远东地区农业开发的企业有180家，农业种植面积达990万亩。远东地区有望成为全球范围内距离中国最近、面积最大、成本最低的农业种植区域。三是中美贸易摩擦为中国（兴凯湖）农业自贸区大豆产业布局创造了机遇。我国是世界大豆最主要消费国，年消费量1.1亿吨，1990年进口量为0.09万吨，2017年增长到9 553万吨，主要集中于美国和巴西。2017年8月以来，中美已经就贸易争端问题进行了13轮经贸高级别谈判，中国对美国大豆加征25%的关税，同时，2018年减少美国大豆进口量50%，增加巴西大豆进口量30%。但是巴西大豆却“趁火打劫”，每吨大豆价格提高200元，蛋白质含量却由37.14%下降到36.83%，属于名副其实的质次价高，为中国大豆产业安全敲响了警钟，迫使中国对大豆产业重新规划布局，为中国（兴凯湖）农业自贸试验区境外发展大豆种植基地、境内布局大豆精深加工提供了难得的历史机遇。

（2）自贸区大豆加工产品产业具备优质的原料保障

中国（兴凯湖）农业自贸区大豆产业基地布局在境外，俄罗斯远东地区工业欠发达，土质肥沃，是发展生态农业的理想地域。绿色有机、安全性高是俄罗斯农产品的一大竞争优势。俄罗斯对农产品安全生产、生态资源保护、农药农膜化肥使用有严格规定，农业种植实施欧盟标准。俄罗斯境内禁止种植转基因农作物，违规者实施行业禁入。因此俄罗斯大豆拥有生态种植、非转基因、高蛋白质的特性，在国际市场拥有很强竞争力。

（3）自贸区建设国际先进的可复制推广的大豆生物加工技术产业化示范

研发生物酶法解离制取大豆油脂技术、蛋白技术及复合酶处理技术，创建同步回收优质蛋白及其他活性成分的油脂制取新方法；研发植物油脂微生物固态发酵-冷榨/超临界萃取耦合技术制取植物油脂和功能型蛋白产品，创立生物解离油脂、蛋白同步分离关键技术并进行集成与示范。

（4）大豆仿肉食品加工技术集成与新产品开发

通过突破原料乳化调质、组织塑形整理、适度拆丝等新技术，研发大豆仿肉精细仿真制造关键技术；研究大豆仿肉食品香气成分与加工的相关性，阐释大豆仿肉制品的蛋白纤维结构对风味保留的影响机制，建立大豆仿肉制品风味调控关键技术；开发可食用包装材料及杀菌保鲜技术，提升大豆仿肉制品储藏性能。

（5）功能型大豆副产物综合利用关键技术与产业化

重点研发“微压蒸煮-电渗析脱盐-超高压辅助提醇-微生物共发酵-物理场解聚-微体化改性”一体化大豆副产物综合利用技术，开发高纯度大豆低聚糖、高生物利用度水溶性异黄酮和质构稳定的功能性豆渣膳食纤维产品，实现大豆资源的高值化加工与利用。

3.依托境内外渔业资源优势重塑水产品加工产业化布局

中国（兴凯湖）农产品加工产业自贸区水产品加工重点为大银鱼和黑鱼子酱产业链。

（1）依托兴凯湖境外水域资源实现中国大银鱼产业战略转移

大银鱼是中国传统名贵鱼类，营养价值较高，蛋白质含量高达80.7%，脂肪含量仅为5.6%。但大银鱼是凶猛性鱼类，幼体主食浮游动物，成体主食小鱼和虾，容易引起水体富营养化污染和生物多样性减少。大银鱼属冷温性鱼类，自2000年流入大兴凯湖后，因自然环境适宜，迅速形成庞大的种群。据中国水产流通与加工协会组织国内专家的评估测算，目前兴凯湖资源量每年达到5 000吨左右，已经占中国大银鱼年产量的50%。

中国（兴凯湖）农产品加工产业自贸区可以依托兴凯湖丰富的大银

鱼资源承接中国大银鱼产业转移。大银鱼产业转移后可以充分利用境外自然资源，实现较好的经济效益和生态效益。首先是利用大银鱼产业充分开发利用了俄罗斯水域自然资源。大兴凯湖总面积4 380平方公里，北部1/3水域为中国所有，南部2/3归属俄罗斯。中国境内全部为沙砾底质，是大银鱼理想的繁殖场所，俄罗斯境内大部分为淤泥底质，是大银鱼索饵育肥、生长发育的理想场所。大银鱼生命周期为一年，每年秋冬季节回归中国境内产卵繁殖，繁殖后死亡；新出生的幼鱼在春季返回俄罗斯境内育肥生长，秋末冬初再次回归中国，如此反复不已。自贸区可以利用大银鱼每年秋冬回归中国境内的时机，捕捞大银鱼加工，销售国际国内市场，实现境外资源的合理利用。其次，可以取得较好的生态效益。大银鱼流入大兴凯湖属于外来物种入侵，对土著水生生物造成影响。据东北林业大学和中国环境监测总站的监测数据，大兴凯湖1998年为Ⅱ类水质，2008年下降到Ⅲ类水质，2013年水质继续恶化为Ⅳ类水质；兴凯湖渔业资源逐年减少，鱼类组成趋于小型化、低值化。自贸区开展大银鱼捕捞加工后，可有效缓解兴凯湖和国内其他大银鱼生产水域的水生态系统压力，在一定程度上修复水生态系统。最后，可以实现较好的经济效益。自贸区可以利用灵活的政策优势，除在中国境内捕捞大银鱼外，还可以在俄罗斯水域合作捕捞大银鱼。以目前国际市场价格测算，自贸区仅大银鱼加工年产值就可实现3亿元。

（2）依托自贸区政策优势构建国际黑鱼子酱加工产业链

鲟鱼加工生产的黑鱼子酱俗称“软黄金”，是与鹅肝、松露并列为“世界三大珍馐”的顶级美味。鲟鱼具有极高的科学研究与经济价值，是与恐龙同时代的古老生物。欧洲食用鲟鱼子酱已有2 000多年历史。黑鱼子酱原料主要来自史氏鲟和达氏鳇，这两种鱼类只分布于黑龙江流域，是黑龙江省独具特色的鱼类资源，应借助自贸区的政策优势，构建国际黑鱼子酱产业链。

传统鱼子酱原料都来源于捕捞野生鲟鱼。20世纪70年代野生鲟鱼捕捞量达到顶峰，1977年产量达到3.18万吨，此后产量逐年下降。1998年，CITES将全球所有鲟鱼种类均列为濒危保护物种，鱼子酱产量急剧下降，从历史最高年产量1 987.50吨减产到2012年的165.36吨。

野生鲟鱼资源枯竭后，世界各国开始鲟鱼人工养殖活动，经过十几年的努力，中国逐渐成为世界鲟鱼养殖产量最高的国家，鲟鱼出口主要集中在浙江、四川、江苏、湖北、云南5个省份。

虽然黑龙江省是野生鲟鱼的发源地，也是全国最早突破鲟鱼人工繁殖技术的省份，但是至今仍没有形成鲟鱼产业化养殖，没有把资源和技术优势转化为产业优势。

中国（兴凯湖）农产品加工产业自贸区构建国际黑鱼子酱加工产业链具体有如下优势。

一是资源优势。中国只有黑龙江省拥有黑鱼子种鱼资源，具备产业化资源条件的鱼类品种史氏鲟、达氏鳇仅分布在黑龙江流域。其他省份的中华鲟、白鲟、长江鲟均为国家一级保护动物，不得进行商业性活动。

二是技术优势。黑龙江省在世界上首次突破“史氏鲟苗种人工繁育及养殖技术研究”。此后又在国际上率先系统开展亲本群体选育、杂交组合优势利用及规模化杂交苗种培育技术等研究，成功选育出我国第一个人工培育的杂交鲟新品种——“鲟龙1号”，并在浙江、湖北、北京、山东和江西等十多个省份推广养殖，有力促进了我国鲟鱼产业快速发展。

三是市场优势。国际鱼子酱市场上俄罗斯鲟、西伯利亚鲟鱼子酱的价格分别为16 510元/公斤、9 360元/公斤，而黑龙江省的达氏鳇、杂交鲟、史氏鲟鱼子酱价格分别为22 100元/公斤、13 910元/公斤和10 660元/公斤，利润空间十分明显。

四是苗种垄断优势。史氏鲟和达氏鳇自然分布于黑龙江流域，史氏鲟性成熟需要10年以上，达氏鳇性成熟需要16年以上，而且这两种鱼类只有在黑龙江省的自然环境条件下才能产卵繁殖，繁殖后代。这为黑龙江省建设国际最大的鲟鱼产业苗种基地提供了得天独厚的机遇。

综上所述，中国（兴凯湖）农产品加工产业自贸区应紧紧抓住黑龙江省独有的资源优势、技术优势、市场优势、苗种优势，全面打造一二三产业融合的国际鱼子酱产业链，通过鱼子酱加工带动黑龙江省鲟鱼种鱼、苗种产业融合发展。

中国（兴凯湖）农产品加工产业自贸区鱼子酱加工要对标国际标准，引进国外先进的生产加工工艺，先进的质量标准体系和检测体系，其微生物、化学、物理检测要符合HACCP食品安全保证体系；鱼子酱加工企业从原料、人员、设施设备到生产过程、包装运输、质量控制应全部符合世界卫生组织的GMP强制性标准；加强鱼子酱生产加工过程的规范化、合理化、制度化和科学化，提高技术工人的素质水平和加工工艺，制定规范的企业SSOP卫生标准操作程序，确保鱼子酱产品的质量，做好食品安全的跟踪工作和品质控制工作。

8.3.4 中国（兴凯湖）农产品加工产业自贸区产业政策体系

1.扩大自贸区金融开放促进投融资便利化

支持农业自贸区扩大金融开放。鼓励俄罗斯、日本、韩国等周边国家金融机构在农业自贸区设立外资金融分支机构；推动自贸区与东北亚国家签订保险双边监管合作协议，优化跨境保险规则，实行理赔查勘委托确认规则；加强与东北亚国家金融监管合作，防范重大和系统性金融风险。

实现人民币业务跨境结算创新发展。推动人民币作为农产品跨境贸易、投资计价的结算货币；支持自贸区境外农产品加工企业母公司在自贸区发行人民币债券；允许金融机构和农业开发企业从境外融入人民币资金。

开展灵活多样的跨境投融资活动。允许自贸区金融机构跨境开展融资业务，用于支持自贸区农产品加工企业发展；允许自贸区金融和非金融支付机构与境外金融和支付机构开展跨境支付合作；允许自贸区金融租赁公司开展境内外租赁业务，促进不同资本市场形态转化和资源传导。

2.加大自贸区企业培育和基础建设财政支持

在财政支持政策上，重点围绕基础设施建设、企业培育等方面加大财政资金投入和财政支持机制创新力度。

(1) 公共基础设施财政支持机制创新与政策优化

保障重要基础设施财政投入。中国（兴凯湖）农业产业融合自贸区的建设和发展对中国农业领域进一步扩大开放具有重大意义，为保障农业自贸区快速发展，对农业自贸区建设中的重点项目要安排财政专项资金支持，尤其是加大中央预算的公共投资力度。在中央财政专项资金和预算内投资资金按规定用途使用中，要注意发挥其辐射作用和放大效应，实行全面绩效参评和中央资金使用的审计、督查。财政资金主要支持公益性以及以公益性为主的基础设施、生态环保、社会事业等领域的项目建设。

鼓励私营企业、民营资本与政府进行合作，通过PPP机制创新参与公共基础设施的建设。PPP模式是促进地方政府有效投资、吸引更多社会资本进入基础设施等领域的重要体制机制创新。在中国（兴凯湖）农业产业融合自贸区建设中可积极扩大PPP模式在基础设施、公共工程建设领域的运用；在创新发展中完善PPP规章制度和基础设施领域公共服务价格形成机制，合理制定PPP项目多元化投资回报机制的配套政策；通过资产证券化等多种途径完善PPP投资的资产流转机制，为PPP股权退出搭建交易平台。

以产业引导基金促进社会资本进入基础设施建设领域。在中国（兴凯湖）农业产业融合自贸区建设中，可通过财政出资成立产业引导基金，构建“引导基金、母基金、子基金”三层架构，通过与金融资本、社会资本合作，发起设立若干产业投资母基金，母基金再发起若干子基金，层层扩大基金规模，最终形成产业基金群，并结合产业资本专业团队管理，用产业基金来引导和撬动社会资本，支持农业自贸区产业集群的高质量发展。

创新财政贴息、信用担保等多种信贷支持机制。中国（兴凯湖）农业产业融合自贸区建设应积极运用财政贴息、政策性信用担保等政府信贷支持机制，引导金融机构优化信贷结构，加大对农业自贸区的信贷支持，鼓励金融机构对农业自贸区的重点骨干企业和创新活力强的中小企业积极放贷，形成“政策性资金市场化运用，专业化管理，杠杆式放大”的财政资金放大效应，促进实体经济升级发展。

（2）创新自贸区企业培育成长扶持政策

为促进企业的创新性投入和高水平发展，可通过财政资金对符合政策目标导向的企业及其投资行为给予一定的补贴，激励企业加大投入。经农业自贸区认定为农产品加工高新技术的企业一次性给予100万元奖励；具有自主知识产权的农产品加工技术，经自贸区评审认定后一次性给予20万元研发经费；设置企业成长奖励，对自贸区年产值5 000万元以上、连续两年增长20%以上的农产品加工企业，一次性给予500万元奖励，支持企业进行新产品研发、推广和市场开拓；设置上市奖励，对完成股份制改造，进入上市辅导期，经黑龙江证监局备案的拟主板上市企业，给予一次性补贴100万元，企业在境内外成功上市后，给予一次性奖励200万元。

3. 创新自贸区边境经济社会发展新模式

开创边境经济发展新模式。农业自贸区与俄罗斯、日本、韩国实行“一次认证、一次检测、一地两检、双边互认”的通关模式贸易清单；实行机动车辆牌照和驾驶证照互认，允许境外运输和贸易人员车辆自由进出自贸区区域；对俄罗斯、日本、韩国输入的农产品、水产品实行快速检验检疫模式；支持自贸区企业建立境外农业合作示范园区；对跨境生产的农产品返运自贸区实行免于检验检疫清单制度；支持农业自贸区与俄罗斯、日本、韩国共建科技成果孵化基地和科技企业孵化器。

实行自贸区边境人员往返便利化。简化外籍专业技术人员就业、签证、居留手续；为自贸区外籍商贸人员出入境提供绿色通道；自贸区企业管理和科技人员出国批件，实行一次审批、一年有效；在自贸区国际会议、对外邀请、使节来访等需审核审批事项上，建立外事审核审批直通车制度。

8.4 本章小结

8.1节首先研究了建立中国（黑龙江）自由贸易试验区的经济发展背景和改革开放背景。其次分析了黑龙江自贸区绥芬河片区农产品加工企业数量及规模、产品加工精深程度、政策创新、对产业融合引领带动等方面存在的问题和不足。最后从农村产业融合重点布局、政府职能转变、人才引进和自贸区税收优惠等方面构建了中国（黑龙江）自由贸易试验区绥芬河片区的农产品加工产业政策支持体系。

在8.2节中，黑龙江科技大学《实施农业强省战略中黑龙江冷水鱼产业发展对策研究》课题组，在二十多年高寒地区水资源和渔业资源产业化高效利用理论研究和产业化推广应用的基础上，联合黑龙江水产研究所、哈尔滨市农业科学院、东北林业大学、西安康桥博士生物科技有限公司等科研院所，以及冷水鱼产业化龙头企业抚远东龙鲟业有限公司，深入分析研究了黑龙江省冷水鱼产业化发展中的技术瓶颈因素、市场开拓前景、体制机制障碍和产业化应用模式，初步提出构建黑龙江省千亿级冷水鱼产业发展模式，为黑龙江省委、省政府决策提供参考。

8.3节研究了通过建设中国（兴凯湖）农产品加工自由贸易试验区提升黑龙江省农村产业融合发展水平的有效路径。首先，从为农业深度改革开放探索创新模式、推进黑龙江由农业大省向农业强省跨越、以农业自贸区确保国家粮食战略安全、以农业自贸区构建我国生态安全屏障等角度研究了设立中国（兴凯湖）农产品加工自由贸易试验区的战略意义。其次，提出了中国（兴凯湖）农产品加工自由贸易试验区的三大产业布局，即构建优质品种智能技术引领的稻米精深加工产业链、以远东非转基因大豆重构我国大豆产业发展战略、依托境内外渔业资源优势重塑水产品加工产业化布局。最后从政府职能转变、人才引进、金融政策、财政支持、税收优惠和边境经济创新发展等方面构建了中国（兴凯湖）农产品加工自由贸易试验区的政策支持体系。

9 黑龙江省农村产业融合发展路径的政策建议

黑龙江省农村一二三产业融合发展路径实现是多主体共同参与、协同发展的复杂的系统工程，之前各章研究分析了黑龙江省农村一二三产业融合发展的路径实现主体格局和具体发展路径。在农村一二三产业融合发展主体中，政府的作用举足轻重，起着积极引导、全面服务和监督保障作用，尤其在资金、技术、人才等要素向农村产业融合集聚方面作用显著。本章从政策与制度保障角度提出了实现黑龙江省农村一二三产业融合发展路径的建议。

9.1 继续扩大农业对外开放合作领域

黑龙江省作为最新一批国家批准的自由贸易试验区之一，肩负着振兴东北和继续扩大对外改革开放的重任。扩大农业对外开放也为推进黑龙江省农村一二三产业融合发展，由农业大省转变为农业强省提供了难得机遇。黑龙江省东宁市被国家批准为首批农业对外开放合作试验区，试验区可以充分利用国家“一带一路”优惠政策，借鉴国外农村产业融合发展成熟经验，探索农业对外开放国际合作机制，孵化具有国际竞争力的跨国农业企业，带动黑龙江省农村产业融合转型升级，向更高层次发展。

9.1.1 探索设立农业自由贸易试验区

自2013年以来，中国共设立了18个自由贸易区，其中仅有7个自由贸易区涉及农业事项，浙江自贸区着力发展水产品贸易，河南自贸区注重农副产品加工国际合作及贸易能力，陕西自贸区以农业科技创新、示范推广为重点，黑龙江黑河和绥芬河片区分别发展绿色食品和木材、粮食进口加工，云南设立农产品拍卖中心，山东建设东北亚水产品加工及贸易中心，海南建设以天然橡胶为主的国际热带农产品交易中心、定价中心、价格指数发布中心，建设全球动植物种质资源引进中转基地。2017年国家又批准设立10个境外农业合作示范区，10个农业对外开放合作试验区，分别立足国外区域资源优势和产业特色，结合自身区位优势、产业优势和对外合作优势，打造产业集聚平台，推进农业供给侧结构性改革和产业融合发展。

当前的自由贸易试验区、境外农业合作示范区、对外开放合作试验区都不能代表我国农业改革开放的整体格局，均是从某一个侧面测试农业开放合作压力，无法形成有机统一的整体，其局部经验模式不适宜全面推广复制。黑龙江省是中国第一农业大省，粮食总产量连续11年位居全国第一，应整合自贸区、境外示范区、合作试验区试点经验，设立中国（黑龙江）农业自由贸易试验区，强化政策先行先试，打造农业产业政策实施平台，为推进国际化外向型农业、建设开放型农业农村经济新体制、深化农业供给侧结构性改革探索可复制、可推广、可积累的经验。中国（黑龙江）农业自由贸易试验区的建设重点之一是探索俄罗斯森林、海洋、土地和淡水资源的利用经验，缓解我国农业资源约束趋紧、环境污染严峻的矛盾。

9.1.2 构建畅通便捷的农产品贸易通道

完善黑龙江自由贸易试验区和对外开放合作试验区政策体系，提升农产品贸易的便利性。

实行农产品进出口绿色报关政策，简化农产品检验检疫流程。试行动植物及其产品检疫审批负面清单制度；对优质农产品出口免于出具检验检疫证书和备案；对俄罗斯、日本、韩国、朝鲜输入的种子、农产品、种苗、水产品等实行快捷检验检疫；推动沿边国家实施“一次认证、一次检测、一地两检、双边互认”通关政策；完善俄罗斯农业合作返销农产品检验检疫准入政策。

支持第三方农业产业服务主体参与农产品贸易服务。引导外向型农业企业利用自贸区冷链物流、保税仓储、外贸代理开展农产品出口业务，提高农产品贸易效率；商检部门采信第三方农产品检测认证机构的检测结果，避免重复检验。

扩大农产品贸易保税范围。农产品在产地经第三方服务机构检测后，即可发往自贸区保税仓储，进入保税仓储的农产品不再进行二次检疫检测。产品进入保税仓储后随即办理出口退税业务，有效解决企业资金周转问题，减轻企业融资成本；支持大宗农产品现货离岸交易和保税交割业务。

9.1.3 引导国际资本进入农产品加工贸易

充分利用自由贸易试验区对进出口加工型企业的保税优惠政策，引导外资流向农产品加工领域，以农产品精深加工带动农村一二三产业融合发展。

一是实行免征关税政策。对哈尔滨、绥芬河、黑河片区农产品加工企业生产加工用途的原材料、机器设备、消费品、制成品等与项目投资相关的事项，均免征进口关税，并无配额约束；对农产品加工转口贸易免征关税。

二是实行税收优惠政策。在自贸区内采用国际农业原材料对农产品进行初加工、精深加工，允许产品在国内市场销售，产品关税仅按原材料价格核算征收。

三是实行资金扶持政策。加大对农产品精深加工企业、农业资源综合利用企业、特色农产品开发企业的信贷支持力度；对农产品加工企业改扩建、新建项目，根据投资额度按比例进行一次性奖励；对自贸区内农产品加工企业机械设备更新、产品升级换代、拓展新兴产业领域、科技成果转化等技改项目，实行按投资比例进行资金奖励。

9.2 优化农村一二三产业融合发展资源要素

9.2.1 确保农村产业融合用地保障

土地是农业生产经营尤其是农村产业融合发展的重要载体，应对农村产业融合用地给予合理政策倾斜。第一，在乡村土地利用总体规划中要预留农村产业融合发展建设用地指标，用于产业融合科技园、产业园、农业设施和乡村设施建设；第二，在土地年度利用计划中支持农村新业态和产业融合发展，如对农产品加工、农产品集散地、乡村旅游住宿、餐饮等与农村产业融合相关联的建设项目，实行用地计划指标单列；第三，要深化农村土地制度改革，通过集体建设用地改革、废弃地利用等具体方式，解决现阶段推进农村产业融合过程中土地缺乏的问题；第四，在土地充分确权的基础上，倡导农户合理转包、转让、出租土地等，有序地流转其土地承包经营权，切实提高农村土地的利用效率。

9.2.2 加强财政税收政策支持

加强财税政策对农村产业融合发展的综合支持力度。第一，整合农业综合开发资金、扶贫专项资金、农田水利建设资金、新农村建设资金、土地整理专项资金等涉农资金向农村一二三产业融合发展项目倾斜，保证国家确定的农村一二三产业融合发展目标如期实现；第二，支持各地各级政府设立农村产业融合发展专项资金，引导社会资本、金融资本投资农村产业融合发展项目，形成农村产业融合发展投资多元投入格局；第三，在税收方面，制定农产品加工企业进项税额扣除优惠倾斜政策，对农村产业融合发展中涌现的新产业新业态新模式扩大税收优惠政策；第四，减免农民农产品初加工税收负担，制定农民初加工农产品免征税收名录。

9.2.3 完善金融保险政策支持

完善多元化金融保险服务。第一，放宽金融机构在农村区域准入政策，支持村镇银行、小额贷款公司、农村互助资金社等新型农村金融机构在产业融合领域规范发展；第二，充分发挥企业债权融资作用，鼓励符合条件的农村产业融合企业通过债务融资工具直接融资，符合条件的农业产业化龙头企业可通过发行销售企业债券或者新三板上市融资；第三，积极支持农村土地承包经营权及农民住宅财产权贷款新体制、新模式；第四，将政策性农业保险作为农村产业融合发展的保障，扩大农产品目标价格保险和重要的农产品进口保险的范围，列入中央财政补助目录；第五，建立中央特色农产品保险费补贴制度，鼓励特色农产品保险试点；第六，发展推进农民专门协会相互保险；第七，鼓励地方保险机构支持农村产业融合发展，推广小额贷款保障保险和农业保险保单质押等保险增信模式。

9.2.4 强化科技与人才政策支持

科技和人才是农村产业融合发展的战略保障。第一，建立农村产业融合科技发展支撑基金，引导农业产业化龙头企业、农民合作社和新型农业主体与高等院校、科研院所加强技术交流与合作，促进新品种、新技术研发与推广，提升农产品精深加工水平和现代农业产业技术体系建设；第二，引导外出返乡人员、退伍还乡军人、城市创业创新人员积极参与农村产业融合创业活动；第三，整合各类教育培训机构，创新农村产业融合人才培训机制，培养农村职业经理人和高素质现代农民，从整体上提高农村人力资本水平。

9.3 加强农村产业融合基础设施建设

9.3.1 优化改造农田基础设施

高标准农田是保障粮食生产能力，确保国家粮食安全的关键。根据全省农村一二三产业融合发展产业布局，结合土地利用和水资源开发整体规划，编制黑龙江省高标准农田建设规划，形成与农村产业融合发展布局有机结合的省、市、县三级高标准农田规划体系。通过规划和改造升级农田水利基础设施，提高耕地灌溉、防洪除涝标准，打造旱涝保收、高效节水、高产稳产的高标准农田，为黑龙江省农村一二三产业融合发展奠定坚实基础。

9.3.2 搭建公共交通和信息网络

农村道路运输能力直接影响产业融合发展水平，要推进城乡道路交通一体化发展，为产业融合提供保障。优化农村公共交通网络建设，要按产业融合发展布局需求修建新通道路、提升道路等级，构建便捷的农村交通路网，提升城乡交互的交通设施水平；要完善农民参与的农村公路养护模式，建立农村道路维护长效机制。

农村信息化建设是产业融合的重要支撑。一是强化信息基础设施建设，拓宽农村信息网络覆盖范围，为互联网+农业和农村电商提供信息化设施保障；二是提高信息终端服务水平，根据农业产业链特点提供信息终端、技术服务、移动APP，搭建农业信息综合服务平台；三是构建数字农村工程，在种植、养殖、水利、电力、加工、仓储、物流等产业链数字化基础上，推进智慧农业系统建设。

9.3.3 配套一二三产业融合基础设施

完善农村水、电等生活基础设施，优化提升农业生产条件，提高农业基础设施对产业融合发展的支撑水平，降低产业融合发展成本，增强经营主体进入农村产业融合领域发展的吸引力。配套建设产业融合加工和流通设施，加快农产品加工园区建设以及匹配农产品保鲜、作物烘干、仓储物流等配套设施。在农产品主产区建设集散功能强、带动范围广的批发销售市场。根据产业融合布局统筹规划农村物流架构，形成覆盖县、乡（镇）、村、园区、基地的农村物流网络体系。配套建设乡村旅游和休闲农业发展所需供水、供电、污水排放、停车场、接待中心、民宿、餐饮、垃圾无害化处理等基础设施。

9.3.4 综合改造提升乡村人居环境

加强农村环境整治和生态保护，建设持续健康和环境友好的新农村。

结合乡村振兴战略，推广规划、设计、建设、运营一体的乡村建设模式。健全农村生活垃圾户集、村收、街运、区处理体系，全面普及乡村公厕，衔接生活污水处理，推进厕所污水和粪便有效处理或资源化利用，实行美丽乡村、乡村医疗卫生、文化娱乐、污水处理、垃圾集中处理等改造工程，建立农村环境整治常态化治理和长效保洁机制。

统筹规划农家乐、乡村民宿、土特产零售、房车营地等设施，提高休闲农业体验水平。深入挖掘村庄自然景观、田园风光、建筑遗存、民俗文化、历史遗存、体验活动和特色产品等，以沿江、沿河、沿湖、沿渠、沿溪、沿园区、沿路、沿产业带等区域村庄为重点建设休闲度假小镇、创意主题公园。

9.4 强化农村产业融合政府服务职能

农村一二三产业融合发展涉及农业、林业、土地、财政、发改、税务、供销、市场监管、金融、科技、文旅等众多政府部门和职能机构，必须统筹规划、综合协调、明确目标、权责分明，才能顺利推进农村一二三产业融合发展。

9.4.1 完善农村产业融合发展顶层设计

省发改委和农业农村等职能部门要根据全省农村一二三产业发展路径编制产业融合整体规划，发挥规划对产业布局的指导和引领作用。根据农林牧渔业产业带分布，对农产品精深加工和农林牧渔服务业进行科学合理布局；根据区域资源优势和民俗文化特色，对休闲农业合理布局；根据地缘优势和资源特色，进行农业对外开放合作领域合理布局。最终形成覆盖全省、相对完善的农村产业融合规划设计框架，发挥顶层设计的统领作用。

9.4.2 推动产业融合政策有效落实

2014年中央农村工作会议首次提出农村一二三产业融合发展问题。2015—2019年连续五年的中央一号文件从不同侧面对推进农村一二三产业融合发展做出部署。此后，为落实中央一号文件精神，国务院及相关部委从国家层面，在促进农村一二三产业融合发展、农产品加工、融合发展规划、融合发展人才支持、融合发展金融支持、融合发展用地保障和休闲农业发展等七个方面相继推出18项配套政策和规划措施。

黑龙江省应结合全国农业大省实际情况和区域产业特色优势，根据国家产业融合发展政策，结合实际，因地制宜制定引导鼓励农村产业融合发展的扶持政策。尤其是要充分借助国家农村产业融合发展政策，全面促进本省产业融合向深层次发展。重点解决黑龙江省农村产业融合发展障碍度较高的农产品精深加工和农林牧渔服务业发展问题，为提升产业融合层次提供制度保障和政策支持；还要利用黑龙江省地缘优势，推进农业对外开放合作领域，拓展农村产业融合空间，在境内外延伸产业融合链条，提高产业融合经济效益。

9.4.3 加强农村产业融合示范园区建设

按国家农村一二三产业融合发展标准要求，打造一批国家农村产业融合发展示范园、国家农村一二三产业融合发展先导区，农村产业融合示范县、示范龙头企业。产业融合示范园区的成功可以以点带面，推动区域农村产业融合快速发展，充分发挥园区的示范引领作用。

进一步完善融合发展示范园区的支持政策。加强产业融合公共服务供给，在供水、供电、交通、通信、仓储、物流、污水处理、垃圾回收、环境美化方面提供服务保障；加大产业融合项目资金支持力度，统筹利用涉农资金，优化政府投资方式，引导社会资本投入，对产业融合园区项目优先给予信贷支持；完善产业融合示范园区用地保障机制，优先保证年度土地利用计划，便捷办理占用地手续；加强示范园区综合信息服务平台建设，为园区企业提供便利化的公共服务。

产业融合示范园区还要探索农村产业融合发展与乡村振兴相结合的

有效途径。通过示范园区引领，引导龙头企业为主的二三产业向乡镇、优势产业乡村集中，发挥产业集聚优势，实施乡村振兴战略。

9.4.4 建立完善农村产业融合发展体系

完整统一的产业融合体系是农村一二三产业融合健康发展的保障，要结合黑龙江省农村产业融合发展实际，积极创新发展产业融合模式，完善产业融合机制，构建产业融合发展体系，总结推广成熟经验，加快推进农村产业融合发展。

完善多种产业融合形式，构建现代农村产业融合体系。结合黑龙江省不同区域资源优势和产业带布局，因地制宜，积极发展农业内部有机融合、农业产业链延伸、农业多种功能拓展、新技术渗透、农业新产业新业态等多种产业融合形式，总结一批适合不同区域的农村产业融合发展模式，构建黑龙江省特色的一二三产业交叉融合现代农村产业融合体系。

增强产业融合主体发展能力，激发不同主体活力。鼓励产业化龙头企业通过直接投资、参股经营、订单生产建立规模化、标准化的农业原材料供给基地，引领带动农户和专业合作社发展规模经营，提高经济效益。重点探索农民合作社和家庭农场在农村产业融合中更好发挥作用的有效途径，支持农民专业合作社发展农产品初加工、精深加工、生产性服务、农产品营销，支持家庭农场从事农产品线上销售活动。引导农业产业领域行业协会参与全产业链整合与管理。

完善产业融合利益联结机制，保证农民分享产业链增值收益。通过项目引导和典型带动，构建各类产业融合主体与农户之间的利益联结机制。采取订单带动、利润返还、股份合作、服务协作、流转聘用，建立龙头企业与农户风险共担的利益共同体，推动价值链利益分配重心向产业链上游转移。鼓励产业化龙头企业建立或入股农业合作组织，支持农民专业合作社入股或建立产业化龙头企业，采取按比例分红、保底分配等形式，达到有实力的产业融合主体与农民专业合作社深度融合的目标。支持产业融合发展示范地区将财政投入的经营性资产按比例量化到集体经济组织成员中，确保其分享产业融合资产长期收益。

9.5 本章小结

本章结合黑龙江省一二三产业融合发展的具体路径及实现主体格局，从宏观层面提出了黑龙江省一二三产业融合发展路径实现的政策建议：在继续扩大农业对外开放合作领域方面要探索建立农业自由贸易试验区、构建畅通便捷的农产品贸易通道、引导国际资本进入农产品加工贸易；在优化农村一二三产业融合发展资源要素方面要确保农村产业融合用地保障、加强财政税收政策支持、完善金融保险政策支持、强化科技与人才政策支持；在加强农村产业融合基础设施建设方面要优化改造农田基础设施、搭建公共交通和信息网络、配套一二三产业融合基础设施、综合提升改造乡村人居环境；在强化农村产业融合政府服务职能方面要完善农村产业融合发展顶层设计、推动产业融合政策有效落实、加强农村产业融合示范园区建设、建立并完善农村产业融合发展体系。

主要参考文献

[1] 柴青宇，李晓钰，柴方营，等．生态文明建设背景下水资源保护管理研究——以小兴凯湖为例［J］．安徽农业科学，2019，47（8）：60-68，85．

[2] 柴青宇，李晓钰，柴方营，等．基于生态补偿的穆棱河流域生态文明建设［J］．水资源研究，2018，7（6）：623-629．

[3] 柴青宇，孙正林．黑龙江省农村一二三产业融合发展水平研究评价［J］．可持续发展，2019，9（4）：559-571．

[4] 柴青宇，孙正林．习近平总书记现代农业思想与我国农业现代化［J］．可持续发展，2019，9（3）：402-411．

[5] 柴青宇，孙正林．农村一二三产业融合发展视域下的黑龙江省农业产业结构调整研究［J］．农业科学，2018，8（11）：1283-1293．

[6] 柴青宇，宋帅达．我国冰雪产业高质量发展的定位与路径研究［J］．管理科学与工程，2022，11（3）：329-333．

[7] CHAI Q Y，CHAI F Y，SUN X，et al. Environmental Kuznets Curve Derived Empirical Evidence from the Main Grain - Producing Region in Heilongjiang Province of Northeastern China from 2005 To 2017［J］. Applied Ecology and Evironmental Research，2019，18（1）：1551-1565．

[8] CHAI Q Y，LI X Y. Research on Integration Development Paths of Primary，Secondary and Tertiary Industries from the Perspective of Agricultural Ecology［J］. EKOLOJI 28（107）：3551-3556（2019）．

[9] 马克思.资本论（第二卷）［M］．中共中央马克思恩格斯列宁斯大林著作编

译局，译．北京：人民出版社，2004：63.

[10] European Commission. Green Paper on the Convergence of the Telecommunications, Media and Information Technology Sectors, and the Implications for Regulation [R]. Brussels: European Commission, 1997.

[11] 国务院办公厅．国务院办公厅关于推进农村一二三产业融合发展的指导意见 [R]. 北京：国务院办公厅，2015.

[12] BRAND S. The Media Lab: Inventing the Future at MIT [M] .New York: Viking Press, 1987.

[13] CANTWELL J, FAI F. Firms as the source of innovation and growth: the evolution of technological competence [J]. Journal of Evolutionary Economics, 1999, 9 (3): 331-366.

[14] 周振华．产业融合：产业发展及经济增长的新动力 [J]. 中国工业经济，2003 (04): 46-52.

[15] 梁立华．农村地区第一、二、三产业融合的动力机制、发展模式及实施策略 [J]. 改革与战略，2016，32 (08): 74-77.

[16] 黄花．我国农村一二三产业融合发展的理论探讨 [J]. 中国石油大学学报(社会科学版)，2019 (02): 28-33.

[17] 姜长云．推进农村一二三产业融合发展新题应有新解法 [J]. 中国发展观察，2015 (02): 18-22.

[18] BRYCE D J, WINTER S G. A General Inter Industry Relatedness Index [J]. Management Science, 2009, 55 (9): 1570-1585.

[19] LIND, J. Ubiquitous convergence: market redefinitions generated by technological change and the Industry Life Cycle [R]. Denmark: Proceedings of the DRUID Academy Winter 2005 Conference, 2005.

[20] WANG S, CHAI Q Y, SUN X, et al. Construction and Application of Evaluation System for Integrated Development of Agricultural Industry in China [J/OL]. Environment, Development and Sustainability, https://doi,org/10.1007/s10668-020-00926-4,2020-08-06 . (co-first institutions and co-first authors)

[21] 关浩杰．农村产业融合发展综合评价指标体系如何构建 [J]. 人民论坛，2016 (20): 52-54.

[22] 蒋一卉．农村产业融合评价指标体系及应用——以北京市为例 [J]. 经济界，2017 (02): 83-90.

[23] 姜峥．农村一二三产业融合发展水平评价、经济效应与对策研究 [D]. 哈

尔滨：东北农业大学，2018.

[24] 斯密A．国民财富的性质和原因的研究［M］．郭大力，王亚南，译．北京：商务印书馆，1974．

[25] 斯密A．国富论［M］．张兴，田要武，龚双红，编译．北京：北京出版社，2007．

[26] 马克思．资本论（第一卷）［M］．中共中央马克思恩格斯列宁斯大林著作编译局，译．北京：人民出版社，2004：389.

[27] 王永龙．分工与融合视角的现代农业发展研究［M］．北京：中国社会科学出版社，2012.

[28] 马歇尔A．经济学原理［M］．廉运杰，译．北京：华夏出版社，2005：13-243.

[29] WEBER A．The Theory of the Location of Industries（1909）［M］．Chicago：The University of Chicago Press，1965.

[30] MARSHALL A. Principles of Economics［M］．London：Macmillan，1920.

[31] 波特M．竞争优势［M］．陈丽芳，译．北京：中信出版社，2014．

[32] 杨凤，徐飞．产业经济学［M］．北京：清华大学出版社，2017．

[33] 威廉姆森，温特．企业的性质［M］．姚海鑫，邢源源，译．北京：商务印书馆，2010．

[34] 迪特里希．交易成本经济学［M］．王铁生，等译．北京：经济科学出版社，1999．

[35] WILLIAMSON O E. Markets and Hierarchies - Analysis and Antitrust Implications：a study in the economics of internal organization ［M］．New York：Free Press，1975．

[36] OECD．Multifunctional：Towards an Analytical Framework［R］．Paris，2000．

[37] 国务院办公厅：《国务院办公厅关于推进农村一二三产业融合发展的指导意见》(国办发〔2015〕93号)．

[38] 中国农产品加工业年鉴编辑委员会．中国农产品加工业年鉴2017［M］．北京：中国农业出版社，2018．

[39] 黑龙江省统计局．2019黑龙江统计年鉴［M］．北京：中国统计出版社，2019．

[40] 王夫雪，刘丹．黑龙江省人口流失现状及对策研究［J］．智库时代，2018(46)：106-107．

[41] 中华人民共和国国家统计局．2017中国统计年鉴［M］．北京：中国统计出版社，2017．

[42] 中国农产品加工业年鉴编辑委员会. 中国农产品加工业年鉴2018 [M]. 北京：中国农业出版社，2019.

[43] 黑龙江省统计局. 2018黑龙江统计年鉴 [M]. 北京：中国统计出版社，2018.

[44] 中国国家质量监督检验检疫总局，中国国家标准化管理委员会. GB/T21010-2017土地利用现状分类 [S]. 北京：中国质检出版社，2017.

[45] 全国人民代表大会常务委员会. 中华人民共和国农村土地承包法（修正版）[M]. 北京：法律出版社，2019.

[46] 全国人民代表大会常务委员会. 中华人民共和国担保法 [M]. 北京：中国法制出版社，2018.

[47] 中华人民共和国国家统计局. 2019中国统计年鉴 [M]. 北京：中国统计出版社，2019.

[48] 黑龙江省统计局. 2016黑龙江统计年鉴 [M]. 北京：中国统计出版社，2016.

[49] 中国渔业统计年鉴委员会. 2019中国渔业统计年鉴 [M]. 北京：中国农业出版社，2019.

[50] 中华人民共和国农业部. 2017中国农业资料统计年鉴 [M]. 北京：中国农业出版社，2017.

[51] 国家统计局农村社会经济调查司. 中国农村统计年鉴——2019 [M]. 北京：中国统计出版社，2019.

后记

本书为本人攻读博士期间的研究成果。我要衷心感谢导师孙正林教授以及管理学院佟光霁教授、尚杰教授对本人的精心指导与帮助。论文的选题、立意、撰写、修改等各个环节均离不开各位老师的鞭策和谆谆教诲，他们的言传身教将使我终生受益。老师们的学术水平以及人生境界是我在博士研究生学习阶段乃至人生历程中所学到的最宝贵的精神财富，感谢管理学院各位老师的鼓励和支持！

感谢我的师公李友华教授，老先生年近耄耋之年却依然学耕不辍，不仅掌握最前沿的学术信息，而且始终对学术研究保持着一腔热忱。先生对我论文的进展情况一向关心，经常予以指导，并帮我借阅最新的文献资料。李友华老先生的学术水平及思想高度是我难以企及的，但这也是我步入学术领域以来为之奋斗的目标和方向，对老先生风采的敬仰之情，实在非言辞所能尽意。

感谢实地考察以及资料搜集过程中各个部门工作人员对我的信任与支持。本项研究需要大量数据，很多数据并没有官方统计资料，需要自己去相关机构调查。感谢各个机构工作人员不厌其烦地帮我统计数据、提供资料，这样的帮助对本篇论文的重要性是不言而喻的。

感谢我的父母，没有他们的全力支持，我不会有勇气在人生的中年阶段放弃在香港已有的工作，重新开启博士生涯。感谢我的儿子，在攻读博士的时间里经常对他疏于照顾，但他并无怨言，只是奶声奶气地对我说："妈妈，等我长大以后好好学习，就可以帮你写论文了！"儿子童真的话语是我在论文写作中遇到困境时坚持下去的动力。感谢我爱人的陪伴与照顾，他的鼓励与支持是我寻求家庭与学业平衡的最大保障。

柴青宇

2022 年 9 月